HEYNE MILLENNIUM

James F. Twyman

BOTEN DES LICHTS

Die Geschichte einer geheimen Verschwörung für den Frieden

Übersetzung aus dem Amerikanischen
von Mascha Rabben

WILHELM HEYNE VERLAG
MÜNCHEN

Titel der englischen Originalausgabe:
Emissary of light. My adventures with the secret peacemakers.
Erschienen bei Warner Books, New York

Umwelthinweis:
Dieses Buch wurde auf chlor- und säurefreiem Papier gedruckt.

Umschlaggestaltung: Atelier Ingrid Schütz, München
Satz: Leingärtner, Nabburg
Druck und Bindung: Wiener Verlag
Printed in Austria

ISBN 3-453-13032-4

Inhalt

Vorwort

»Mein Leben lang habe ich mich von Gott verfolgt gefühlt.« Ich erinnere mich genau daran, wie ich diese Worte von meiner Freundin Lisa Wagner zum ersten Mal hörte. Es war während einer Aufführung ihres Ein-Frauen-Stückes über das Leben von Dorothy Day und es traf mich wie ein Blitz: Ich wurde auch von Gott verfolgt. Als kleines Kind fühlte ich schon ein geheimnisvolles, leidenschaftliches Verlangen nach dem Göttlichen. Ich dachte, mystische Erfahrungen seien etwas ganz Natürliches, daß jeder sie hätte – und weil ich aus einer tief katholischen Umgebung stammte, schien mir mein Weg vorgezeichnet. Einen Monat nach meinen High-School-Abschluß trat ich in ein Kloster ein. Ich wollte Priester werden und mein Leben dem Gebet und der Stille widmen, auf der Suche nach einer mystischen Vereinigung mit der Liebe Gottes. Seit vielen Jahren hatte ich davon geträumt, und als die große eiserne Pforte sich hinter mir schloß, wußte ich mich auf dem Weg in eine andere Welt.

Aber die leere Stille der alten Rituale ließ mich kalt. Wonach ich auch immer suchte, ich spürte, daß ich es in den magischen Formeln und dem dogmatischen Beharren irgendeiner Institution nicht finden würde. Ich mußte wieder hinaus in die Welt und auf mich allein gestellt suchen. Ich war wie Siddharta, als er die Asketen verließ, oder wie Buddha beim Aufbruch aus dem väterlichen Palast. Selbst wenn ich ganz allein wandern mußte, ich würde meinem Herzen folgen und niemand anderem.

Ich war immer ein Mensch voller Widersprüche. Als Kind war ich das schwarze Schaf: Entweder betete ich in der Kirche oder ich mußte nachsitzen. Auch wenn ich mit vielen Begabungen gesegnet bin, glaube ich, daß meine größte Gabe ist, ein Mensch wie jeder andere zu sein. Ich bin nicht klüger, nicht größer, nicht einzigartiger als jeder andere auch. Das einzige, was mich auszeichnet, ist mein Bedürfnis zu dienen – ein Werkzeug des Friedens zu sein. Die Heilige Teresa von Avila hat sich selbst einmal als einen Besen bezeichnet, der in der Ecke steht. Wann immer der Boden schmutzig wurde, war sie bereit, das Werkzeug in der Hand Gottes zu werden. Ich habe in Chicago mit obdachlosen Aids-Kranken gelebt und gearbeitet. So habe ich mich zum Werkzeug gemacht. Bei dieser Arbeit spürte ich, daß ich mich wieder zurück zu meiner Quelle zu bewegen begann, jenem Ort, den ich als Kind gefühlt habe, und der mich seither immer verfolgt hat.

Vor einigen Jahren entschied ich mich, meine musikalische Begabung in den Dienst meiner spirituellen Suche zu stellen. Ich wollte wie der heilige Franziskus ein armer, heimatloser Troubadour sein, der vom Frieden sang. Ich hatte keine Ahnung, daß ich gerade auf diesem Weg meiner eigentlichen Aufgabe näher kommen würde, als ich es mir je vorgestellt habe. Dieses Buch ist die Geschichte meines Abenteuers. Es beginnt im Winter 1994. Ich lebte in einer spirituellen Gemeinschaft, die sich dem Studium des Buches »Eine Kurs in Wundern« widmete. Was mich angeht, ich glaube an Wunder. Vielleicht hat das folgende Abenteuer deshalb seinen Weg zu mir gefunden.

Gebet des heiligen Franziskus

Herr, mache aus mir ein Werkzeug Deines Friedens
Wo Haß ist ... laß mich Liebe säen
Wo Unrecht ist ... Vergebung
Wo Zweifel ist ... Glauben
Wo Verzweiflung ist ... Hoffnung
Wo Dunkelheit ist ... Licht
Wo Trauer ist ... Freude
O Herr des Himmels,
gewähre mir, daß ich nicht so sehr danach suche
getröstet zu werden ... sondern zu trösten
verstanden zu werden ... sondern zu verstehen
geliebt zu werden ... sondern zu lieben
Denn es ist im Geben ... daß uns etwas gegeben wird
es ist im Verzeihen ... daß uns verziehen wird
es ist im Sterben ... daß wir geboren werden
zum Ewigen Leben.

ERSTES KAPITEL

Der Aufruf

Hinduistisches Friedensgebet

O Gott, führe uns vom Unwirklichen zum Realen,
o Gott, von der Umnachtung ins Licht.
O Gott, geleite uns vom Tod in die Unsterblichkeit.
Möge *Shanti, Shanti, Shanti* zwischen allen Lebewesen
walten.
O allmächtiges Sein, laß Friede in den Himmelreichen
und Friede auch auf Erden walten.
Laß deine Gewässer Durst stillen,
laß uns durch Heilpflanzen genesen,
laß Bäume die Ruhe deines Herzens verbreiten.
Mögen alle Geschöpfe uns deinen Frieden vermitteln.
Möge dein vedisches Urgesetz allenthalben
Frieden stiften.
Möge uns alles als Anlaß zur Friedfertigkeit dienen,
auf daß dein Friede überall verbreitet wird.
Möge dein Friede auch meine Person ergreifen.

Friedenskeime

Erst Monate später ging mir auf, wie viele scheinbar unzusammenhängende Ereignisse stattfinden mußten, um mich nach Bosnien zu bringen. Eine Begegnung wird als »rein zufällig« abgetan, und so vergehen Monate oder Jahre, bevor man sieht, daß sie eine Lawine ins Rollen gebracht hat. Ein flüchtiger Einfall löst Gedanken aus, die andere Gedankengänge nach sich ziehen und völlig neue Möglichkeiten schaffen. Wie eine Figur auf einem Brettspiel erkannte ich erst rückblickend, daß jede Bewegung auf diesem Spielfeld einer tieferen Ordnung folgte.

Eines Tages drückte mein Freund David mir ein paar lose Blätter in die Hand und sagte: »Hier hast du eine Sammlung von Friedensgebeten aus aller Welt. Ich habe die Texte in dieser ›Friedensabtei‹ nicht weit von Boston entdeckt und dir Kopien machen lassen.«

Auf die Frage, warum er ausgerechnet mich damit beglücken wollte, antwortete er, daß er sich dazu inspiriert fühlte. Ich dankte ihm und steckte die Papiere in die Tasche, ohne sie zu lesen. Zu Hause angekommen, warf ich die Gebete auf einen Stapel von halbwegs interessanten, aber nicht wirklich faszinierenden Schriften und kümmerte mich um wesentlichere Dinge. Einen Monat später zog David von Chicago nach Boston, um ein Therapiezentrum mit mehreren gemeinsamen Freunden zu gründen. Ich wußte nicht warum, aber der Wunsch, ihn dort zu besuchen, wurde plötzlich so stark in mir, daß ich meine Pläne änderte: Die ersten beiden Aprilwochen wollte ich bei David in Boston verbringen und dann nach Florida fahren, um mir eine Woche Sonnenschein zu gönnen.

Beim Aufräumen kurz vor der Abreise fielen mir die Gebete zum ersten Mal wieder in die Hand. Ich setzte mich hin und begann das Friedensgebet der Hindus zu lesen: »O Gott, führe uns vom Unwirklichen zur Realität, o Gott, von der Umnachtung ins Licht. O Gott, führe uns vom Tod in die Unsterblichkeit. Möge *Shanti, Shanti, Shanti* – Friede, Friede, Friede – zwischen allen Lebewesen walten.« Beim Lesen geschah etwas Merkwürdiges: Musik drang an meine Ohren, als existierten die Zeilen bereits komplett vertont in einer Klangwelt, zu der ich ganz plötzlich Zugang fand. Ich nahm meine Gitarre und spielte die Akkorde nach. Die Tonfolgen kamen so schnell, daß meine Finger kaum mithalten konnten. Obwohl ich seit Jahren Songs schrieb, war mir noch nie ein Lied, das sich von selber komponierte, begegnet. Als nächstes las ich die Zeilen des buddhistischen Friedensgebets. Wieder erklang die Musik in meinem Inneren, als sei sie bereits komponiert worden und wartete lediglich auf einen Empfänger. In einem unaufhaltsamen Schaffensrausch vertonte ich ein Gebet nach dem anderen. Zwei Stunden später waren zwölf Musikstücke komplett arrangiert worden, und für keines hatte ich mehr als zehn Minuten gebraucht.

Kaum war ich in Boston angekommen, erzählte ich David von meinem Durchbruch und bat ihn, mich zu der »Friedensabtei« zu bringen, in der er die Gebete entdeckt hatte. Er erklärte mir, daß die Abtei ein Meditationszentrum sei, das unter anderem auch eine Schule für entwicklungsgestörte Kinder betrieb.

»Der Leiter der Abtei ist ein Freund von mir, ein Mann namens Lewis Randa,« sagte David. »Und weißt du, wie er zu den Gebeten gekommen ist? 1968 hat Lewis einem sterbenden Schüler versprochen, seine Asche nach Assisi zu überführen, wo der heilige Franziskus gelebt hat. Lewis kommt mit der Urne in Assisi an und erfährt als erstes, daß gerade eine internationale Friedenskonferenz in der Stadt abgehalten wird, bei der die Repräsentanten von zwölf verschiedenen Religionen gemeinsam für den Frieden beten. Er nimmt an dieser Konferenz teil – und nun kommt's: Auf einmal weiß er, daß er jedes einzelne Friedensgebet aufschreiben und die Sammlung nach Amerika zurücktragen muß. So, und nun mußt du ihm erzählen, was er damit ins Rollen gebracht hat.« David lachte und reichte mir das Telefon.

Lewis hörte sich an, was ich zu berichten hatte und bat mich, die vertonten Gebete am nächsten Tag vorzuspielen. Wir trafen uns am Morgen vor dem Beginn des Unterrichts in der Behindertenschule und versammelten uns um einen langen Tisch, in den die Namen vieler Friedensstifter aus aller Welt eingraviert worden waren. Um das Morgengebet einzuleiten, reichten die Kinder eine mit Wasser gefüllte Schale herum, in der sie sich gegenseitig die Finger wuschen. Dann lasen sie die Namen auf dem Tisch vor. Obwohl manche die Worte kaum aussprechen konnten, senkte sich eine spürbare Andacht über den Raum, eine eigentümliche Kraft, die jeder Geste Sinn und Bedeutung verlieh. Lewis stellte mir die Kinder mit Namen vor, und dann spielte ich zwei der Gebete vor und sang den Text dazu. Am Ende blieben alle für Augenblicke ganz still. Mir schien, daß jeder wußte, warum ich an diesen Ort kommen mußte. Selbstverständlich würde ich nicht schon nach zwei Wochen wieder abreisen und in die Sonne fahren. Was sollte ich in Florida, wenn Gott hier war?

Im Dezember desselben Jahres ernannten Lewis und die Kinder mich zum »Friedenstroubadour« der Abtei, was bedeutete, daß ich die Verbreitung der Gebete von nun an als meine Lebensaufgabe betrachtete. Für das folgende Jahr war eine Konzertreise durch ganz Amerika geplant; eine CD mit dem »Friedenskonzert« war soeben erschienen, und ich bereitete mich auf eine längere Abwesenheit vor. Ursprünglich sollte ich die ersten sechs bis acht Monate in amerikanischen Kirchen und Universitäten auftreten und danach durch Europa fahren. Es war meine Idee, Bosnien und Kroatien auf den Tourplan zu setzen, weil ich meinte, ein »Friedenstroubadour« müsse gewillt sein, die frohe Botschaft auch an Kriegsschauplätzen zu verbreiten. Ob ich in irgendwelche Krisengebiete vordringen konnte, war weiterhin zweifelhaft, und wenn ja, erhob sich die Frage, wo ich auftreten sollte. Zu einer Gedenkfeier für den tausendsten Tag seit der Belagerung von Bosnien-Herzegowina und Kroatien war ich bereits eingeladen worden, aber ich wollte die Friedensgebete der Christen und Moslems in allen Teilen des ehemaligen Jugoslawien vorsingen.

Nun muß ich gestehen, daß mir die politischen und religiösen Hintergründe des Balkankrieges trotz aller Bemühungen schleierhaft blieben. Wie die meisten Amerikaner hörte ich von dem Chaos, das durch blutige Kämpfe zwischen Kroaten und Bosniern auf der einen Seite und Serben oder auch bosnische Serben auf der anderen Seite entstanden war. Warum die Kämpfe kein Ende fanden und die Kampfschauplätze ständig wechselten, wurde mir von keiner Nachrichtensendung erklärt; selbst längeren Fernsehdebatten konnte ich keine eindeutigen Aussagen über Opfer und Täter entnehmen. Sicher war nur, daß entsetzliches Leid verbreitet wurde, und dieses Leid bewegte mich. Ganz bewußt bemühte ich mich deshalb darum, möglichst vorurteilsfrei und unparteilich zu bleiben, denn kein Krieg wird aus religiösen Gründen geführt, so viel steht fest für mich. Religiosität ist das Streben nach Einheit und Frieden, und Musik ist ein Mittel, diese Eintracht über alle Grenzen hinweg zu festigen. Als erstes kontaktierte ich verschiedene Friedensorganisationen in Bosnien und Kroatien auf der Suche nach einem Sponsor. Dann schickte ich Informationen über mich und meinen Tourplan an jede humanitäre Gesellschaft in der Balkanregion, im ganzen etwa 150 Briefe, und danach wartete ich.

Monate vergingen. Kein einziges Rückschreiben flatterte ins Haus. Meine Auftritte in Deutschland und Italien waren bereits festgelegt worden, aber die letzten zwei Wochen vor meiner Rückreise in die USA hatte ich offengelassen. Eine Freundin von mir bereiste Europa zur selben Zeit als Schauspielerin in einem Theaterstück und trat ebenfalls auf der internationalen Friedenskonferenz in Assisi auf, für die ich gebucht worden war. Sie knüpfte mehrere Kontakte in Italien für mich an, für den Fall daß nichts aus meinen Plänen für Bosnien und Kroatien werden sollte. Anfang Mai traf ich die letzten Vorbereitungen für meine Konzerttour und hatte die Hoffnung beinahe aufgegeben. Zwei Wochen blieben mir noch vor der Abfahrt, und da die Balkanländer offenbar nicht in Frage kamen, malte ich mir aus, daß ich von Deutschland mit dem Zug nach Italien fahren und drei Wochen in Assisi verbringen würde. Allein damit konnte ich mir einen sehr alten Wunschtraum erfüllen. Assisi war die Stadt, in der die Friedensgebete ursprünglich rezitiert worden waren, und mehr noch, sie war der Geburtsort des heiligen Franziskus. Schon als Kind wollte ich zu seinem Haus pilgern und seine Nähe spüren. Im Alter von achtzehn Jahren bewarb ich mich um Aufnahme in einen Franziskanerorden, brach mein Studium jedoch nach zwei Jahren wieder ab und heiratete eine Frau, die ein Kind von mir erwartete. Aber meine Liebe für Franziskus, den »*Poverello*«, blieb unangetastet und über die Jahre hin unvermindert. Nun träumte ich davon, nach meinem Auftritt bei der Pax-Christi-Konferenz noch einen Monat länger in Assisi zu bleiben. Eine kleine Kapelle, in der ich eine tägliche Friedensmeditation leiten sollte, war mir bereits zugesichert worden, und mit diesem neuen Plan gab ich mich zufrieden.

Erst nachdem ich aufgegeben hatte, erhielt ich ein Fax. Drei Tage vor meiner Abfahrt antwortete eine kroatische Friedensorganisation auf meine Vorschläge. Das Englisch war fehlerhaft, aber klar:

»Wir möchten Sie in unsere Stadt Rijeka bitten, um Ihre Friedenslieder vorzusingen. Wir brauchen viel Frieden hier. Können Sie Mitte Juni kommen? Suncokret (Sonnenblume) ist eine humanitäre Organisation und zahlt alle Unkosten. Wir hoffen, daß Sie kommen. Ihre Freundin Gordana.«

Unverzüglich faxte ich zurück: »Ich komme sehr gern!« Nun mußten meine Pläne im Eiltempo geändert werden. Ich entschied mich für einen dreiwöchigen Aufenthalt in Assisi und zwei Wochen in Kroatien, wonach ich wieder nach Assisi zurückkehren wollte. Auf der Landkarte fand ich Rijeka, die zweitgrößte Stadt in Kroatien, ganz nah an der italienischen Grenze. Konzertreisen sind mit detaillierten Absprachen und Buchungen verbunden, doch in diesem Fall hatte ich weder eine Ahnung, wo ich wohnen, noch unter welchen Bedingungen ich auftreten würde. Per Fax hatte ich um weitere Informationen gebeten und vorsichtshalber auch eine Faxnummer in Assisi hinterlassen ... Doch die Antwort blieb aus. Ich verließ Amerika, ohne zu wissen, ob ich mich trotz der nun sehr knappen Vorbereitungszeit auf die Einladung von Gordanas Organisation verlassen konnte. So übte ich mich in Gleichmut und Geduld.

Nach einer kürzeren Konzertreise durch Deutschland machte ich mich auf den Weg nach Assisi. Am frühen Nachmittag bestieg ich den Nachtzug im Münchener Hauptbahnhof und stellte fest, daß ich das Abteil mit zwei jungen Italienern teilte. Da ich nur drei Worte Italienisch sprach und ihr Englisch kaum verständlich war, konsultierte ich ein Buch mit den wichtigsten italienischen Phrasen, das ein Freund mir vor dem Abflug zugesteckt hatte. Unter großem Gelächter durchforstete ich es die ganze Nacht lang nach etwas Passendem für jede Gelegenheit. Als wir am nächsten Morgen in Assisi eintrafen, hatte ich kaum eine Stunde geschlafen, war aber zu angeregt, um mich nach Bettruhe zu sehnen. Norditalien war tatsächlich so schön, wie ich es mir mein Leben lang vorgestellt hatte. Unser Zug rollte durch romantische Hügel- und Tallandschaften, in denen sich Städte und Dörfer wie altmodische Schmuckstücke ausnahmen und fuhr schließlich in einen Bahnhof in einer Talmulde unterhalb von Assisi ein. Um zur Innenstadt zu gelangen, nahmen wir einen der Busse, die regelmäßig auf der engen Serpentinenstraße am Monte Subasio hochkriechen, wie die meisten anderen Passagiere. Assisi beginnt mit dem alten Stadtwall an der Spitze des Berges und zieht sich seitwärts an dem Abhang herunter, in den die Stadt gebettet ist. Am großen Stadttor verließ ich den Bus und legte die Hände auf das verwitterte Gemäuer, das Assisi schon im Altertum vor Angriffen geschützt hat. Auf diesem Boden war Franziskus einst in voller Rüstung auf- und abmarschiert, um seine Heimatstadt gegen das benachbarte Perugia zu verteidigen.

Nahezu alles in Assisi erinnerte an jene Zeiten. Abgesehen von den Hotels und Touristenfallen ist Assisi seit achthundert Jahren kaum verändert worden, ein architektonisches Meisterwerk von bezwingender Schlichtheit und Größe. Die erste Woche verbrachte ich innerhalb der Stadtmauern mit Auftritten im Rahmen des Pax-Christi-Konvents, der dort stattfand. Danach zog ich für zwei Wochen in das Kloster von San Masseo weiter unten am Hang, ein Gebäude aus dem elften Jahrhundert, das heute als Jugendzentrum in der franziskanischen Tradition dient. Rein zufällig hatte ich in München bereits von dem Kloster gehört, und zwar von einem Mann, der das Franziskus-Kreuz auf meiner Brust bemerkte und mich fragte, ob ich auf dem Weg nach Assisi sei. Als ich bejahte, schrieb er die Adresse von San Masseo auf einen Zettel und fügte die Namen der zwei amerikanischen Priester, die dort leben, hinzu: Pater Joe und Pater Paul. Im Sommer beherbergt San Masseo oft mehr als hundert Besucher pro Woche, die morgens gemeinsam beten und dann im nahegelegenen Olivenhain arbeiten. Die Nachmittage werden gewöhnlich schweigend verbracht, im Gebet oder in stiller Kontemplation.

Beim Spazierengehen lernte ich einen Italiener mit Namen Giovani kennen, der sich als Schüler von Meher Baba vorstellte und sagte, daß sein Meister von Indien nach Assisi gepilgert sei, um ein paar Nächte in dem geheimen Verlies zu verbringen, in das Franziskus sich einst selbst zur Meditation zurückgezogen hatte. Giovani kannte den Weg zu der geheimen Felskammer und zeigte ihn mir. Die Höhle war kaum groß genug für uns beide, aber wir knieten uns auf den Boden und beteten etwa eine Stunde lang. Die Andacht in der Zufluchtsstätte des heiligen Franziskus ging tiefer als gewöhnlich. Ich nahm mir vor, mindestens eine Nacht dort allein zu verbringen, falls sich die Gelegenheit ergeben sollte. Am späten Nachmittag kletterten Giovani und ich noch zum höchsten Gipfel von Monte Subasio, wo wir vollkommen von Wolkenschwaden verschluckt wurden. Es war, als wären wir in eine andere Welt mit unbekannten Gesetzmäßigkeiten eingegangen – bis es ganz plötzlich dunkler wurde und erschreckend nahes Donnergrollen von den Bergen widerhallte. Im nächsten Moment prasselte ein Hagelsturm auf uns herab. Wir rannten, um den Eiskugeln zu entkommen, die brennendrote Flecken auf unserer Haut hinterließen, hielten jedoch gleich wieder inne, weil uns aufging, daß wir den Gipfel dieses Berges nicht trocken verlassen würden. Während der Hagel sich in Regen verwandelte, begannen wir den dreistündigen Rückmarsch nach unten, zerknautscht und bis auf die Knochen durchnäßt, aber in Hochstimmung.

Jeden Tag stattete ich dem Nonnenkloster in der Innenstadt, dessen Telefonnummer ich Gordana mitgeteilt hatte, einen Besuch ab und fragte, ob eine Nachricht für mich eingetroffen sei. Schwester Rosita empfing mich am Klostertor aber jedes Mal mit den Worten: »Bis jetzt noch keine Nachricht für dich, sorry, Jimmy.« Von San Masseo mußte man fast einen Kilometer steil bergan laufen, um die Stadtmauern zu erreichen, weshalb es mich nicht wundert, daß die Bürger von Assisi gut ausgebildete Wadenmuskeln haben. Ich war nach einer Woche bereit, die Reise nach Rijeka endgültig aufzugeben. Gordanas Leute hatten sicher nicht genug Zeit gehabt, um meine Konzerte öffentlich bekanntzugeben und alles Notwendige zu arrangieren. Ich mußte die Balkanländer aus meinem Konzertplan streichen, durfte dafür aber einen Monat länger in Assisi bleiben.

Ich putzte die Toiletten hinter dem Männerschlafsaal, als Pater Joe meinen Namen rief. Schwester Rosita hatte eine nie dagewesene Ausnahme gemacht: Sie ließ mich ans Telefon rufen, um mir ein Fax vorzulesen, das soeben eingetroffen war. Gordana teilte mir mit, daß die kroatische Regierung uns eine Genehmigung erteilt hatte, worauf Suncokret alles für meine Ankunft in den nächsten zwei Tagen in Rijeka vorbereitete.

Die Zugreise nach Triest, an der Grenze zwischen Italien und Slowenien, beanspruchte bereits einen vollen Tag. Dort angekommen, dauerte es eine Weile, bis ich die Bushaltestelle fand, obwohl sie auf der gegenüberliegenden Straßenseite vom Hauptbahnhof lag, denn die Italiener fühlen sich nicht zum Englischlernen gezwungen wie die meisten anderen Europäer. In dieser Hinsicht gleichen sie den Amerikanern. Auf meiner Tour durch Europa fand ich sehr schnell heraus, wie relativ die englischen Worte »*a little*« – »ein wenig«, sein können. Wenn man Deutsche fragt, ob sie Englisch sprechen, antworten sie gewöhnlich mit »*a little*«, um dann in besserem Englisch als manche Amerikaner fortzufahren. Desgleichen die Kroaten, deren Aussprache und Grammatik exzellent ist, wie ich später feststellen sollte. Wenn du auf einen Italiener zugehst und sagst: »*Eo non parla Italiano. Parla English*?«, sagen sie ebenfalls: »*A little*«, dies jedoch nur, um nach längeren Debatten klarzustellen, daß dies die einzigen Worte in ihrem Vokabular gewesen sind. Was darüber hinausgeht, wird besser von Handbewegungen erklärt.

Der Bus nach Rijeka war nicht überfüllt, aber gut besetzt. Neben mir saß ein etwas verroht wirkender Mann, etwa Mitte zwanzig, mit dunklem Stoppelbart, der mir zunächst ein leises Unbehagen einflößte. Auf der Bank rechts von uns saß eine attraktive blonde Frau, und hinter mir ein älterer Mann mit silbrigem Haar, der bereits eine Unterhaltung mit meinem Nebenmann auf kroatisch begonnen hatte. Die junge Frau blickte schweigend aus dem Fenster und wirkte abweisend, in sich zurückgezogen. Nach einer Weile richtete mein Nebenmann das Wort an mich. Er sprach kroatisch, worauf ich entgegnete, ich sei ein Amerikaner, der kein Wort von seiner Sprache verstehe.

»Oh, Amerikaner«, sagte er, plötzlich sehr erregt. »Woher in Amerika kommen Sie?«

»Ursprünglich aus Chicago«, antwortete ich.

»Ah, Chicago! Michael Jordan, Basketball, ›The Chicago Bulls‹! Einer unserer größten kroatischen Basketballhelden spielt bei den ›Bulls‹. Kennen Sie Toni Kukoc?«

»Nicht persönlich, aber ich habe Spiele gesehen, an denen er teilgenommen hat.« Ich war ein eingefleischter Fan der »Chicago Bulls«. Allein der Gedanke an mein Team lockerte mir die Zunge. In den folgenden Minuten fand ich zu meinem Erstaunen heraus, daß die Kroaten jedes amerikanische Korbballspiel mit einer Leidenschaft verfolgen, die der von amerikanischen Männern durchaus gleichkommt.

»Ich komme aus Virginia«, verkündete der Mann hinter mir mit einem unverkennbar kroatischen Akzent. »Zum ersten Mal seit fünfundzwanzig Jahren kehre ich in mein Heimatland zurück. Ich bin ein Schiffsbauer und inzwischen ein amerikanischer Staatsbürger geworden, aber viele von meinen Verwandten sind in Kroatien geblieben, und nun werde ich sehen, was aus ihnen geworden ist. Der Krieg hat alles furchtbar verändert.« Abrupt wandte er sich an die blonde Frau und fragte auf englisch: »Woher kommen Sie?«

»Aus Schweden.« Sie drehte den Kopf wieder fort und blickte aus dem Fenster.

»Schweden?« fuhr der alte Mann unbeirrt fort. »Amerikaner und Schweden, alle im Bus nach Kroatien... womöglich, um erschossen zu werden, hm? Was wollen Sie in diesen Zeiten in Kroatien?«

»Mein Freund lebt in Zagreb.«

»Zagreb!« stieß mein Nebenmann im Brustton der Verachtung hervor. »Mein Dorf liegt nah bei dem Gebiet, das die Serben erobert haben. Ich hasse die Serben. Wenn ich könnte, würde ich jede gottverdammte Serbensau abschießen. Ich war Soldat und habe schon einige zur Strecke gebracht. Ja, das ist nichts Besonderes mehr bei uns. Wir leben mit dem Tod. Du sitzt in einem Café auf der Straße und irgendein Knallkopf wirft eine Bombe – bumm!, zehn Tote. Das kann dir jeden Tag passieren. Ich habe sechs Monate auf einem italienischen Kreuzfahrtschiff gearbeitet und Geld verdient, und jetzt gehe ich nach Hause, und wenn die Serben sich in meinem Dorf blickenlassen, mache ich sie tot. Das verstehst du nicht, wenn du kein Leidtragender bist. Der Krieg hat doch nicht erst vor vier Jahren angefangen. Die Serben und die Kroaten hassen sich schon ewig. Kein Friedensvertrag ändert etwas daran, verlaßt euch drauf.«

Trotz der Gewalttätigkeit, die der Mann so unverhohlen zum Ausdruck brachte, interessierten mich seine persönlichen Erfahrungen. Ich bat ihn, mir ganz grundsätzlich zu erklären, warum dieser Krieg seiner Meinung nach ausgebrochen war und was die Gegner einander vorwarfen.

»Ganz einfach«, entgegnete er. »Die Serben sind Barbaren – das ist wie im Mittelalter. Sie vertreten die Ansicht, daß jede Stadt, in der ein paar Serben leben, den Serben gehört, auch wenn sie in der absoluten Minderheit sind. Macht doch nichts, wenn die Stadt irgendwo in Bosnien oder Kroatien liegt. Kein Problem, alles, was kein Serbe ist, muß auswandern, sonst wird es gefoltert, vertrieben und abgeschlachtet. Die bosnischen Serben leben seit Jahrhunderten in Bosnien, aber sie sind keine Katholiken und keine Moslems, sondern orthodoxe Christen. Kaum zu fassen, aber deshalb halten sie sich für Serben mit besonderen Vorrechten und wollen um keinen Preis zu Bosnien gehören, obwohl sie dort leben. Tja. wenn man mich fragt, sind die Kerle alle geisteskrank. Warum lebst du in einer Gegend, die du verabscheust, in einem Dorf, mit dessen Bewohnern du absolut nichts zu tun haben willst? Wenn sie unter sich sein wollen, sollen sie gefälligst nach Serbien gehen, anstatt in Bosnien und Kroatien hockenzubleiben und das Leben aller in Gefahr zu bringen! Verfluchtnochmal, nur so kann das Land zur Ruhe kommen. Solange die Serben nicht freiwillig abziehen und sich in ihrem Land verschanzen, herrscht Mord und Totschlag bei uns.«

»Aber wie kommen die Serben dazu?« fragte ich. »Ich meine, wie können sie darauf bestehen, daß alle Leute, die keine orthodoxen Christen sind, einen Landstrich verlassen müssen, nur damit die Serben unter sich sein können?«

»Sie haben die Militärgewalt auf ihrer Seite«, antwortete er. »Vor dem Krieg hat Jugoslawien die stärkste Armee in ganz Europa gehabt. Als der Kommunismus zusammenbrach, fiel der größte Teil des Arsenals den Serben in die Hände. Bosnien hatte keinen Zugang zu den Truppen. Die Kroaten hatten ein paar Streitkräfte, aber nicht genug Waffen, um sich zu verteidigen. Also sind die Serben einfach überall einmarschiert, wo es etwas zu holen gab, und haben jeden ermordet, der ihnen im Weg stand. Mittlerweile haben ihre Truppen den größten Teil von Bosnien und das ganze Land an der Grenze zu Kroatien besetzt. Nun ja, die Serben wußten, daß sie gut genug gerüstet waren, um sich die größten Verbrechen herauszunehmen. Wer hätte sie daran hindern können? Die Amerikaner etwa?« Er schnaubte verächtlich.

»Und warum hassen sich die Anhänger der verschiedenen Religionen so abgrundtief?«

»Ach, die Religion ist doch bloß ein Vorwand, damit einer auf den anderen einschlagen und gute Gründe dafür vorbringen kann. So war es doch immer. Die Kroaten sind fast durchweg römische Katholiken. Die Serben sind orthodoxe Christen, und in Bosnien lebt alles bunt durcheinander, Moslems, Katholiken und Orthodoxe, deshalb herrscht das größte Chaos nun auch in Bosnien. Fast 75 Prozent von Bosnien haben sich die bosnischen Serben inzwischen unter den Nagel gerissen, aber nur 25 Prozent von Kroatien. Die Religionsunterschiede sind Freibriefe, verstehen Sie? Jeder kann herumlaufen und sagen: »Ich bin katholisch, also gehöre ich nach Kroatien«, oder: »Ich bin Serbe, also orthodox und den Moslems überlegen.«

Alles nur Geschwafel. Jeder will die Macht haben und seinen Haß ungestraft wüten lassen. Ich gebe es zu: ich auch.«

Seine Offenheit überraschte mich. Als wollte er mir keine falschen Hoffnungen machen, wandte er sich abrupt an die Schwedin und bemerkte in einem zynischen Ton: »Und Sie wollen Urlaub bei ihrem Verlobten in Zagreb machen?«

»Soweit ich weiß, wird in der Nähe von Zagreb nicht gekämpft«, sagte sie. »Oder haben Sie etwas anderes gehört?«

»Die Gegend ist kein Problem«, gab der alte Mann hinter mir zurück. »Obwohl Zagreb auch mindestens ein- oder zweimal bombardiert worden ist. Vor einem Monat haben die Serben eine Bombe in die Innenstadt geworfen; fünf Leute oder so dabei getötet. Aber die Kämpfe finden an der Grenze zwischen Kroatien und Bosnien statt. Halten Sie sich fern von der Gegend, kann ich Ihnen nur raten.«

Er richtete das Wort an mich: »Besonders für Amerikaner ist die Gegend lebensgefährlich. Die US-Regierung hat sich von Anfang an für die Rechte von Bosnien und Kroatien eingesetzt, aber Rußland hat die Serben unterstützt. Sie müssen verstehen, daß die serbische Regierung die Zersplitterung von Jugoslawien mit allen Mitteln verhindern wollte. Auch nach Titos Tod wollten die Serben ein einheitlich regierter sozialistischer Staat bleiben, obwohl die jugoslawischen Völkerstämme sich im Grunde noch nie einig gewesen sind. Selbst unter Tito gab es wesentliche Unterschiede zwischen den Kroaten und den anderen Volksgruppen. Kaum war Tito tot, haben wir Anspruch auf unsere Unabhängigkeit erhoben, wie alle anderen auch. Das paßte der serbischen Regierung nicht in den Kram, und so erhob sie ganz einfach Anspruch auf das ganze Land mit allem, was darin ist.«

»Und wie steht es mit Rijeka?« fragte ich. »Ist die Gegend stark betroffen worden?«

»Oh, in Rijeka passiert nie was«, entgegnete er leichthin.

»Die ganze Umgebung von Rijeka wird beschützt. Kein Krieg kann ihr je etwas anhaben. Selbst Hitlers Armee ist einfach geradewegs durch Rijeka marschiert. Und da die Stadt so nah an der italienischen Grenze liegt, lassen die Serben wohlweislich die Finger davon. Rijeka ist dem Rest von Europa viel zu nah, um bombardiert zu werden. Die Bosnier und Kroaten setzen ihre Hoffnung auf die Unterstützung der europäischen Staaten, und sie sind unsere einzige Hoffnung, solange Serbien so militant ist.«

»Rijeka ist die sicherste Stadt in Kroatien«, bestätigte der junge Mann neben mir. »Als Kroatien seine Unabhängigkeit erklärt hat, ist die jugoslawische Armee ohne Widerstand abgezogen. Überall hat sie Schaden und Unheil angerichtet, aber in Rijeka ist alles friedlich verlaufen. Erstaunlich, nicht?« Sein Gesichtsausdruck erhellte sich, als er das Thema unvermittelt wechselte: »Mit Michael Jordan waren die ›Bulls‹ das beste Team aller Zeiten. Jetzt kannst du die ›Bulls‹ vergessen, finden Sie nicht auch?«

Während beide Männer über Basketball sprachen, dachte ich darüber nach, daß es kaum möglich war, die Wahrheit über diesen Krieg von den persönlichen Meinungen und Erlebnissen der Betroffenen zu trennen. Es herrschte ein Wirrwarr, an dem die Serben, die bosnischen Serben, die Bosnier und die Kroaten beteiligt waren, ganz zu schweigen von anderen, kleineren Völkerstämmen, die ebenfalls mit irgendeiner Glaubensgemeinschaft oder politischen Partei alliiert waren. Jeder, den ich bisher getroffen hatte, verlieh seinem Zorn über die Serben Ausdruck, aber ich wußte natürlich, daß man jeweils nur eine Seite der Geschichte zu hören bekommt. Was ich an diesem Tag hörte, bestärkte mich in meinem Entschluß, die Politik so weit es ging außer acht zu lassen und mich statt dessen auf meinen musikalischen Beitrag zu konzentrieren, sei er auch noch so gering. Selbst wenn die Umstände mir den Luxus der Neutralität kaum gestatten würden, wollte ich mir kein Urteil erlauben, denn allein die Unterhaltung im Bus zeigte, wie explosiv solche Urteile letztlich werden.

Wer im Recht war und wer nicht, konnte von mir nicht bewiesen werden; bestenfalls die Tatsache, daß es eine bessere Lösung gibt, als Krieg zu führen. Und damit erhob sich die Frage, ob die Beteiligten ernstlich bereit waren, eine friedliche Lösung anzustreben. Offenbar nicht. Haß ist eine leidenschaftliche Gefühlsaufwallung, die sich am Rachenehmen und selbst am Grauen des Todes weidet. Mit der Überzeugung, daß es bei einem Konflikt in erster Linie darum geht, wer recht hat, wird Haß zu einer treibenden Kraft, die sich das Recht nimmt, ohne Rücksicht auf Verluste zu handeln und den Preis dafür auch von Unbeteiligten zu fordern. Wollten die verschiedenen Parteien lieber recht haben, als im Frieden leben? Die Antwort schien mir offensichtlich zu sein.

Der Bus nach Rijeka mußte zwei Landesgrenzen passieren. An der slowenischen Grenze unterschrieb der Fahrer ein längeres Formblatt, worauf wir unbehelligt weiterfahren durften. Slowenien ist ein kleines Land, über das ich damals nicht viel erfahren konnte, denn unser Gespräch drehte sich um belanglose Dinge, die mir inzwischen entfallen sind. Erst als wir die Grenze von Kroatien erreichten, merkte ich auf. Die Grenzbaracken waren von Soldaten, Panzern, Armeeautos und Lastwagen umringt. Zwei Soldaten in Armeekluft stiegen in den Bus und maßen die Passagiere mit kalten Blicken. Die Pässe der Leute in den ersten Sitzreihen wurden zuerst überprüft. Meine kroatischen Freunde blieben vollkommen gelassen, selbst als ich begann, nervös in meinen Kleidertaschen herumzukramen, weil ich meinen Reisepaß nicht finden konnte. Dann fiel mir ein, daß ich ihn im Rucksack gelassen hatte, welcher im Kofferraum verstaut worden war. Ich erklärte es dem älteren Mann.

»Das ist nicht gut«, raunte er mir besorgt zu. »Die passen sehr genau auf, und Amerikanern trauen sie nicht über den Weg, seit die Vereinten Nationen sich hier stationiert haben.«

Der warnende Ton in seiner Stimme beängstigte mich.

Was machte es schon, wenn ich meinen Paß aus dem Kofferraum herausfischen mußte? Aber ich war noch nie in ein Krisengebiet eingereist, und so machte ich mich auf alles Mögliche gefaßt, bis ich an der Reihe war und ein streng dreinblickender Soldat mit schwarzen Augen in kroatisch nach meinem Paß verlangte. Ich fragte ihn, ob er Englisch sprach. Die Antwort war: »*No. Passport, please.*« Der alte Mann stand auf und erklärte ihm die Sachlage auf kroatisch. Das Gespräch dauerte länger als erwartet, und bald kam es mir vor, als versuchte der alte Mann, den immer aufgebrachter wirkenden Soldaten von meiner Unschuld zu überzeugen.

»Du mußt mit ihm aussteigen«, sagte mein Freund schließlich zu mir. »Du sollst deinen Paß in Anwesenheit der Soldaten aus dem Gepäckraum holen. Ich glaube nicht, daß sie dir Schwierigkeiten machen, aber der Junge hier ist sehr wütend. Tu alles, was sie von dir verlangen!«

Ein Soldat schritt voraus, der andere folgte mir, während ich das Innere des Busses durchschritt und ausstieg. Draußen packte mich der erste an den Schultern und zwang mich, beide Hände auf die Seitenwand des Busses zu legen, während er hinter mir stehenblieb und sein Kumpan auf ein niedriges Gebäude weiter hinten auf der Straße zulief. Obwohl ich nicht übertrieben gewaltsam behandelt worden war, schnürte Angst mir jetzt die Kehle zu. Kurz darauf trat der Soldat wieder aus dem Gebäude heraus, jetzt in Begleitung von zwei weiteren Soldaten. Einer davon trug ein Maschienengewehr. Alle vier stellten sich neben mich und diskutierten miteinander. Einer schien ein Offizier zu sein, denn er ließ sich die Sachlage von den beiden anderen erklären, während der dritte schweigend mit dem Maschinengewehr daneben stand.

Schließlich richtete der Offizier das Wort an mich: »Woher kommen Sie?« Sein Englisch war einstudiert und sehr klar.

»Ich bin Amerikaner«, erklärte ich nervös.

»Man hat mir berichtet, daß Sie Ihren Paß im Kofferraum gelassen haben. Dürfen wir uns das mal ansehen?«

»Selbstverständlich«, sagte ich. »Ich habe nichts zu verbergen.«

Der Soldat hinter mir trat einen halben Schritt zurück, so daß ich mich umdrehen konnte. Während unser Fahrer die Metalltür des Kofferraums öffnete, wurde ich zur anderen Seite des Busses geführt. Ich zeigte auf meinen Rucksack, und einer der Soldaten zog ihn zwischen den Gepäckstücken hervor.

»Öffnen Sie ihn bitte«, sagte der Offizier.

Ich öffnete die Seitentasche und zog meinen Paß heraus. Einer der Soldaten nahm ihn mir ab.

»Würden Sie bitte alle Taschen öffnen und uns den Inhalt zeigen?« fragte der Offizier. Seine Höflichkeit war erstaunlich.

Mit meiner Zustimmung nahmen die ersten beiden Soldaten sämtliche Kleidungsstücke aus dem Rucksack und inspizierten den Rest des Inhalts. Unterdessen hielt der Offizier mir eine Schachtel entgegen und bot mir eine Zigarette an. Als ich dankend ablehnte, sagte er: »Bitte entschuldigen Sie die Unannehmlichkeiten, aber wir müssen sehr vorsichtig sein. Alles mögliche wird in unser Land geschmuggelt, und wir haben ein begründetes Mißtrauen, was ungewöhnliche Dinge und Ausnahmesituationen betrifft. Aus welchem Grund fahren Sie nach Kroatien?«

»Ich bin ein Musiker und von einer Friedensorganisation in Rijeka eingeladen worden, mehrere Konzerte in Kroatien zu geben. Nach zwei Wochen fahre ich wieder nach Italien zurück.«

Die Soldaten verstauten mein sorgfältig durchsuchtes Gepäck wieder im Rucksack, wonach der Offizier erklärte, daß er meinen Paß mitnehmen und überprüfen werde. Mit dem bewaffneten Soldaten marschierte er zu dem Gebäude zurück. Die anderen beiden blieben neben mir stehen, bis der Offizier etwas später zurückkam und mir meinen Paß aushändigte.

»Alles in Ordnung«, sagte er. »Ich habe Ihnen eine Aufenthaltsgenehmigung für dreißig Tage ausgestellt. Ich hoffe, es gefällt Ihnen bei uns.«

Ich dankte ihm und kletterte mit noch immer leicht zitternden Händen in den Bus zurück. Als ich mich setzte, lachte mein Nebenmann auf.

»Fast wie in Chicago, nicht?« meinte er. »Mit kroatischen Soldaten ist nicht zu spaßen und mit unseren Polizisten auch nicht. Aber wenn du dich unauffällig verhältst, passiert dir wahrscheinlich nichts.«

»Danke für den Tip«, sagte ich.

Die Realität hatte zugeschlagen. In Kroatien herrschten Kriegsgesetze. Ich mußte mich umstellen. Selbst kleine, gedankenlose Versehen konnte ich mir hier nicht mehr erlauben. Eine halbe Stunde später fuhren wir durch die Vororte von Rijeka, und zu meiner Rechten leuchtete das adriatische Meer im Sonnenschein auf. So weit ich sehen konnte, war Rijeka eine moderne, wohlorganisierte Stadt. Der Schiffsbauer hinter mir sprach von der Bedeutung der Werften für diese ehemals florierende internationale Hafenstadt und erzählte, daß Rijeka vor dem Kriegsausbruch ein populäres Touristenziel gewesen sei und Opatija einer der berühmtesten Kurorte im Osten Europas. Seitdem der Strom der Urlauber versiegt war, strömte natürlich auch kein Geld mehr in die Kassen. Trotzdem schien das Leben in Rijeka unbekümmert lebhaft weiterzugehen. Während wir die Hauptstraße zur Innenstadt entlangfuhren, fiel mir auf, wie gepflegt die Gebäude auf beiden Straßenseiten aussahen. Dazu bemerkte der alte Mann allerdings, daß viele dieser Villen früher als Luxusresidenzen an reiche Touristen vermietet worden waren und jetzt als Flüchtlingsherbergen dienten. In meinen Augen wirkten die Fußgänger auf den Straßen in jeder Hinsicht normal, unbekümmert geradezu. Die jugoslawische Variante des Kommunismus war auf relativ milde und liberale Weise durchgesetzt worden, jedenfalls im Vergleich zu den Gepflogenheiten in der Sowjetunion und in China. Allem Anschein nach waren die Kroaten ein gebildetes, und vor dem Krieg auch weitgereistes Volk.

Gordana hatte mir versprochen, an der Bushaltestelle auf mich zu warten, als ich sie von Triest aus anrief, um ihr meine voraussichtliche Ankunftszeit mitzuteilen. Die Stimme am Telefon klang herzlich, freudig erregt sogar, und vermittelte mir ein Gefühl, daß unsere zukünftige Zusammenarbeit angenehm verlaufen würde. Was Suncokret im einzelnen für mich geplant hatte, war völlig ungewiß, dennoch wußte ich, daß alles in Ordnung sein würde, solange ich dazu bereit war, vorgefaßte Meinungen über die Handhabung dieser Konzerttour aufzugeben. Ich freute mich auf das nun bevorstehende Abenteuer.

Der Bus fuhr in die Endstation ein. Ich nahm meine Gitarre aus dem Gepäcknetz über unseren Köpfen, denn an den Aufklebern am Gitarrenkoffer sollte Gordana mich erkennen. Nachdem ich ausgestiegen war, schaute ich mich nach fragenden Blicken in der wartenden Menge um.

»Friedenstroubadour?« rief eine leise Stimme hinter mir. Ich drehte mich um und sah eine attraktive Frau, vielleicht Anfang vierzig, die mir mit einem strahlenden Lächeln entgegentrat.

»Oh, Gordana? Nennen Sie mich einfach nur Jimmy, ja?«

»Jimmy. Ja. Sehr gut. Herzlich willkommen in Rijeka. Wir freuen uns alle, daß Sie gekommen sind. Haben Sie noch mehr Gepäck?«

»Nur einen Rucksack.« Während ich den Rucksack aufhob, den der Fahrer gerade aus dem Kofferraum gezogen hatte, sah ich, daß zwei Frauen sich zu Gordana gesellt hatten. Eine zückte ihren Fotoapparat.

Gordana stellte uns vor: »Jimmy, dies ist meine Freundin Snjezana… und dies ist Nela. Die beiden sind freie Mitarbeiterinnen bei Suncokret.

Snjezana schlang ihre Arme um meinen Hals und sagte: »Wir freuen uns sehr, sehr, dich hier zu haben, du Friedenstroubaour. Wir haben tausend Dinge für dich geplant, du wirst schon sehen.«

»Nela spricht kein Englisch«, erklärte Gordana, als Nela mir die Hand reichte. »Aber sie macht Fotos von dir, äh, Ihnen«, verbesserte sie sich.

Wir beschlossen, uns zu duzen, während Nela ein Gruppenfoto mit mir zwischen Gordana und Snjezana arrangierte und eifrig drauflosknipste. Für einen Augenblick fühlte ich mich über Gebühr geehrt, doch dann winkte Nela nur kurz zum Abschied, Snjezana schnappte meine Gitarre, und die Frauen führten mich mit zielbewußter Bestimmtheit in eine nur ihnen bekannte Richtung ab.

Wir liefen durch eine Fußgängerzone in einem Stadtteil, der offenbar zum Kern der Innenstadt von Rijeka gehörte. Ein leichter Nieselregen ließ das Kopfsteinpflaster im abendlichen Laternenlicht wie matte Spiegel glänzen. Gordana wollte wissen, ob ich Hunger hatte, was ich nachdrücklich bestätigte. Lachend und plaudernd steuerten die beiden auf ein Restaurant in einer Nebengasse zu. Gordana erzählte, daß ich die erste Nacht in einem Hotel verbringen sollte, weil es zu spät geworden war, um an den Ort zu fahren, den die beiden für meinen weiteren Aufenthalt vorgesehen hatten.

In einem winzigen Eßlokal bestellte ich ein vegetarisches Gericht. Die Frauen winkten ab und bestellten Limonade, weil sie bereits zu Abend gegessen hatten. Sie saßen auf einer Bank mir gegenüber, und so betrachtete ich sie zum ersten Mal in Ruhe. Beide waren ungefähr gleich alt und hatten auffallend klare, offene Gesichter. Gordanas Figur war perfekt. Ihre langen, braunen Locken waren im Nacken zu einem Knoten geschlungen. Snjezana hatte kurzgeschnittene, dunkle Haare, eine Brille auf der Stupsnase und ein hinreißend breites Lächeln, das mich trotz des Altersunterschieds schlagartig an meine Großmutter erinnerte. Damit fiel auch der letzte Rest der

Verklemmtheit, die ich am Anfang noch vor diesen Frauen empfunden hatte, von mir ab. Während wir auf mein Essen warteten, senkte sich ein Wohlbefinden über mich, als sei ich auf unerklärliche Weise heimgekehrt. Dazu kam eine Inspiriertheit, die mich mit Eingebungen überflutete, für die es noch keine Bestätigungen gab.

Beim Essen stellten die beiden Fragen über mein Leben, meine Musik und den amerikanischen Lebensstil, über den sie schlichtweg alles wissen wollten. Hin und wieder versuchte ich, etwas mehr über die Situation in Kroatien zu erfahren, bis ich einsah, daß ich zuerst einmal Antwort geben mußte. Irgendwann nahm unser Gespräch eine spirituelle Wendung. Auf die Frage nach meinem Glauben erklärte ich, daß ich von Katholiken erzogen worden sei, meine Sichtweise in den letzten Jahren jedoch in vieler Hinsicht erweitert hatte. Ich erklärte ihnen, daß ich mit einem in Amerika sehr populären Buch gearbeitet hatte, »*Ein Kurs in Wundern*«, und zwar nicht nur als Student, sondern auch als Kursleiter. Keine der beiden hatte je von diesem Buch gehört. Meine Erschöpfung machte sich allmählich bemerkbar, und so sagte ich nur, daß ich ihnen am nächsten Tag mehr darüber erzählen würde.

Wir verließen das Restaurant und gingen zu Fuß zum Hotel Continental, das als eines der schönsten und vornehmsten in der ganzen Stadt galt. Meine neuen Freundinnen erzählten, daß man ein Zimmer im Hotel Continental in den guten Zeiten schon monatelang im voraus buchen mußte, aber nun gab es ja keine Touristen mehr – und insofern hatte ich Glück gehabt. Die Frauen halfen mir beim Einchecken in der Lobby und begleiteten mich sogar noch zu meinem Zimmer. Im oberen Stockwerk angekommen, erklärten sie, daß sie jetzt nach Hause zu ihren Kindern gehen müßten. Im Türrahmen blieben sie stehen, und wir umarmten uns freundschaftlich. Erst beim Zurücktreten sah ich, daß beide den Tränen nahe waren. Die Gründe für ihre Rührung waren mir damals noch unverständlich, dennoch wußte ich sehr genau, was sie fühlten. Etwas Unerhörtes, etwas Mystisches verband uns, so viel war klar. Zu erschöpft, um über die seltsame Vertrautheit zwischen uns dreien nachzudenken, nahm ich ein heißes Vollbad und legte mich ins weiche Bett.

ZWEITES KAPITEL

Der Traum

Buddhistisches Friedensgebet

Mögen die leiderfüllten Wesen in allen Seinsbereichen
unverzüglich von ihren Schmerzen befreit werden.
Mögen die Furchtsamen von Angst erlöst
und die Verfangenen von Verstrickungen
befreit werden.
Mögen die Entmachteten Kraft finden
und alle Wesen einander wohlgesonnen sein.
Mögen alle, die haltlos in der furchterregenden
Wildnis
der Welt der Erscheinungsformen wandern –
die Kinder, die Alten, die Schutzlosen –
von den göttlichen Wohltätern behütet werden
und ihre ursprüngliche Buddha-Natur auf der Stelle
erkennen.

Friedenskeime

Beim Aufwachen am nächsten Morgen war die inspirierte Erregung noch immer nicht verschwunden. Meine Reise nach Kroatien kam mir bedeutsam vor, schicksalhaft geradezu, auch wenn ich keine Beweise für diese Interpretation meiner Sachlage anführen konnte. Ich empfand eine Genugtuung, als stünde ich kurz davor, eine enorm wichtige Aufgabe zu erfüllen, ein Ziel zu erreichen, auf das ich mein Leben lang schon hingearbeitet hatte. Was diese Gefühle auslöste, blieb unerfindlich. Mit Sicherheit wußte ich nur, daß ich heilfroh war, in Rijeka aufzuwachen.

Um zehn Uhr morgens hatte ich eine Verabredung mit Gordana in einem Büro von Suncokret, das nicht weit von meinem Hotel entfernt lag. Snjezana arbeitete als Lehrerin an einer Grundschule in der Nähe und wollte uns später zum Mittagessen treffen. Ich ging etwas früher los und versuchte, die Richtung, die ich einschlagen mußte, zu erahnen, anstatt nachzufragen. Die Sonne schien, und so herrschte emsiges Treiben im Geschäftsviertel der Innenstadt. Die Atmosphäre glich der von vielen europäischen Städten, die ich bereits gesehen hatte, aber für amerikanische Verhältnisse wirkte Rijeka eher wie eine Kleinstadt, ein Urlaubsziel vielleicht, eingebettet in eine grüne Hügellandschaft am Ufer des Adriatischen Meeres, in der man sich sorglos mit der ganzen Familie aufhalten und unbehelligt spazierengehen konnte. Nirgends sah ich äußerliche Anzeichen des Krieges, nirgends eklatante Hinweise auf den jahrelangen Notstand. Selbst die Jugend unterschied sich nicht von den Teenagern in Amerika. Aus dem Inneren von Straßencafés drang dieselbe, amerikanisch-englische Popmusik hervor, und jeder unter dreißig trug die international akzeptable »coole« Kleidung – Jeans und T-Shirts. Als ich an einem Kino vorüberlief, sah ich, daß die neuesten Hollywoodfilme in Rijeka vorgeführt wurden.

Nachdem ich eine Zeitlang durch herrlich verwinkelte Gassen gestreunt war, fand ich das Büro. Es lag nicht weit vom Stadtzentrum in einem alten Mietshaus, das ansonsten nur Familien und Privatpersonen beherbergte. Wie sich herausstellte, teilte Suncokret das Badezimmer mit einem jungen Tänzer, der weiter hinten auf der gleichen Etage wohnte. Ich stieg die ausgetretenen, ungeputzten Treppen bis zum dritten Stock hinauf und klopfte an die Tür. Von innen drang mir Gordanas Stimme entgegen. Kurzentschlossen öffnete ich die Tür und trat in einen winzigen, überfüllten Büroraum, kaum groß genug für drei Schreibtische. Irgendwie hatte Gordana es geschafft, sich hinter den mittleren zu klemmen.

»Jimmy, mein Herz, da bist du ja!« Sie erhob sich, um mich über die Tischplatte hinweg zu umarmen. »Hast du gut geschlafen?« Sie zeigte auf einen wackligen Besucherstuhl vor ihr, worauf ich mich dort niederließ. Das Büro hatte ein einziges, schmales Fenster, vor dem eine blühende Topfpflanze stand. Die Wände waren mit Postern und Fotografien tapeziert worden.

»Hervorragend«, gab ich zurück. »Ich bin schon ein bißchen durch die Stadt gelaufen, um mich vertraut zu machen.«

»Rijeka ist sehr schön und liebt Gäste. Hast du schon Kaffee getrunken?«

Als ich nein sagte, schlug sie ein Straßencafé gleich unter dem Büro zum Plaudern vor. Wir setzten wir uns an einen Tisch auf dem Bürgersteig, und nun stellte sich heraus, daß in ganz Kroatien kein vergleichbares Kaffeegebräu wie in Amerika serviert wird. Ich bestellte einen Cappuccino und lobte den scharfgebrannten Kaffee, den man mir vorsetzte, aber in den kommenden Tagen sollte ich mich noch oft nach einer Tasse »French Vanilla« von Starbuck's sehnen.

»Erzähle mir etwas über Suncokret« begann ich. »Was macht ihr eigentlich?«

»Suncokret ist eine Flüchtlingsorganisation, die zum größten Teil mit Vertriebenen aus Bosnien arbeitet. Unsere Fonds beruhen fast ausschließlich auf Spenden aus Italien. Wir mieten Wohnungen, verteilen Lebensmittel und alles

Notwendige. Hin und wieder veranstalten wir Workshops, Sprachkurse, Familienberatungsgruppen und dergleichen, um den Leuten die Umstellung zu erleichtern. Der Streß von Kriegsflüchtlingen äußert sich oft in ganz untypischen Verhaltensweisen. Zum Beispiel lassen Eltern ihre Kinder verwahrlosen, oder sie vernachlässigen ihre eigene Gesundheit. Wir beraten sie nach besten Kräften und geben ihnen Grund zur Hoffnung. Hoffnung ist etwas, das manchen inzwischen völlig abhanden gekommen ist.«

»Und warum war Suncokret an meinen Gesangskünsten interessiert?«

»Ich ... äh, bin mir nicht ganz sicher«, gestand sie mit einem verlegenen Lächeln. »Etwas an deinem Brief hat mich bewogen, zu unserer Direktorin zu gehen und ihr zu sagen, daß wir dich einladen müssen. Zuerst hieß es, daß uns das Geld fehlt und wir keine Konzertagentur sind. Aber ich bestand darauf, daß du kommen mußt und habe alle Hebel in Bewegung gesetzt. Warum, kann ich dir nicht genau erklären. Nur, daß deine Anwesenheit wichtig ist.«

»Merkwürdig. Ich habe dasselbe Gefühl«, sagte ich. »Und zwar schon lange – noch bevor ich mein Informationspaket an euch abgeschickt habe. Du ahnst nicht, wie froh ich war, als deine Antwort endlich eintraf. Und seit gestern Abend wird das Gefühl, daß etwas Bedeutsames, ja, etwas Wunderbares in der Luft liegt, immer stärker. Seltsam, nicht?«

»Vieles versteht man nicht sofort. Erst hinterher. Bis dahin müssen wir einfach Geduld haben und nicht alles zu Tode analysieren.«

Ich nickte, und danach sprachen wir über den Zeitplan. In Rijeka waren bereits mehrere Auftritte für mich arrangiert worden. Am kommenden Tag sollte ich von einem Nachrichtenteam für das kroatische Nationalfernsehen interviewt werden und am Tag darauf bei einer Gedenkfeier für Sankt Vida singen, den Schutzheiligen von Rijeka, was ich als große Ehre betrachtete. Danach standen weitere Konzerte in Rijeka und Zagreb bevor, die Gordana noch nicht im Detail ausgearbeitet hatte. Außerdem war ich nach Sarajewo eingeladen worden, obwohl die Stadt zu jener Zeit als lebensgefährlich galt und niemand wußte, ob man überhaupt noch bis zu den Ausläufern von Sarajewo vordringen konnte. Nach einer Stunde war alles so weit geklärt worden, daß wir uns entspannen und in unseren Stühlen zurücklehnen konnten.

»Gestern habe ich ein Buch erwähnt, über das du mehr wissen wolltest«, sagte ich. »*«Ein Kurs in Wundern«* ist inzwischen in alle möglichen Sprachen übersetzt worden, aber nicht ins Kroatische. Vielleicht ist jetzt die richtige Zeit gekommen, um darüber zu sprechen.«

»Ja, jetzt ist die Zeit gekommen.«

In den nächsten Minuten machte ich sie mit dem Text und seiner Entstehung bekannt. Gordanas Blicke zeigten mir, daß sie nicht nur verstand, sondern begierig aufnahm, was ich erklärte.

»Weißt du was«, unterbrach sie mich plötzlich. »Das hört sich an wie das Buch, das ein Freund von mir übersetzt hat.« Sie griff in ihren Umhängebeutel und zog einen Stapel brauner Faltmappen heraus. »Irgendein englisches Buch hat ihn dermaßen beeindruckt, daß er sich an die Schreibmaschine gesetzt hat, um das ganze Buch ins Kroatische zu übertragen. Danach hat er Kopien verteilt, mindestens hundert in der ganzen Gegend hier. Inzwischen ist das Manuskript so populär, daß die Leute immer weitere Kopien ziehen, auch wenn keiner weiß, wo es herkommt und wie es heißt. Mein Freund hat nämlich nicht einmal den Titel über sein Manuskript gesetzt. Aber der Aufruhr, den er damit angezettelt hat, war beträchtlich.«

Ich nahm den Stapel und öffnete die erste Mappe. Sie enthielt ungefähr 75 unprofessionell wirkende Manuskriptseiten. Sechs weitere Mappen waren mindestens ebenso dick. Ich schlug eine Seite irgendwo in der Mitte auf und bat Gordana, die Überschrift für mich zu übersetzen.

»Da steht: ›Ich stehe unter keinem Gesetz, außer dem Gesetz Gottes.‹«

Fast wäre ich vom Stuhl gefallen. Der Satz stammte aus »*Ein Kurs in Wundern*«! Ohne es zu wissen, war Gordana bereits in den Kurs eingeweiht worden. Sie erklärte, daß viele in ihrem Bekanntenkreis damit arbeiteten, manche sogar in Gruppen, genau wie in Amerika. Erstaunlich fand ich das mangelnde Interesse am Ursprung und dem Originaltitel des Werkes, worauf Gordana berichtete, daß ein Freund sie einmal nach dem Titel gefragt habe, worauf sie ohne nachzudenken geantwortet hatte: »Die Jesus-Übungen.« Daß ich Workshops über den Kurs in Wundern geleitet hatte, begeisterte sie, worauf ich hinzufügte, daß ich eine Zeitlang sogar in einer Kommune gelebt hatte, die sich exklusiv mit dem Kurs und den damit verbundenen inneren Erfahrungen beschäftigte. So kam ein Ding zum anderen. Vielleicht ging es bei dieser Reise wirklich um viel mehr als meine musikalischen Beiträge. Normalerweise erwähnte ich meine Arbeit mit dem Kurs in Wundern nie vor Menschen, die mich nicht ausdrücklich darum gebeten hatten.

Als nächstes erfuhr ich, daß Snjezana ihre Freizeit nur deshalb für Suncokret opferte, weil sie mit Gordana befreundet war – und Gordana hatte ihr das kroatische Manuskript gegeben. Beide nahmen mehrmals in der Woche an Gruppenmeditationen und Gebetsstunden teil, was bedeutete, daß es Stützpunkte und private Fortbildungskreise in Kroatien gab, die kaum anders als in Amerika funktionieren konnten. Als Snjezana uns eine Stunde später zum Mittagessen abholte, zeigte sie sich erstaunt über unsere Entdeckung, sagte aber gleich darauf, daß gemeinsame Interessen lediglich eine Bestätigung für die Dinge waren, die jeder von uns schon gestern Abend gespürt hatte. Ein kurzer Blickwechsel zwischen den beiden, bestätigte mir im selben Moment, daß mir etwas vorenthalten werden sollte. Diese Frauen wußten etwas, das mich direkt betraf, mir aber nicht gesagt werden konnte. Und tatsächlich, nun entstand eine Gesprächspause, nach der das Thema unvermittelt gewechselt wurde. Nicht, daß ich Argwohn empfand und meinte, sie wollten mich manipulieren oder gar hintergehen. Im Gegenteil, mit aller Deutlichkeit spürte ich, daß ich mich langsam und genüßlich in ein Abenteuer mit dramatischen Untertönen hineinziehen ließ, aber jederzeit in das Geschehen eingreifen und den Ereignislauf ändern konnte.

Nach dem Essen ließ Snjezana mich allein mit Gordana zurück. Wir holten meine Gitarre aus dem Hotel, damit ich ein kleines »Probekonzert« in einer Zweigstelle von Suncokret geben konnte. Zu Fuß wanderten wir zu einer Haltestelle mit Meeresblick, wo eine Menge Leute mit uns in einen bereits überfüllten Bus kletterten. Wie in vielen europäischen Städten, mußte niemand einen Fahrschein vorzeigen, weil öffentliche Transportmittel gelegentlich von Kontrolleuren überprüft wurden, die Geldstrafen von »Schwarzfahrern« kassieren, oder, wie im Fall von Rijeka, sogar Gefängnisstrafen verhängen. Genau das passierte einem jungen Mann auf unserer Fahrt in einen Vorort von Rijeka. Er diskutierte nicht lange, weil er wußte, was ihm bevorstand: Der Bus hielt an, zwei Kontrolleure zwangen ihn zum Aussteigen und führten ihn ab wie einen Verbrecher. Da Gordana mir eine Monatskarte gekauft hatte, entging ich diesem Schicksal.

In einer hügeligen Wohngegend stiegen wir aus und erklommen eine Reihe von Steintreppen bis zur Spitze eines Abhangs voller verschachtelter Wohnblöcke. Kurz vor dem Appartementhaus, in dem sich Suncokrets Zweigstelle befand, saß ein alter Mann vor der Haustür und entschuppte Fische. Er nickte uns freundlich lächelnd zu und zeigte mir seine Zahnlücken. Weiter hinten auf dem Bürgersteig standen zwei Frauen und ein Mann in ein Gespräch vertieft, alle mit brennenden Zigaretten in der Hand. Sie begrüßten Gordana mit Namen. Ich lächelte und folgte ihr durch eine Eingangstür.

Das Büro war größer als das erste, aber ebenfalls überfüllt, diesmal von Frauen und Kindern, die einen Raum, kaum größer als ein durchschnittliches Wohnzimmer, bis zum Rand besetzten. Alle redeten leise durcheinander, und fast jeder Erwachsene rauchte. An den Qualm würde ich mich gewöhnen müssen, denn in diesem Teil Europas war das Nichtrauchen noch keineswegs so populär wie in den USA. In Boston hatte man mich bereits gewarnt. Eine Freundin empfahl mir sogar, eine Stange Marlboro zu kaufen und sie als Lösegeld einzusetzen, falls ich in Schwierigkeiten geraten sollte – ein Rat, den ich widerstrebend befolgte. Beim Grenzübergang nach Kroatien wäre ich diese Trumpfkarte bereits losgeworden, wenn der Offizier mich nicht einfach ins Land gelassen hätte.

Etwa acht Kinder saßen an einem Klapptisch und malten oder bastelten; die Frauen standen im Hintergrund und verstummten, während Gordana mich auf kroatisch als »Jimmy Friedenstroubadour aus Bostona« vorstellte. Danach kamen alle gleichzeitig auf mich zu, um mir die Hände zu schütteln. Viele begrüßten mich auf englisch, jede zeigte sich aufrichtig erfreut über meine Anwesenheit.

»Wenn du willst, kannst du die Kinder auf englisch ansprechen«, sagte Gordana.

Ich wandte mich zum Tisch und fragte: »Sprecht ihr englisch?«

Kein Wort kam über ihre Lippen. Erst nach wiederholten Ermunterungen von Gordana sagte ein kleines Mädchen mit ernster Miene: »Wir sprechen etwas englisch von Schulen.«

»Wie alt bist du?« fragte ich.

»Ich bin neun.«

»Weißt du was? Ich habe eine Tochter in Amerika, die genau so alt ist wie du. Sie heißt Angela. Und wie heißt ihr?«

Rund um den Tisch herum antworteten die Kinder mit ihrem Namen. Dann erkundigte ich mich, woran sie arbeiteten.

»Wir machen T-Shirts für das Sankt-Vida-Festival in Rijeka«, gab ein Mädchen zurück.

»Sehr gut«, sagte ich und drückte ihre kleine Hand. »Ihr sprecht viel besser englisch als ich kroatisch.« Sie kicherten.

Gordana machte mich mit mehreren Frauen bekannt. »Wir arbeiten alle für Suncokret«, sagte sie, unterdessen fiel mein Blick auf eine blutjunge Frau, die gerade ins Zimmer trat und sich, ohne uns weiter zu beachten, neben eins der Kinder setzte.

»Und wer ist das?« fragte ich Gordana, auf die Frau deutetend.

»Oh, Nadina betreibt den Notdienst für Suncokret.« Sie wandte sich an die Frau: »Nadina, dies ist Jimmy aus Amerika.«

Nadina nickte und verzog den Mund, um ein Lächeln anzudeuten. Obwohl sie kein Wort sagte, wußte ich, daß sie englisch verstand. Sie war eine zierliche, dunkelhaarige Person mit kurzgeschnittenen Locken und dunkelrot gefärbten Lippen. Auffallend war der brennende Blick in ihren kohlschwarzen Augen. Bewundernd nickte ich ihr zu, aber sie wandte ihr Gesicht abrupt von mir ab. Nachdem ich die Fragen der anderen Frauen ein paar Minuten lang beantwortet hatte, entschuldigte ich mich, trank ein Glas Wasser und schlenderte zu dem Tisch hinüber, an dem Nadina saß.

»Arbeiten Sie mit den Kindern?« begann ich.

»Wie kommen Sie darauf, daß ich englisch spreche?« Spitz klang sie, aber interessant.

»Weil Gordana uns auf englisch miteinander bekannt gemacht hat.«

»Selbst wenn ich kein Wort spräche, hätte ich verstanden, was mit ›Nadina, dies ist Jimmy aus Amerika‹ gemeint ist. Nein, ich arbeite nicht mit den Kindern. Die sind hier, weil wir heute einen Workshop für die Mütter veranstalten. Ich bin der telefonische Notdienst für Leute, die Selbstmord begehen wollen.«

Geduldig lächelnd gab ich zurück: »Ich sehe ein, warum das manchmal etwas nervenaufreibend sein kann.«

»Meinen Sie, daß meine Nerven strapaziert sind? Vielleicht mag ich einfach keine aufdringlichen Amerikaner.«

»Was haben Sie gegen die armen Amerikaner? Und wie kommen Sie darauf, daß ich mich aufdrängen will?«

Sie entspannte sich ein wenig und sagte: »Nehmen Sie es mir nicht übel. Amerikaner sind mir lieber, als gut für mich ist. Wenn ich könnte, würde ich amerikanische Staatsbürgerin werden. Aber ich kann dieses verdammte Land nicht verlassen und einfach auswandern, wohin ich will, weil ich aus Bosnien bin, genau wie diese Kinder hier. Kein Land will Flüchtlinge haben. Ich habe mein Einwanderungsgesuch an die USA, Kanada und Deutschland geschickt, und in den Absagen heißt es immer, sie haben schon mehr als genug Flüchtlinge aus Bosnien in ihr Land gelassen. Ich bin zwanzig Jahre alt und kann keinen vernünftigen Beruf lernen, keinen guten Job kriegen und sitze hier fest, weil ich umgebracht werde, wenn ich nach Hause zurückgehe. Reicht das Ihrer Meinung nach aus, um die Nerven eines ansonsten normalen Menschen aufzureiben?«

In dem Moment schloß ich Nadina ins Herz. Stark war sie, und hinter ihrer hitzigen Art steckte eine Ehrlichkeit, die mir den Atem verschlug. Diese Zwanzigjährige zeigte mir eine weniger offensichtliche Seite des Balkankrieges. Auch wenn Rijeka nicht von Panzern überrollt oder bombardiert worden war, nahm die Flut der Flüchtlinge täglich zu, was einem Bombardement gleichkam, das Kroatien in absehbarer Zeit nicht mehr verkraften konnte, obwohl sämtliche Vertriebenen zu jener Zeit noch mit einem Existenzminimum versorgt wurden. Täglich mußten gebildetete Menschen wie Nadina Dinge entbehren, die jeder von uns für selbstverständlich hält. Wenige Bosnier erhielten eine Arbeitserlaubnis in Kroatien, und die Einheimischen behandelten die Vertriebenen zum Teil wie Bürger zweiter

Klasse. So endeten die meisten in Flüchtlingslagern, wo sie ohne Hoffnung auf einen Ausweg sitzenblieben – ganz zu schweigen von der Hoffnung auf einen Lebensstandard, wie die Bosnier ihn von früher her kannten.

Nadina konnte insofern von Glück sagen, als sie nicht in einem Flüchtlingslager gelandet war, sondern in einer kleinen Mietwohnung lebte, die sie mit ihrer Mutter Neda und ihrem Bruder Ned teilte, weil alle drei für Suncokret arbeiteten. Ich nahm an, daß viele der anderen Mitarbeiter ähnliche Abkommen mit Suncokret getroffen hatten. Nur Gordana und Snjezana waren gebürtige, in Rijeka aufgewachsene Kroaten, also wahrscheinlich Ausnahmen. Ich wußte, daß beide momentan nicht verheiratet waren und jede ein Kind hatte; Gordana einen Jungen und Snjezana ein Mädchen.

Die Unterhaltung im Raum verstummte, als Gordana bekanntgab, daß ich ein Friedenslied vorsingen wollte. Ich nahm meine Gitarre und setzte mich auf einen Stuhl; dann spielte ich meine Version des Franziskusgebets vor. Alle hörten mucksmäuschenstill zu. Als ich geendet hatte, fiel mein Blick auf Nadina. Sie hatte sich abgewandt, aber ich war sicher, daß sie mit den Tränen kämpfte.

»Das war schön«, sagte eine Frau in einem barschen Ton. »Du mußt jeden Tag für uns singen.«

Um mehr über das Leben dieser Menschen zu erfahren, blieb ich noch eine Stunde und unterhielt mich mit mehreren Frauen und Kindern. Als Gordana zum Aufbruch mahnte, war es bereits spät nachmittags. Jemand hatte sich bereiterklärt, mich mit dem Auto zu meinem neuen Domizil in einem Schlafsaal über einem Kindergarten zu bringen, der in Kostrena lag, einer Kleinstadt in der Nähe von Rijeka. Beim Gehen warf ich Nadina einen Blick zu, den sie mit einem schiefen Lächeln und einer abwinkenden Handbewegung erwiderte. Schmunzelnd ging ich nach draußen. Klarer Fall: Wenn es so weiterging, konnten wir die besten Freunde werden.

Der Kindergarten lag nur einen Straßenzug vom Meer

entfernt. Am Eingang wurden wir begrüßt und dann ins obere Stockwerk geführt. Es bestand aus fünf Zimmern mit jeweils fünf Etagenbetten, alle momentan unbesetzt, weil das Gebäude nur in den Sommerferien benutzt wurde. So konnte ich mir aussuchen, wo ich wohnen wollte. Ein Kirschbaum voller reifer Früchte streckte seine Zweige über die Balkonbrüstung eines Zimmers mit Meeresblick. Morgen würde ich mir reife Kirschen zum Frühstück in den Mund stecken. Ich legte mein Gepäck auf das Bett am Fenster und begleitete Gordana zum Auto zurück.

Unten angekommen, dankte ich ihr und sagte: »Ich bin erst einen Tag in Rijeka, aber es kommt mir vor, als hätte ich ein Jahr mit langvermißten Freunden verbracht.«

»Du bist uns geschickt worden.« Gordanas Stimme klang eindringlich. »Spürst du es?«

»Ja, aber ich spüre auch, daß du mir etwas verheimlichst. Ist etwas im Gange hier, Gordana, irgend etwas, das mir keiner von euch sagen will oder darf oder kann?«

Ein Anflug von Nervosität verriet, daß sie etwas zurückhielt, das sie eigentlich lieber aussprechen und damit loswerden wollte. »Eins kann ich dir sagen«, antwortete sie. »Daß ausgerechnet *du* hier bist, ist kein Zufall. Zum richtigen Zeitpunkt werden wir alle mehr erfahren.«

Ihre Worte hallten in meinen Ohren. »Ich verstehe nicht, was du meinst«, sagte ich, jetzt leicht alarmiert. »Das klingt, als hättest du mich zu anderen Zwecken als zum Musikmachen herbestellt, obwohl du natürlich nicht wissen konntest, daß ich Kurse gebe und ein Buch geschrieben habe, das sich mit Themen befaßt, die dich und Snježana faszinieren.«

»Ein Buch?« fragte sie schnell.

»Einen spirituellen Roman mit dem Titel ›*Geheimnisse der bedingungslosen Liebe*‹. Ich habe das Buch vor ein paar Jahren auf eigene Kosten veröffentlicht, also hat kaum ein Mensch es je gelesen, und du schon gar nicht.«

Sie lächelte, geheimnisvoll, wie mir schien. Dann schlang sie ihre Arme um mich. »Ich bin sicher, daß die

Zusammenhänge bald klarer für uns werden. Als ich deinen Brief zum ersten Mal las, hatte ich ein merkwürdiges Gefühl… als käme etwas Riesiges herangerollt, das uns alle letzten Endes mitreißt – oder plattwalzt.« Sie lachte. »Na ja, wir werden es sehen.«

Als sie im Auto saß, kurbelte sie das Fenster herunter und rief: »Hab Geduld.«

Geduld hatte noch nie zu meinen Stärken gezählt. Ich wollte das Mysterium noch heute abend ergründen, meinte aber, daß Gordana mir das Wesentliche bereits mitgeteilt hatte.

»Morgen ist Snjezanas freier Tag«, fuhr sie fort. »Komm um zehn in mein Büro, dann können wir den Tag bis zum Nachmittag miteinander verbringen. Dein Fernsehinterview findet erst um halb fünf am Nachmittag statt. *Ciao, Bok.*«

Später erfuhr ich, daß die letzten beiden Worte wörtlich »Tschüß, Gott« bedeuten – ein ganz normaler Abschiedsgruß in dem Landstrich. Rückblickend war er in gewisser Hinsicht sogar zutreffend.

Langsam stieg ich die Treppen zu meinem Kinderzimmer hinauf. Eine Flut von noch unverarbeiteten Eindrücken wälzte sich durch meinen Kopf. Ich wollte mich hinlegen, den Kraftstrom, der seit meiner Ankunft in Rijeka immer stärker geworden war, nicht länger eindämmen. Zu viele Neuentdeckungen, und die Tatsache, daß ich mich in einem Krisengebiet befand, trugen sicher zu den unerklärlich starken Energieaufwallungen bei. Ich ordnete meine Sachen und legte mich in den unteren Teil eines für Erwachsene etwas zu kurzen Etagenbetts.

In dieser Nacht hatte ich einen großen Traum. Anfangs rannte ich wie ein gehetztes Tier durch einen dunklen Wald, ohne zu wissen, wohin. Im gefallenen Laub hinter mir raschelten die Fußtritte eines Verfolgers, der mir dicht auf den Fersen war und eindeutig nach meinem Leben trachtete. Ich war bereits völlig außer Atem, konnte aber selbst mit letzter Kraft nicht noch schneller laufen.

Während ich wie wild nach einem Ausweg im dichten Unterholz suchte, war es, als riefe etwas kaum Hörbares, daß ich stehenbleiben müsse, ganz einfach vollkommen stillstehen. Die Todesangst drängte mich weiter, doch etwas in mir befahl meinem Körper, dem Gebot der tonlosen Stimme zu folgen. Mit angehaltenem Atem blieb ich stehen. In der Stille war deutlich zu hören, daß ich von mehr als einer Person verfolgt wurde – und nun sah ich sie: Fünf Soldaten rannten mit vorgehaltenen Gewehren durch den Wald, eine Armlänge an mir vorbei. Das Merkwürdige war, daß kein einziger mich auch nur eines Blickes würdigte, obwohl alle haarscharf an mir vorbei ins Dickicht weiter vorn hineinrasten.

Kaum waren ihre Schritte im Wald verhallt, sank ich zu Boden, zitternd vor Angst. Zu welcher Armee gehörten diese Burschen? Suchte der Rest der Truppe nach mir? Warum? Was suchte *ich* hier? Ich konnte mir keinen Reim daraus machen. Außerdem hörte ich ein schwaches Pulsen, als läge mein Ohr an der Brust eines Lebewesens, dessen Herzschlag ständig lauter wurde. In den nächsten Sekunden wurde alles ringsumher von dem Pulsschlag ergriffen. Eine unbekannte Kraft zwang mich zum Aufstehen. Verwirrt blickte ich mich um, und nun verschwamm die Szene vor meinen Augen. Aber anstatt sich in Nichts aufzulösen, materialisierte sich etwas Riesenhaftes vor mir, wurde klarer, immer deutlicher, und gab sich schließlich als ein Kuppelgebäude zu erkennen. Es dauerte etwa eine Minute, bis der Dom sich vollständig materialisiert hatte. Wie vor den Kopf geschlagen wanderte ich rings um das Gebäude herum und spähte links und rechts in den Wald hinein, um zu sehen, ob ich allein war oder nicht.

Dann untersuchte ich das Gebäude. Über zwölf hohen Seitenwänden, die sich aus zahllosen, zwölfseitigen Holzstücken zusammensetzten, spannte sich eine Kuppel, die ebenfalls aus zwölfseitigen Mosaikplatten bestand. Eine hölzerne Tür in einer Seitenwand sprang auf, als ich sie vorsichtig mit dem Finger berührte.

Von innen drang mir ein Duftschwall entgegen. Es roch nach Erde und Weihrauch zugleich. Ich trat ein und sah, daß der Raum leer war, bis auf einen riesigen Kristallschaft, der über der Mitte des Raumes schwebte und zur Spitze des Domes zeigte. Auf dem Boden darunter waren zwölf brennende Laternen aufgestellt worden. Als meine Augen sich an das flackernde Halblicht im Inneren des Doms gewöhnt hatten, erkannte ich die schmale Treppenflucht zwischen den vielen Laternen. Die Stiegen führten steil nach unten, in den Bauch der Erde hinein. Horchend wartete ich auf ein Zeichen, das mir verraten mochte, was als nächstes zu tun sei. Dann stieg ich die Treppen hinab, beide Hände an die kaltfeuchten Wände gestützt, um nicht abzustürzen. Weitere Laternen erhellten meinen Weg, bis ich endlich an einen Vorhang gelangte, der aus einem dichten, undurchlässigen Leintuch gewirkt war.

Vorsichtig schob ich das Tuch beiseite, ohne einen weiteren Schritt zu tun. Vor mir lag ein unabsehbar tiefer, brillantweiß schimmernder Raum, der von einer nahezu unerträglichen Helligkeit durchflutet wurde. Selbst als die Augen sich an das Licht gewöhnt hatten, konnte ich keine Lichtquellen entdecken und die Größe des Raumes nicht ermessen, sah jedoch, daß er ebenfalls zwölfeckig wirkte und sternförmige Linien von einem Kreis in der tiefsten Mitte ausgingen. Bei näherer Betrachtung handelte es sich um die zwölf Speichen eines Rades, und nun sah ich den Mann, der in der Nabe des Riesenrades saß, mit gekreuzten Beinen und dem still in sich hineinlächelnden Gesichtsausdruck eines Heiligen. In dem Moment schlug der Mann die Augen auf und sah mich an.

»Komm.« Seine Stimme klang tief und sehr männlich, absolut menschlich, und sie war laut genug, um mich über die Entfernung hinweg zu erreichen. Ich trat vor und wanderte dem Mittelpunkt entgegen. Der Mann schaute mir dabei zu. Er war weder uralt, noch jung, eher in mittleren Jahren und hatte dichtes, dunkles Haar. Ich trat über eine der Speichen auf dem Boden hinweg und sah, daß es sich nicht um Striche handelte, sondern um Hunderte von kleinen, altertümlich wirkenden Symbolen, die in geraden Linien aneinandergereiht worden waren. Langsam schritt ich auf den Mann in der Mitte zu, bis ich etwa fünf Meter vor ihm halt machte.

»Setz dich auf den Boden«, sagte er. »Hab keine Angst. Hier geschieht dir nichts. Weißt du, warum du hierher gebracht worden bist?«

»Keine Ahnung. Ich weiß ja noch nicht einmal, wo ich bin«, entfuhr es mir. Seltsam, sein Akzent kam mir amerikanisch vor – die Vertrautheit des Akzents und die Ruhe, die von diesem Menschen auf mich überging, nahmen mir jede Scheu.

»Du bist hier, um den Frieden zu *erleben*. Nicht das, was man gewöhnlich für den Frieden hält, sondern einen Frieden ohne Gegenteil. Nirgends auf der Welt findest du diesen Frieden, denn er ist der Ursprung, der sich unentwegt als Licht und Gottes Schöpferkraft verströmt. Diesen Frieden sollst du erleben. Und wenn du ihn erlebt hast, sollst du ihn verbreiten. Deshalb wurdest du hierher gerufen. Das Friedensreich Gottes soll auf Erden geschaffen werden.«

»Aber ich bin doch nur im Traum hier, das weiß ich doch … Und was heißt es, wenn du »hierher *gebracht*« sagst? Ich habe mich entschieden, nach Kroatien zu fahren. Außerdem vergesse ich beim Aufwachen womöglich alles, was ich hier erlebe.«

»Womöglich«, gab er gelassen zurück. »Ob du dieses Erlebnis vergißt, ist unwesentlich. Du bist hier, weil es so sein soll, ganz gleich, was du dir im Kopf zurechtlegst. Gib dir keine Mühe – das Unergründliche begreift man nicht.« Er lächelte. »Was geschehen soll, geschieht ohne Mühe von deiner Seite. Du kannst dich entspannen und in aller Ruhe abwarten, was als nächstes geschieht. Jedes Teil fällt an seinen rechtmäßigen Platz.«

»An diesen Platz? Sag mir, wo ich wirklich bin.«

»Dieser Platz existiert schon seit Jahrtausenden in der

einen oder anderen Form. Mal hier, mal dort – überall, wo die Not am größten ist, denn von hier aus verbreitet sich die Kraft der Boten des Lichts. Dem Zentrum des Rades zu unseren Füßen entspringt ein Licht, das tiefste Seelenruhe über Raum und Zeit hinweg verströmt. Bislang war das Bewußtsein auf diesem Planeten noch nicht reif genug, um ein Energiefeld dieser Art aufrechtzuerhalten. Darum wurde das Rad unbemerkt eingesetzt, an Plätzen auf der Erde, wo die Schwingungen sich so weit verdichtet hatten, daß sie sich in Form von Unruhen und Gewalttaten Ausdruck verschaffen mußten. Nun, da das Bewußtsein eines Großteils der Menschheit umgestellt wird und in die nächste Entwicklungsphase übergeht, wird unsere Mitwirkung nicht länger gebraucht. Inzwischen gibt es genug Gruppen und Individuen, die Gottes Friedensliebe aus sich selbst heraus verströmen.

Und darum bist du hier: Um das Gotteslicht zu erleben und es mit der Zeit ganz ungehindert auszustrahlen. So gibst du die Gewißheit weiter, die das wahre Wissen ist. Die ganze Welt sehnt sich danach. Viele haben die Offenbarungen bereits empfangen. Jeder drückt sie auf unterschiedliche Weise aus. Deine Aufgabe besteht darin, weitere Kreise mit den Lichtboten vertraut zu machen. In dieser Zeit wird eine Entscheidung getroffen, die den meisten Menschen bisher abgenommen worden ist. Alles Notwendige wird dir gegeben werden – aber erst in dem Moment, wo du es brauchst. Du wirst aufgerufen, weil du die Umstellung herbeisehnst und dir fest vorgenommen hast, nicht in die altbekannten Fallen auf diesem Weg zu tappen.«

»Fallen?« wiederholte ich.

»Wir werden es sehen. Mehr will ich jetzt nicht sagen. Was du hier erlebst, bleibt dir bewußt, und zur richtigen Zeit wirst du dich wieder bei mir einfinden. Hab Geduld.«

An weitere Einzelheiten erinnere ich mich nicht. Der Traum war so real, daß ich ihn kaum als Traum bezeichnen kann. Beim Erwachen am nächsten Morgen fühlte ich mich frisch und unternehmungslustig. Ob ich je ein Wort über meinen nächtlichen Ausflug in eine andere Dimension der Realität herausbringen würde, schien mir allerdings fraglich.

Als ich die Treppen hinunterstieg, war der Unterricht im Kindergarten bereits im vollen Gang. Die Lehrerinnen musterten mich erstaunt. Anscheinend hatte niemand sie über meine Anwesenheit im Schlafsaal oben informiert. Ich sagte hallo, winkte und trat vor die Tür.

Die Bushaltestelle lag an der Hauptstraße in Strandnähe. Ich beschloß, ein Stück am Adriatischen Meer entlangzuwandern, bevor ich mit dem Bus in die Innenstadt fuhr. Die altmodischen Häuserzeilen auf meinem Weg gefielen mir so gut. Zahllose Strandcafés und kleine Pensionen mit Meeresblick säumten die Strandpromenade, die sich offenbar bis zur Innenstadt von Rijeka hinzog. Überall konnte man unter bunten Sonnenschirmen Platz nehmen und sich die Speisen der internationalen Küche vorsetzen lassen, aber fast alle Tische waren leer. Dabei war das Meereswasser warm und klar, und hinter der Promenade türmte sich eine majestätische Bergkulisse. Die Gegend hatte sicher einst als Sehenswürdigkeit gegolten, doch in diesem Sommer waren die Touristen erneut ausgeblieben. Hier und dort sah ich vereinzelte Frauen beim Sonnenbaden oder einsame Angler auf Felsbrocken hocken, um sich die nächste Mahlzeit aus dem Meer zu fischen, ansonsten war alles menschenleer.

Ich ging zur Hauptstraße zurück und wartete auf den Bus. In der Innenstadt angekommen, sah ich, daß Snjezana an der Haltestelle wartete. Sie schwenkte einen Picknickkorb und eine Thermosflasche.

»Hier ist unser Frühstück«, verkündete sie, während sie den Deckel des Korbes lüftete. »Kaffee, Milch, Brötchen und Käse habe ich. Brauchst du sonst noch was? Dann holen wir es vom Markt.«

»Du hast an alles gedacht,« gab ich lachend zurück. »Wo veranstalten wir unser Picknick?«

»Im Park, ganz in der Nähe. Gordana hat eine Verabredung und kommt erst am Nachmittag zurück. Bis dahin gehörst du mir!«

Diese Frau machte mich schon mit ihrer bloßen Anwesenheit froh. Sie hatte eine fast kindliche Ungezwungenheit, die mir schon am ersten Abend gutgetan hatte, aber dahinter lag eine spürbare Festigkeit – vielleicht war es die Kraft einer inneren Gewißheit, die man auch als Weisheit bezeichnen könnte. Im Vergleich zu Gordana war sie ein Ausbund an Selbstsicherheit, und diese Kombination sollte mir in den kommenden Wochen noch vieles erleichtern.

Der Park war ein grüner Tupfen im Häusermeer und lag an einem Fluß, der in die Adria mündete und von kleineren Booten befahren wurde. Wir setzten uns ins Gras und breiteten unsere Leckerbissen auf einem Tischtuch aus. Es war ein herrlicher Sonnentag; von überall her drang Musik an unsere Ohren, aus Boomboxen, um die sich junge Leute versammelten, um zu tanzen und zu flirten. Inzwischen hatte ich aufgehört, die Hemden und Basketballkappen mit dem »Chicago Bulls«-Emblem zu zählen.

Nachdem wir es uns bequem gemacht hatten, sagte Snjezana: »Jimmy, ich möchte, daß du ein Seminar über diesen *»Kurs in Wundern«* gibst. Ich kenne so viele interessierte Leute hier, daß ich meine, wir sollten einen größeren Raum in der Innenstadt mieten und deinen Vortrag mit Handzetteln ankündigen. Dann kommen bestimmt mindestens zwanzig oder dreißig Freunde von Gordana und mir. Weißt du, viele haben nämlich Schwierigkeiten mit dem Text.«

»Inwiefern?« fragte ich.

»Vielleicht liegt es an der Übersetzung. Manches bleibt einfach unklar, auch für mich, obwohl ich das Manuskript verschlungen habe. Vielleicht bist du ja unter anderem auch aus diesem Grund zu uns gekommen.«

Wir entschieden uns für eine Abendveranstaltung zwei Wochen später, obwohl ich immer noch glaubte, daß ich zu der Zeit bereits nach Italien zurückkehren würde. Snjezanas Eifer war ansteckend, und sie versprach mir, entweder die Aula ihrer Schule oder eine der großen, leerstehenden Wohnungen von Suncokret für den Zweck vorzubereiten.

Eine Weile saßen wir schweigend nebeneinander und aßen, dann sagte ich: »Snjezana, letzte Nacht habe ich einen unglaublich starken Traum gehabt.« Sie hörte mir aufmerksam zu, während ich jede Einzelheit, die mir im Gedächtnis geblieben war, schilderte. Als ich geendet hatte, lächelte sie eine Zeitlang sinnend vor sich hin.

»Was bedeutet der Traum deiner Meinung nach?« sagte sie schließlich.

»So viel, daß ich es nicht in Worte fassen kann. Kam dir einiges daran irgendwie bekannt vor?«

Wieder entstand eine längere Pause. Dann legte sie ihre Hand behutsam auf meine und sagte: »Jimmy, seit dem Kriegsausbruch vor vier Jahren passiert in Kroatien einiges, das ich mir absolut nicht erklären kann. Viele sind gefoltert und umgebracht worden; so viel Haß wird überall verbreitet. Wir leben in dunklen Zeiten, und vielleicht träumst du solche Dinge, weil du dir so sehnlichst wünschst, den Frieden in unser Land zu bringen.«

»Klar, das ist mein Wunsch. Nicht umsonst will ich Friedenskonzerte geben, aber mittlerweile spüre ich immer deutlicher, daß sich etwas hinter den Kulissen zusammenbraut. Und ihr beide, du und Gordana, wollt mir etwas vorenthalten, stimmt's? Jetzt sag mir ganz einfach, was ihr im Schilde führt oder wißt – was auch immer es sein mag –, ich bitte dich.«

»Ich weiß nur, daß du hierhergebracht worden bist, und vielleicht nicht aus den Gründen, die dir selber bewußt sind. Deine Kroatienreise ist arrangiert worden.«

»Arrangiert? Von wem?«

»Gordana hat dich im Auftrag eines Mannes namens

Duro eingeladen. Keine Sorge, du wirst ihn später noch treffen. Als Gordana ihm deinen Brief gezeigt hat, meinte er, daß du derjenige bist, auf den wir gewartet haben, und dann hat er sie beauftragt, deine Reise nach Kroatien in die Wege zu leiten. Du mußt wissen, daß wir vollkommenes Vertrauen in Duro haben. Er ist ein großer Freund, verstehst du? Ein weiser und gütiger Mensch. Also haben wir keine langen Diskussionen geführt, als er sagte, daß du möglichst bald kommen mußt. Er arbeitet mit einer Gruppe in den Bergen, die sich mit alten, in Vergessenheit geratenen Heilverfahren befaßt, so ähnlich wie in deinem Traum, und wenn die Zeit gekommen ist, sucht Duro dich auf.«

»Mit anderen Worten, ich bin eine Marionette, die ihr über die Bühne kaspern laßt.«

Sie lachte. »Nein, das wäre zuviel gesagt. Natürlich sollst du auftreten und deine Friedenslieder vorspielen ... aber nur unter anderem. Der Rest ergibt sich von selbst.«

»Was weißt du über diese Gruppe in den Bergen?«

»Zu mir hat Duro noch nie ein Wort darüber verloren. Gordana weiß ein bißchen mehr, ansonsten wird die Existenz der Gruppe geheimgehalten. Keiner kennt die Mitglieder, geschweige denn, ihren Aufenthaltsort. Gordana sagte nur, daß sie irgendwo in der Wildnis zusammenleben und sich permanent mit dem Frieden befassen.«

Mir war sehr unwohl zumute geworden. Tausend Fragen schwirrten durch meinen Kopf. »Wer ist dieser Duro?« fragte ich gereizt. »Und wie kommt er darauf, mich in ein Krisengebiet zu locken? Ich meine, bin ich einer Truppe von versponnenen Weltverbesserern in die Hände gefallen, die mich aus gott-weiß-was für Gründen in ihr Drama verwickeln wollen?« Eine Sekunde lang überlegte ich mir, ob ich den nächsten Zug nach Rom nehmen und von dort aus nach Hause fliegen sollte. Womöglich wollte man mich in einem fremden und für Gewalttaten bekannten Land festhalten, wenn ich nicht rechtzeitig auf die Stimme meiner Vernunft hörte.

»Jimmy ...« Snjezanas Stimme klang begütigend. »Mach dir keine Sorgen um die Zukunft. Im Grunde deines Herzens weißt du doch selbst, daß wir dir nichts Böses tun wollen. Gordana und ich passen sehr gut auf unseren Troubadour auf.« Sie kicherte und knuffte mich in die Seite. Dann fuhr sie fort: »Niemand kann genau sagen, was uns bevorsteht. Was bleibt uns übrig, als Vertrauen zu haben? Ich glaube, daß uns etwas Gutes, aber vielleicht noch nie Dagewesenes bevorsteht, und dein Traum letzte Nacht sagt das gleiche, nicht? Ich vertraue. Mehr brauche ich nicht zu wissen.«

Am späten Nachmittag wurde mein Interview im Rahmen einer kroatischen Nachrichtensendung ausgestrahlt. Solange ich über meine Musik und den Zweck meiner Reise sprach, wußte ich sehr genau, was ich in diesem Land zu tun hatte. Auf keinen Fall durfte ich mich in ein spirituelles Weltverbesserungsprogramm hineinziehen lassen und meine ursprünglichen Ziele dabei vergessen. Sicher, was das Schicksal für mich vorgesehen hatte, würde eintreffen, ob ich es wollte oder nicht, aber ich mußte nicht in jede bereitgestellte Falle tappen.

DRITTES KAPITEL

Die Realität hinter der Realität

Zoroastrisches Friedensgebet

Wir beten zu Gott, alles Leid von der Welt zu nehmen:
auf daß Verständnis über Ignoranz triumphiere
und Großmut über Gleichgültigkeit.
Auf daß Vertrauen über Verachtung
und die Wahrheit über Illusionen siege.

Friedenskeime

Als Fremder in einem fremden Land kann man sich auf Überraschungen gefaßt machen. Nach meinem Fernsehauftritt wurde ich gelegentlich auf der Straße erkannt und angesprochen oder, wenn der englische Wortschatz nicht ausreichte, mit überschwenglicher Herzlichkeit und gitarrespielenden Handbewegungen in der Luft darauf hingewiesen, daß musikalische Beiträge zum Frieden auf allgemeines Wohlwollen stießen.

Am Tag nach der Fernsehshow traf ich Gordana in der Zweigstelle von Suncokret, dem Wohnzimmer, in dem ich meinen ersten musikalischen Auftritt gehabt hatte. Diesmal war der Raum nicht ganz so überfüllt, aber wie immer gab es mehr Hilfesuchende als Platz und weit mehr Zigaretten als Büromaterial. Tagtäglich stand eine lange Schlange von Vertriebenen hinter der Eingangstür, um sich mit lebensnotwendigen Dingen wie Essen für die Kinder oder dem Mietzuschuß für den nächsten Monat zu versorgen. Obwohl vielen geholfen wurde, gab es nie genug für alle, und so wurden manche Bittsteller an andere Wohlfahrtsorganisationen verwiesen und mit leeren Händen fortgeschickt.

Nadina war mit den Arrangements für zwei Friedenskonzerte in Zagreb beschäftigt, der Hauptstadt von Kroatien. Außerdem sollte ich an einer Fernseh-Talkshow teilnehmen und in einer katholischen Kirche in Rijeka auftreten. Als ich sie ansprach, war sie gereizter als bei unserer ersten Begegung und meinte, es sei doch eine Zumutung, sich für einen ohnehin schon viel zu verwöhnten Amerikaner einsetzen zu müssen. Ah, sie mochte mich – ganz eindeutig. Ihre Ehrlichkeit wirkte befreiend auf mich, selbst wenn ich als Zielscheibe ihrer verbalen Spitzen dienen mußte. Ich lud Nadina ein, die Kaffeepause mit mir zu verbringen.

Lustlos ließ sie sich in ein Café auf der anderen Straßenseite schleppen. Nachdem wir uns gesetzt hatten, sagte ich: »Nadina, was willst du in Amerika, wenn du die ›typischen Amerikaner‹ nicht ausstehen kannst, wie du schon mehrfach beteuert hast?«

»Ich will hier weg. Nicht unbedingt nach Amerika, aber weg hier«, knurrte sie. »Am liebsten würde ich nach Hause gehen, *nach Hause,* verstehst du? Ich will mein Leben wiederhaben, so, wie es war. Vor dem Krieg stand ich kurz vor dem Abitur und hatte viele gute Freunde. Wir konnten überall in Europa herumreisen und ganz leicht mal eben für eine Woche nach Italien fahren. Jetzt werden wir plötzlich wie Kriminelle behandelt und an der Grenze abgewiesen. Kein Land gibt uns ein Einreisevisum. Alle fürchten sich zu Tode, daß wir dann ewig dableiben. Unter dem kommunistischen Regime ging es uns besser als jetzt.«

Ich muß betroffen gewirkt haben, denn nun kamen ihr tiefere Erinnerungen über die Lippen: »Eines Morgens, bevor ich zur Schule gehen kann, hämmert jemand gegen unsere Tür. Ein Soldat. Ein Serbe. Der steht da und meint, wir haben 24 Stunden, um unser Haus zu verlassen und aus der Stadt hinauszukommen. Wer nicht freiwillig abzieht, wird erschossen. Mein bester Freund hat schräg gegenüber von uns gewohnt. Den haben sie ins Auto gezerrt, und seither hat niemand ihn je wiedergesehen. Wer sich mit den Serben anlegen wollte oder für einen Nationalisten gehalten wurde, ist sofort von der Bildfläche verschwunden. Ich hätte nie für möglich gehalten, daß so was in unserem Land passieren kann. Wir haben ein paar Sachen in Müllbeutel gesteckt und sind losgegangen, meine Mutter, mein Bruder und ich. Wir wußten nicht, wohin wir gehen sollten. Wir hatten kein Auto – nichts. Das ganze Moslemvolk zog die Straßen entlang, Tausende, alle mit Bündeln bepackt, ich weiß nicht, wohin.«

Sie trank einen Schluck Kaffee und fuhr fort: »Tagelang sind wir gelaufen, manchmal in Lastwagen getrampt, und irgendwie bis nach Kroatien gekommen, bis nach Zagreb sogar. Aber wir wollten auf keinen Fall in einem Flüchtlingslager enden. Das sind die furchtbarsten Elendsquartiere, kein Mensch kann seine Würde im Lager behalten. Aber was soll man machen, wenn man plötzlich in einem fremden Land ist – auch wenn das Land vor ein paar Jahren noch dein eigenes Heimatland war?! Zuerst sind wir bei einem Bekannten untergekommen, dann hat meine Mutter Arbeit gefunden, illegal natürlich, aber ein Job, der bar bezahlt wurde, und für den du keine Papiere brauchst. Sie hat es sogar geschafft, mir und meinem Bruder Ned eine Ausbildung zu bezahlen. Mein Bruder geht auf eine Handelsschule, und ich habe eine Ausbildung als Krankenschwester begonnen. Zagreb hat mir gut gefallen, ich habe auch ein paar neue Freunde gefunden und konnte jeden Abend zum Tanzen gehen und sowas alles. Es ging uns gar nicht mehr so schlecht, aber dann wollte meine Mutter nach Rijeka umziehen. Ich begreife nicht, warum. Ich hasse diese Stadt, aber was blieb mir anderes übrig als mitzukommen? Hier gibt es nichts, jedenfalls nichs, was jemanden in meinem Alter interessiert.«

Ich fragte mich bereits, was ich für sie tun konnte, schwieg aber, um ihr eine Gelegenheit zu geben, mehr von sich selbst zu erzählen.

»Wenn ich nach Amerika auswandern könnte, würde ich an einer Universität studieren und etwas aus meinem Leben machen. Hier versande ich, und selbst wenn der Krieg in der nächsten Woche endet, bin ich fertig mit diesem Land. Zu viel Haß, zu viele Grausamkeiten... Ein Freund von mir durfte nach South Carolina auswandern, weil er dort Familienmitglieder hat. Ansonsten kommst du nicht mehr ins Ausland, und nach Amerika schon gar nicht. Die passen auf wie die Schießhunde, also bleibe ich wohl mein Leben lang hier sitzen und bringe nie was Vernünftiges zustande.«

Mittlerweile schämte ich mich beinahe für meinen unverdient privilegierten Lebensstil. Wenn ich verreisen wollte, mußte ich nur ein Heftchen vorzeigen, auf dem »United States of America« in Goldlettern stand, und schon öffneten sich Tür und Tor. Kaum glaublich, welche Folgen ein paar Buchstaben auf Papier haben können. Meine Erlebniswelt sollte Hunderttausenden von Nadinas und Neds für immer verschlossen bleiben, und nur, weil sie schuldlos aus dem Land ihrer Herkunft vertrieben worden waren.

»Vielleicht kann ich dir helfen. Es gibt Wege, um in die Vereinigten Staaten hineinzukommen«, sagte ich.

»Ach, rede nicht. Ich habe es satt, mir die Sprüche der Leute anzuhören, die dann doch nie etwas tun.«

Ich nickte. »Nadina, ich garantiere für nichts, aber ich bin bereit, etwas zu unternehmen. Paß mal auf: Daß ich demnächst in Zagreb auftrete, habe ich letztlich auch deinen selbstlosen Bemühungen zu verdanken, nicht wahr? Warum fährst du nicht einfach mit mir nach Zagreb? Dann gehen wir beide zu der amerikanischen Botschaft und erkundigen uns, was du brauchst, um ein Visum zu erhalten.«

Sie schüttelte den Kopf. »Du kannst nicht einfach in die Botschaft trotten und solche Fragen stellen. Ich weiß, wie es dort zugeht. Die Beamten tun alles, um Leute wie mich möglichst fernzuhalten, und das gelingt ihnen auch sehr gut. Wenn ich mich nach den Voraussetzungen für ein Visum erkundige, wissen sie sofort bescheid und setzen meinen Namen auf die Liste der »Unerwünschten«. Ich muß ihnen von Anfang an beweisen, daß ich zwingende Gründe für meine baldige Rückkehr nach Kroatien habe, zum Beispiel Kinder, die ich nicht im Stich lassen kann, oder Landbesitz oder ein gutgehendes Geschäft.«

»Hm. Ja dann müssen wir einen zwingenden Grund finden.« Ich war voller naiver Vertrauensseligkeit. »Ich gehe in die Botschaft und finde heraus, welche Beweise sie verlangen. Dann tragen wir das Material zusammen und präsentieren es dem Konsul. Eine Chance hast du auf jeden Fall.«

»Den Bosniern wird fast nie ein Visum erteilt, ganz egal, wie dringend sie irgendwo einreisen müssen.«

»Trotzdem kann man es versuchen. Komm mit nach Zagreb. Wir sagen Suncokret, daß ich dich zum Übersetzen oder irgend etwas von der Art brauche. Du kannst nie wissen, was passiert, bevor du es ausprobierst.«

»Du klingst so amerikanisch wie John Wayne.« Endlich lächelte sie. »Okay, Cowboy, ich frage Suncokret, ob ich dich begleiten darf. So habe ich wenigstens einen Grund, mal wieder nach Zagreb zu fahren. Ich zeige dir die Stadt, und wir machen uns eine gute Zeit. Und jetzt habe ich eine Frage: Wie gefällt es dir in dem Schlafsaal über dem Kindergarten?«

Da ich nichts sagte, fuhr sie fort: »Wenn du willst, kannst du bei uns wohnen, mitten im Stadtzentrum. Mein Bruder hat ein freies Bett in seinem Zimmer. Meine Mutter will dich ohnehin kennenlernen, und ich fände es auch gut, wenn du zu uns kommst.«

Ich nahm ihre Einladung an. In Kostrena fühlte ich mich ein wenig isoliert, obwohl die Strandnähe ein Pluspunkt war. Ich zahlte unsere Rechnung, dann holten wir meine Habseligkeiten ab.

Eine Woche später war alles für die Reise vorbereitet worden. Drei französische Mitarbeiter von Suncokret hatten uns Plätze in einem Minibus angeboten, der Lebensmittel in ein Flüchlingslager in Zagreb transportierte. Nadina und ich zerrten Pappkartons voller Toilettenpapier und Ölsardinen beiseite, hockten uns dazwischen und machten uns auf eine holprige Dreieinhalb-Stunden-Fahrt im hinteren Teil des Wagens gefaßt. Nur einer der Franzosen sprach ein behelfsmäßiges Englisch. Keiner von den dreien sprach kroatisch. Wir mußten uns allein die Zeit vertreiben.

»Erzähl mir etwas über Zagreb«, sagte ich zu Nadina.

»Zagreb ist eine wunderwunderschöne, alte Stadt, eine historische Sehenswürdigkeit, aber auch ganz modern. Die Amerikaner glauben immer, daß die Balkanländer rückständig sind, und dann staunen sie, wenn sie hier ankommen. Wir wissen viel mehr über Amerika als die Amerikaner über uns, weil wir ins Kino gehen, und weil eure Fernsehserien jeden Abend bei uns ausgestrahlt werden.

»Über diese Filme möchte ich dir jetzt mal etwas sagen«, begann ich in einem leicht defensiven Ton. »Die meisten halten Amerika entweder für eine Gangsterhölle, wo an jeder Ecke mit Drogen und Knarren gehandelt wird, wie in dem Film »*Boyz In the Hood*«, oder sie glauben, daß es überall wie bei »*Beverly Hills 90210*« zugeht. Amerikaner sind entweder schwerreich und verwöhnt, oder sie sind bitterarm und rauchen Crack. Beides ist weit entfernt von der Realität eines normalen Staatsbürgers. Deshalb hoffe ich, daß du nach Amerika kommst und die Wahrheit mit eigenen Augen siehst.«

»Deine Vorstellung von Kroatien und Bosnien ist natürlich weitaus realistischer, nicht?« Ihre Reaktion zeigte, daß ich in ein Wespennest gestochen hatte. »Ihr haltet uns doch alle für Hinterwäldler, weil ihr Bilder von zerlumpten Bauern und alten Frauen im Mummenschanz im Fernsehen seht. Unrealistischer geht es doch wohl kaum. Wir sind ein hochentwickeltes, gebildetes Volk, unsere Kultur ist älter und viel reicher als eure, und vor der Unabhängigkeitserklärung hatte Jugoslawien eine der stärksten Armeen auf der ganzen Welt. Du hast keine Ahnung, wie ähnlich wir den Amerikanern sind. Arrogant und stolz sind wir zum Beispiel auch.«

Sie hatte recht: Meine Vorstellungen von ihrem Land waren ausschließlich vom Nachrichtenprogramm geprägt worden. Die Vielschichtigkeit und Intelligenz dieser Kulturen ging mir erst jetzt allmählich auf. Außerdem fühlte ich mich immer stärker zu dem eigenwilligen Mysterium hingezogen, das Nadina für mich darstellte. Ich fragte mich inzwischen schon, ob ich ihr meine Gefühle erklären sollte. Aber sie waren ebenfalls sehr vielschichtig, und so beschloß ich, vorerst noch still zu bleiben und abzuwarten. Wir hatten ein paar Tage Zeit.

In einer Herberge am Stadtrand waren Plätze für uns reserviert worden. Das Gebäude diente vornehmlich als Zwischenstation für die freien Mitarbeiter von Suncokret und verschiedenen anderen Wohlfahrtsorganisationen in

Kroatien und Umgebung. Nachdem wir eine Stunde lang durch halb Zagreb gefahren waren und unsere Fracht verteilt hatten, war es endlich soweit: Wir konnten aus dem Wagen steigen und uns die Beine vertreten. Inzwischen hatte ich mich daran gewöhnt, nie genau zu wissen, was mir als nächstes bevorstand und unter welchen Umständen ich die Nacht verbringen würde. Obwohl die meisten Leute ein wenig Englisch sprachen und ihre Worte so klar wie möglich formulierten, verstand ich oft erst im nachhinein, was sie mir schildern wollten.

Die Herberge wurde von vier freien Mitarbeitern betrieben, darunter ein Amerikaner, der uns das Schlafquartier im dritten Stockwerk zeigte. Auch hier gab es keine Privatzimmer, nur einen großen Raum, dessen Boden von Matratzen bedeckt war und sowohl Männern wie Frauen als Nachtquartier diente. Ein paar Franzosen machten ihrer Empörung in ihrer Landessprache Luft, aber sie waren ältere Männer und hatten eine Hotelpension erwartet. Nadina und ich belegten zwei nebeneinanderliegende Matratzen, während sie das Verhalten der Franzosen mit rüden Bemerkungen bedachte und sagte, es sei typisch für so viele barmherzige Samariter, die anreisten, um die Not zu lindern und dann über die Notlage meckerten, der die anderen hier unmöglich schon nach wenigen Wochen wieder entrinnen konnten. Ich verstand ihre Leidenschaft: Viele von Nadinas Landsleuten hatten kein Nachtquartier, von Privatzimmern ganz zu schweigen.

Ein junger Mann sprach uns über ein paar Matratzen hinweg an und erzählte, er sei ein Engländer auf dem Weg nach Sarajewo, wo er Englischunterricht geben sollte. Die Sache war die, daß es nahezu unmöglich war, bis nach Sarajewo vorzudringen. Wir luden ihn ein, mit uns auf die Straße zu gehen und irgendwo ein Bier zu trinken. Wir setzten uns in ein Straßenlokal in der Nähe und sprachen über die Chancen, die dem Engländer noch blieben, sein Reiseziel zu erreichen. Nach Sarajewo kam man nur noch auf dem Luftweg oder zu Fuß durch einen Tunnel, der sich kilometerlang unter den von Serben besetzten Bergen hindurchzog und nicht hoch genug für einen aufrechten Gang war. Auf Flugzeuge wurde geschossen, deshalb schmuggelten Freiwillige alle lebensnotwendigen Versorgungsmittel seit Jahren schon durch diesen Tunnel nach Sarajewo. Ansonsten kam kaum jemand an den Serben vorbei, weder in der einen, noch der anderen Richtung.

Mit der Zeit setzten sich immer mehr Herbergsgäste zu uns. Wir schoben mehrere Tische auf dem Bürgersteig zusammen und hatten schon am ersten Abend, was Nadina als »eine gute Zeit« bezeichnete. Wir lachten viel, und unsere Unterhaltung wäre durchweg auf kroatisch geführt worden, nur mir zuliebe stellten sich alle gelegentlich auf Englisch um. »Typisch amerikanisch«, dachte ich. Hier saß ich, und war der einzige, der die Landessprache nicht beherrschte. Erneut fiel mir auf, wie gering die Unterschiede zwischen dieser Runde und einer Tischrunde in Amerika waren. Selbst die Kneipe ähnelte tausend anderen in den Staaten. Die Musik war identisch, das Bier ebenfalls und das Gelächter sowieso.

Irgendwann ging ich zur Bar im Inneren des Lokals, um ein Getränk für Nadina zu bestellen. Dabei kam ich an einem Tisch vorbei, an dem eine Handvoll kroatischer Frauen saß – offenbar schon ziemlich betrunken und sehr übermütig. Eine packte meinen Arm und sagte etwas Unverständliches.

»Sorry, ich spreche nur englisch«, sagte ich.

Ihre Augen leuchteten auf. »Bist du Amerikaner?« rief sie.

»Ja«.

»Ah! Komm, setz dich zu uns. Wir sind auf der Suche nach einem Amerikaner, der uns heiratet und in die Staaten entführt. Du kannst dir aussuchen, wer dir am besten gefällt.« Lachend deutete sie auf die Frauenversammlung, zerrte einen Stuhl mit der anderen Hand herbei und drückte mich mit sanfter Gewalt auf die Sitzfläche. Dann rückte sie ihren Stuhl an meinen heran.

»Was machst du hier in Zagreb«, fragte eine andere Frau.

»Ich bin Musiker und gebe Friedenskonzerte.«

»Hm. Friedenskonzerte werden dringend gebraucht. Wie heißt du denn?«

»Jimmy.«

Jetzt trug jede einzelne ihren Namen vor, und unterdessen legte die Frau neben mir meine Hand auf ihren Oberschenkel. Verzweifelt blickte ich in die vielen lächelnden Gesichter, die mir so erwartungsvoll zugewandt waren. Auch wenn alle in dieser Tischrunde durchaus attraktiv wirkten, fühlte ich mich bedrängt. Im nächsten Moment sah ich Nadina auf die Bar zuschlendern. Ich warf ihr einen flehenden Blick zu, worauf sie schnurstracks auf uns zukam, ein paar Sätze auf kroatisch sagte und mich dann an der Hand wieder nach draußen führte. Ich wußte nicht, was sie gesagt hatte, nur, daß die Frauen verblüfft hinter uns sitzenblieben.

»Was machst du denn?« schimpfte sie leise. »Du mußt doch inzwischen gemerkt haben, daß du Freiwild bist. Amerikaner findet man hier nicht mehr so leicht, und es gibt etwa hunderttausend kroatische Frauen, die dich heiraten würden, bloß damit sie endlich hier wegkommen.«

»Gut, dann laß uns heiraten. Damit wäre zumindest dein Problem gelöst.«

»Nein danke. Ich will nach Amerika gehen, aber nicht, wenn ich eine Ehe dafür vortäuschen muß.«

»Meinst du nicht, daß wir jede Möglichkeit in Erwägung ziehen sollten?«

»Ich heirate nur aus Liebe. Aus keinem anderen Grund. Das gehört zur Menschenwürde, und sie ist das einzige, was ich habe.«

»Leg dich nicht von vornherein fest«, sagte ich. »Manchmal geschieht etwas völlig Unerwartetes. Vielleicht mußt du nur offen bleiben.«

Sie beäugte mich mißtrauisch. »Wovon redest du?«

»Ich meine nur, daß man nicht alles im voraus wissen

kann. Wenn ich etwas seit meiner Ankunft hier gelernt habe, dann ist es, daß man sich auf das Unerhörte gefaßt machen muß.«

»Ha, das werde ich mir merken«, gab sie patzig zurück. »Morgen werden wir sehen, was die amerikanische Botschaft zu sagen hat. Aber ich bin längst nicht so optimistisch wie du.«

Nach einem weiteren Bier schlenderten wir zur Herberge zurück. Die Franzosen waren bereits eingeschlafen. Wir legten uns am Rande unserer Matratzen auf die Seite und flüsterten noch ein Weilchen miteinander.

»Sag mal, weißt du etwas über eine spirituelle Gruppe in Kroatien, die mit unkonventionellen Heilmethoden arbeitet?« raunte ich Nadina zu. »Ich glaube, sie nennen sich ›Boten des Lichts‹ oder ›Lichtboten‹.«

»Nein. Warum fragst du?«

»Ich habe einen unvergeßlichen Traum über diese ›Boten‹ gehabt, und dann hat Snjezana von einer geheimnisvollen Gruppe in den Bergen erzählt. Vielleicht sind es die Leute, von denen mein Traum gehandelt hat.«

»Du meinst, daß dein Traum wahr werden könnte?«

»Mehr noch. Seit ich hier angekommen bin, hat sich alles auf unglaubliche Weise gefügt, und ich bin ziemlich sicher, daß Gordana und Snjezana mehr darüber wissen, als sie zugeben wollen.«

»Also, ich glaube nicht an all dieses Zeug, aber wenn du die Lichtboten findest, mußt du mich mitnehmen und zu ihnen bringen, okay? Ich brauche Abwechslung.«

Ich versprach es ihr.

»Schwöre es mir. Bei allem, was dir heilig ist.«

Ich leistete einen Schwur, bevor wir einschliefen.

Am nächsten Morgen fuhren wir mit dem Bus ins Stadtzentrum und stiegen an einem großen, offenen Marktplatz aus, von dem sich die Hauptstraßen sternförmig in alle Richtungen entfernten. Mein Termin in der amerikanischen Botschaft war telefonisch für ein Uhr nachmittags verabredet worden. Später am Abend sollte ich ein Fernsehinterview geben, und so blieb Nadina genug Zeit, um mich durch die Straßen zu führen. Bis dahin war die Innenstadt nur zweimal bombardiert worden, das letzte Mal vor etwa einem Monat. Nadina führte mich in einen Park, in dem zwei Menschen ums Leben gekommen waren, und erklärte, daß der Bombenanschlag ein Racheakt der bosnischen Serben gewesen sei, weil die kroatische Armee zurückgeschlagen und die Serben aus dem bereits eroberten Zagreb vertrieben hatte. Nadina erzählte, daß die serbischen Bomben mitten in der Luft explodierten und dabei eine Menge kleinerer Sprengköpfe freisetzten, deren Zielort von niemandem vorausgesagt werden konnten. Aber jeder einzelne Sprengkopf hatte die Zerstörungsgewalt von mehreren Granaten gleichzeitig.

Gegen Mittag setzten wir uns in ein Kaffeehaus bei der amerikanischen Botschaft um die Ecke und sprachen unser Komplott noch einmal durch. Am Telefon hatte ich mich als Musiker ausgewiesen und von dem gigantischen Friedenskonzert erzählt, das nächstes Jahr in Zagreb stattfinden sollte, aber von Amerika aus organisiert werden mußte, was jedoch nur mit der Hilfe eines ortskundigen, mehrsprachigen Assistenten gelingen konnte. Nadina sollte im Café sitzenbleiben, während ich dem Botschaftspersonal ihre Unabdingbarkeit als meine Assistentin in Amerika vortrug. Wir tuschelten miteinander, bis Nadina mich auf mehrere völlig normal wirkende Männer in dezenten Anzügen hinwies, die auf Parkbänken saßen oder an Bushaltestellen standen, ohne je in irgendeinen Bus zu steigen. Sie behauptete, es handele sich um Agenten vom Sicherheitsdienst, die zu jeder Tages- und Nachtzeit Ausschau nach verdächtigen Personen im Umkreis der Botschaft hielten. Langsam wurde auch ich nervös.

Kurz vor eins ging ich um die Ecke und steuerte auf den Wachposten vor dem Eingang der Botschaft zu. Auf der obersten Treppenstufe versperrte er mir den Weg und fragte, was ich wollte. Nachdem ich ihm meinen Termin mit der Visa-Abteilung genannt hatte, verschwand er hinter geschlossenen Türen. Kurz darauf kehrte er zurück und ließ mich eintreten. Drinnen trat ein zweiter Wächter vor und ließ seinen Metalldetektor über meinen Körper gleiten. Dann wurde ich gebeten, den Inhalt meiner Taschen auf einem Tablett liegenzulassen. Ein dritter Sicherheitsbeamter händigte mir einen Garderobenschein dafür aus. Nachdem ich ein Formular unterschrieben hatte, öffnete sich eine automatische Tür, und ich betrat eine Halle.

Ich war noch nie in einer Botschaft gewesen. Die Visa-Abteilung war keineswegs beeindruckend. Hinter einer kugelsicheren Glaswand saßen Angestellte, die Formulare durch handbreite Schlitze hin- und herschoben. Vor jedem Schlitz stand eine kleine Schlange von Antragstellern. Als ich an der Reihe war, wurde die zweite Direktorin der Abteilung gerufen, mit der ich mich telefonisch verabredet hatte.

Ich legte meine Stirn in professionelle Falten und sagte: »Ich brauche Informationen über den Vorgang, der einem bosnischen Staatsbürger erlaubt, in die USA einzureisen, um mir zu helfen, ein internationales Friedenskonzert für das kommende Frühjahr in Zagreb zu organisieren.«

»Mister Twyman, bosnischen Staatsangehörigen wird nur unter ganz besonderen Umständen ein Visum erteilt, und selbst dann ist der Vorgang komplizierter, als Sie vielleicht annehmen. Die Vereinigten Staaten haben die Zahl der ihnen zugewiesenen bosnischen Flüchtlinge bereits überschritten, und Ausnahmen werden sehr sorgfältig überprüft.«

Ich forschte in ihrem Gesicht und meinte, genug menschliche Wärme darin zu entdecken, daß ich eine andere Taktik ausprobierte. »Das verstehe ich«, begann ich. »Darum wende ich mich ja an Sie. Ich denke, daß Sie ein Mensch sind, der sich in meine Lage hineinversetzen kann. Die Sache ist die, daß ich jemanden in den USA brauche, der fehlerlos mit den Komiteemitgliedern in Kroatien kommuniziert und den Geldgebern drüben klarmacht, was wirklich in Bosnien und Kroatien vor sich geht. Ich selbst bin nicht dazu in der Lage, und ohne eine Person, die überzeugend für die Bosnier spricht, sehe ich letztlich keine Chance für das ganze Unternehmen.«

Ich hielt mein Argument für ausreichend. Sie bemühte sich um Hilfsbereitschaft, aber je ausführlicher sie mir die Prozedur erklärte, desto mutloser wurde ich. Am Ende lehnte sie sich vor und sprach in einem vertraulicheren Ton: »Mister Twyman, wie lange wollen Sie noch in Kroatien bleiben?«

»Wahrscheinlich nicht länger als anderthalb Wochen.«

Sie machte ein bekümmertes Gesicht und überlegte. Dann sagte sie: »Ich werde einen Offizier bitten, Sie in mein Büro zu bringen. Ich möchte privat mit Ihnen sprechen.«

Ein Wachposten führte mich die Halle hinunter und öffnete eine Tür. Die Frau setzte sich gerade hinter den Schreibtisch in einem kleinen Bürozimmer. Sie zeigte auf den Stuhl und bat mich, Platz zu nehmen. An der Wand hinter ihr hing ein Bild von Bill Clinton und ein kunstvoll gerahmtes Diplom der juristischen Fakultät von Harvard mit ihrem Namen.

»Ich habe Sie in mein Büro gebeten, weil ich nicht in der Öffentlichkeit sagen kann, was ich Ihnen jetzt mitteile«, begann sie. »Anscheinend ist Ihnen nicht bewußt, daß sich die Situation in den Balkanländern jetzt immer mehr zuspitzt. Seit geraumer Zeit werden kroatische Streitkräfte mobilisiert, um eine Offensive gegen die bosnischen Serben einzuleiten, bei der das Land, das vor vier Jahren beschlagnahmt wurde, mit allen Mitteln zurückerobert werden soll. Die Konsequenzen sind nicht abzusehen. Ich rate Ihnen nur, dieses Land noch rechtzeitig zu verlassen. Bitte verstehen Sie mich nicht falsch. Ich will Ihnen keine unnötige Angst einjagen, aber es ist unsere Pflicht, jeden amerikanischen Staatsbürger zu warnen. Die Lage ist so prekär, daß Sie gar nicht vorsichtig genug sein können, Mister Twyman.«

»Sie meinen, daß ich in Lebensgefahr schwebe?«

»Wie gesagt, wir kennen den Zeitplan nicht. Aber der Haß ist so tief verwurzelt, daß es besser ist, sich in Sicherheit zu bringen, bevor das ganze Land explodiert. Bis jetzt haben die Serben sich durchgesetzt. Und wenn die Kroaten ihre seit vier Jahren vorbereitete Gegenoffensive nicht erfolgreich durchführen und die Serben siegen, müssen wir uns alle auf das Schlimmste gefaßt machen. Ich bitte Sie, meinen Rat zu befolgen und die Gegend so schnell wie möglich zu verlassen.«

Ich dankte ihr und ging zu dem Café zurück, in dem Nadina auf meine Nachrichten wartete.

Zwei Tage darauf sollte ich ein Konzert in einem Flüchtlingslager am Stadtrand von Zagreb geben. Da Nadina ihre früheren Freunde besuchen wollte, wurde ich von der Direktorin der »Kroatischen Friedensliga«, die alle meine Auftritte in Zagreb organisierte, begleitet. Sie hieß Naneda und war eine kompetente Frau, die Ereignisse dieser Art scheinbar mühelos orchestrieren konnte. Das Kirchenkonzert hatten wir bereits erfolgreich absolviert, den Fernsehauftritt ebenfalls, obwohl er nicht ganz glatt verlaufen war. Man hatte mir zwar mitgeteilt, daß ich interviewt werden sollte, aber nicht, daß ich der einzige Gast einer anderthalbstündigen Talk-Show sein würde. Der Moderator hatte in den USA studiert, stellte Fragen in fehlerlosem Englisch und übersetzte meine Antworten mit charmanter Gelassenheit ins Kroatische. Kaum schwenkte die Kamera von mir fort, griff ich zu einem bereitgelegten Handtuch, um mir den Schweiß abzuwischen, der in Strömen an mir heruntertroff. Nach anderthalb Stunden unter kochendheißen Studioscheinwerfern zweifelte ich ernstlich an meiner Mission als Friedenstroubadour. Ich fühlte mich wie eine Trockenpflaume.

Nun fuhr Naneda mich in das Flüchtlingslager am Stadtrand von Zagreb. Es war vier Jahre davor gebaut worden, um die erste Flut von moslemischen und katholischen Vertriebenen aufzunehmen. Schon während wir uns der Einfahrt näherten, erschrak ich: Das Lager bestand aus niedrigen Baracken, die von hohen Stacheldrahtzäunen umringt waren, und wirkte eher wie ein Konzentrationslager als wie eine temporäre Unterkunft für heimatlose Kriegsopfer. In Sekundenschnelle legte sich die Beklemmung auf meine Brust, unentrinnbare Hoffnungslosigkeit schlug mir in Wellen entgegen, und wir waren noch nicht einmal durch das Tor gegangen.

Ich zerrte meinen Gitarrenkoffer vom Rücksitz, dann gingen wir zu Fuß weiter. Zwei Männer hinter dem Zaun beäugten mich mit unverhohlenem Mißtrauen. Zu unserer Linken lag eine Zeile von langgestrecken, graugestrichenen Baracken und rechts ein großer, mit vertrocknetem Gras bewachsener Hof voller Menschen. Die meisten waren in mittleren Jahren oder älter und hockten in kleinen Gruppen beieinander. Viele Frauen hatten Holzkästen im Schoß, an denen eine Art Kurbel befestigt war, die sie ständig mit der Hand umdrehten. Als ich Naneda nach dem Sinn dieser Tätigkeit fragte, erklärte sie mir, daß die Frauen den ganzen Tag lang Kaffeebohnen mahlten. Andere strickten oder nähten Stoffetzen zusammen. Ich fühlte, daß alle Augen unsere Schritte verfolgten. Nervös erkundigte ich mich, wo wir eigentlich hinwollten.

»Am anderen Ende des Lagers ist ein Gemeindehaus«, sagte Naneda. »Dort findet dein Konzert statt. Wir haben es mit einem Druckzettel angekündigt, aber Veranstaltungen dieser Art werden kaum noch zur Kenntnis genommen. Es kann sein, daß nur eine Handvoll Leute kommt, weil die meisten hier einfach zu resigniert sind, um ins Gemeindehaus zu gehen. Auf die Dauer werden sie teilnahmslos und bleiben einfach draußen im Hof sitzen. Selbst die Kinder werden vernachlässigt und bleiben sich selbst überlassen, weil die Frauen keinen Sinn mehr darin sehen, ihre Familien zu versorgen.«

Am äußersten Ende des Lagers lag ein großes, zerbeultes Aluminiumgebäude. Es war das Gemeindehaus. Wir versuchten, die Tür zu öffnen. Sie war abgeschlossen. Nadina machte sich auf die Suche nach dem Schlüssel. Ich lehnte meine Gitarre gegen die Aluminiumwand und setzte mich auf eine Holzbank daneben. Der Boden zu meinen Füßen war mit Zeitungsfetzen und Abfall übersät. Auf die Barackenwände waren Graffitti geschmiert worden, ähnlich wie in vielen ärmlichen Wohnvierteln in den USA.

Ein paar Jungen in verschiedenem Alter näherten sich langsam, ihre Blicke abwechselnd auf mich und meinen Gitarrenkoffer gerichtet. Sie sprachen mich auf kroatisch an und gestikulierten, daß sie Gitarre spielen wollten. Auf englisch erwiderte ich, daß das gute Stück vorerst noch im Koffer bleiben müsse. In den nächsten Sekunden quollen Scharen von Kindern aus irgendeinem Versteck hervor. Nach kurzer Zeit sprangen mindestens hundert quiekende und schreiende Kinder um mich herum, drei in meinen Schoß, andere wollten den Gitarrenkoffer fortschleppen oder mir wenigstens das Bein langziehen. Ich versuchte, sie so gut es ging in Schach zu halten, aber keiner hörte auf mich.

»Sie wollen deine Gitarre spielen«, rief ein blonder, etwa zehnjähriger Junge.

»Kannst du ihnen sagen, daß ich sie jetzt noch nicht aus dem Koffer holen kann?« brüllte ich, um mir Gehör in all dem Gekreisch zu verschaffen.

»Nein. Auf mich hört auch keiner. Ich heiße Vladimir.« Er streckte mir seine Hand entgegen.

Ich schüttelte sie. »Hallo Vladimir. Ich heiße Jimmy. Wie lange bist du schon hier?«

»Vier Jahre. Ich bin aus Bosnien. Und du?«

»Ich komme aus Boston, und vorher war ich in Chicago.«

»Was machst du hier?«

»Ich gebe ein Konzert in eurem Gemeindehaus.« Es war eine Erleichterung, jemanden ansprechen zu können, auch wenn ich brüllen mußte.

»Ein Konzert? Ha! Die kreischen so laut, daß niemand was hört.« Er fischte ein kleines Mädchen mit blonden Haaren aus dem Gewimmel und brachte sie vor meinen Knien zum Stehen. »Das ist meine Schwester. Sag einfach Sara zu ihr. Ihren richtigen Namen kannst du nicht aussprechen.«

Ich streckte die Hand aus, um die Wange der Kleinen zu streicheln. Sie packte meine Hand und ließ sie nicht mehr los. Sara war engelhaft schön. Ihr helles Lockenhaar fiel ihr bis über die Schultern. Ihr Gesicht erinnerte mich an Shirley Temple. Ich nahm sie auf den Schoß.

»Wo hast du denn so gut Englisch gelernt?« fragte ich Vladimir.

»In Bosnien. In der Schule und von meiner Mutter.«

Naneda kehrte mit einer Frau zurück, die einen Schlüssel hatte und die Tür öffnete. Sämtliche Kinder stürmten kreischend ins Innere des Gebäudes, dessen Aluminiumwände ihr Getöse vielfach verstärkt zurückwarfen. Meine Ohren gellten, mein Kopf schmerzte. Die Frauen versuchten, die Kinder zu beruhigen, aber es war unmöglich. Ich warf einen Blick auf Vladimir, der in einer Ecke stand und mich lächelnd beobachtete. Recht hatte er. Hier konnte man kein Konzert geben. Kein Erwachsener hatte sich bisher blickenlassen, vielleicht, weil der Krach unerträglich war, oder weil sie ohnehin kein Interesse hatten. Unterdessen hielt Sara sich an meinem Hosenbein fest und umklammerte meine Hand.

Nach einer Weile trat Naneda zu mir und schrie mir ins Ohr: »Tut mir leid, Jimmy. Am besten ist es vielleicht, wenn wir jetzt gehen.«

Kinder hingen in dicken Trauben an mir und machten es uns fast unmöglich, einen Schritt vorwärtszukommen. Sara half mir, sie so weit fernzuhalten, daß wir uns allmählich durch das Lager zum Tor bewegen konnten. Mit einer Hand klammerte sie sich an mich, mit der anderen wimmelte sie die Nebenbuhler ab. Erst als wir zur Eingangspforte vorgedrungen waren, zogen sich die anderen freiwillig zurück und ließen Sara und ihren Bruder allein bei mir stehen.

»Siehst du«, sagte Vladimir. »Ich wußte, daß du hier kein Konzert geben kannst. Die sind verrückt im Kopf.«

Ich nahm Sara auf meinen Arm und schaute Vladimir fragend an. »Was hältst du davon, wenn ich euch beide nach Amerika mitnehme?«

»Nein, wir müssen bleiben und dafür sorgen, daß es besser wird hier. Danach gehen wir wieder nach Hause zurück. Ganz klar.«

Ich setzte Sara auf den Boden und umarmte beide Kinder zum Abschied. Dann setze ich mich neben Naneda ins Auto. Auf der Rückfahrt nach Zagreb wechselten wir kein weiteres Wort.

VIERTES KAPITEL

Der Seelenführer

Jainisches Friedensgebet

Friede und allumfassende Liebe ist die Grundessenz
der Lehre aller erleuchteten Weisen.
Gleichmut ist der Wahre Weg,
wie der Erhabene ihn verkündet hat.
Vergebung empfange ich von allen Geschöpfen
und bitte, daß auch mir vergeben wird.
Jedem bin ich freundlich gesonnen
und niemandes Feind.
Habgier ist die Wurzel alles Leids auf der Welt.
Gier führt zu Gewalt, der größten Verstrickung,
denn Gewalt zieht weitere Gewalt nach sich.
»Tut keinem Lebewesen etwas zuleide.«
Dies ist die ewige, die unveränderliche Disziplin
der spirituellen Lebensart.
Eine Waffe – so mächtig sie auch sein mag,
kann jederzeit von einer überlegenen entkräftet
werden;
doch keine Waffe kann
der gewaltlosen Liebe überlegen sein.

Friedenskeime

Meine Tour durch Kroatien nahte ihrem Ende. Ein Teil von mir wollte länger bleiben, sich irgendwie nützlich machen, ein anderer Teil wollte dieses Land verlassen, in dem zu viele erschütternd hilflose Menschen ihre Hände nach mir ausstreckten. Täglich begegnete ich Leuten, die warteten – auf eine Gelegenheit, heimzukehren oder eine Gelegenheit, endlich Rache zu nehmen – ich wußte es nicht. Ich wartete auf den Tag, an dem ich nach Italien zurückkehren konnte.

Vorher mußte ich allerdings noch mindestens einen Vortrag über den »*Kurs in Wundern*« in Rijeka halten. Gordana und Snjezana hatten bereits sämtliche Meditationsgruppen im Umkreis der Stadt informiert und Handzettel auf den Straßen verteilt. Das Interesse war so groß, daß wir uns auf Andrang gefaßt machten.

Unterdessen lebte ich in Nadinas Wohnung und schlief auf dem Klappbett im Zimmer ihres Bruders. Jeden Morgen, nachdem Nadina und ihre Mutter zur Arbeit im Büro von Suncokret gefahren waren, gingen Ned und ich auf einen Spielplatz in der Nähe, um Basketball mit etwa zehn bis zwanzig arbeitslosen Männern zu spielen, die zum Teil sehr geschickt waren. Im Gegensatz zu mir. Als Sportler hatte ich zwei linke Hände, obwohl ich das Spiel liebte und mein Team mir den Ball zuwarf, als könnte ich ihn tatsächlich in den Korb befördern. Die Tatsache, daß ich in diesen dunklen Zeiten extra aus Amerika herbeigereist war, beeindruckte die Kroaten zweifellos am meisten.

Jeden Abend kochten wir unser Essen in der winzigen Wohnküche von Nadinas Appartement und danach wurden Videofilme angeschaut. Die Gastfreundschaft dieser bosnischen Flüchtlingsfamilie kannte offenbar keine Grenzen. Und Nadinas Mutter war kein Ausnahmefall, wie ich sehr bald lernen mußte. Solange du bei Bosniern zu Gast bist, gehörst du zur Familie. Jemandem die Gastfreundschaft zu versagen, gilt als ärgste Beleidigung, und wenn du gebeten wirst, noch etwas länger zu bleiben, mußt du Rücksicht auf die Wünsche deiner Gastgeber nehmen. Nach etwa einer Woche gelangte ich an den Punkt, an dem ich meinte, mich lange genug aufgedrängt zu haben. In Amerika gibt es ein Sprichwort: »Gäste sind wie Fische – nach einer Weile stinken sie«. Diese Einstellung ist weitverbreitet, hatte in meinem Fall aber völlig unerwartete Folgen. Als Nadina hörte, daß ich ein leerstehendes Zimmer an der Adria in Erwägung zog, das Suncokret mir angeboten hatte, war sie so verletzt, daß sie zwei Tage lang kaum ein Wort an mich richtete. Auf mein Drängen erklärte sie schließlich, was sie so gekränkt hatte. Sie meinte, es gefalle mir wohl nicht bei ihrer Familie, denn sonst würde ich nicht umziehen wollen. Ich sagte, daß mein Verhalten keineswegs auf Abneigung beruhte, sondern auf dem Wunsch, mich nicht aufzudrängen.

»Ja, so seid ihr«, erwiderte sie. »Aber wenn ein Bosnier etwas anbietet, kommt es von Herzen. Solche Angebote machen wir nicht leichtfertig. Wenn du gehst, hast du nämlich nicht nur das Angebot abgelehnt, sondern auch die Familie. So ist das nun mal bei uns.« Damit war klar, welche Ehre mir erwiesen wurde, und so lehnte ich das leerstehende Zimmer sehr vorsichtig und höflich ab und blieb, wo ich war.

Nadina hatte bereits verkündet, daß ihr Interesse an spirituellen Fortbildungskursen begrenzt war und sie nicht zu meinem Vortrag kommen wollte. Der Rummel im Zusammenhang mit dem »*Kurs in Wundern*« störte sie zwar nicht, ging ihr aber entschieden zu weit. Ich war ein wenig enttäuscht, weil ich mich seit unserer Zagrebreise immer stärker zu ihr hingezogen fühlte. Es erstaunte mich, wieviele enge Beziehungen sich in kürzester Zeit in Kroatien entwickelt hatten. Auch Gordana und Snjezana waren mir inzwischen mehr ans Herz gewachsen als manche meiner ältesten Freunde in den Staaten.

Mein Vortrag fand an einem Samstagnachmittag in einem Appartement im Stadtzentrum statt, das uns von Suncokret zur Verfügung gestellt worden war. Den Morgen verbrachte ich allein im Gebet, um meine Gedanken zu ordnen. Als ich eintraf, saßen die Zuhörer bereits dicht gedrängt auf dem Teppichboden. Auf dem Fenstersims brannten Kerzen. Räucherstäbchen erfüllten den halbdunklen Raum mit Sandelholzduft. Einen Moment lang blieb ich im Türrahmen stehen und atmete die glanzvolle Atmosphäre in tiefen Zügen ein. Zwischen etwa dreißig Frauen hockte ein einziger Mann. Es wunderte mich eigentlich nicht. In aller Welt waren Frauen bei Zusammenkünften dieser Art in der Überzahl, aber hier wurden geistige und spirituelle Belange anscheinend ausschließlich den Frauen überlassen.

Mittlerweile hatte jeder sich zu mir umgedreht und blickte mir erwartungsvoll entgegen.

»Ah, das ist Jimmy«, sagte Gordana und winkte mir zu.

Eine Welle offen preisgegebener Herzenswärme schlug mir entgegen. Ich setzte mich auf das Kissen, das Gordana vor die versammelte Zuhörerschaft gelegt hatte.

»Ich danke euch, daß ihr mich heute als Redner eingeladen habt. Ich kann euch nicht sagen, wie beeindruckt ich bin, nicht nur von der Liebe und dem Frieden in diesem Zimmer, auch davon, daß so viele hier an dem *»Kurs in Wundern«* interessiert sind. Der Text ist geschrieben worden, um euch in direkten Kontakt mit der Wahrheit in euch selbst zu bringen. Es geht also um die volle, die unmittelbare Erfahrung der innewohnenden Wahrheit. Der Kurs lehrt den Pfad der Vergebung oder, mit anderen Worten, die direkte Einsicht in die Realität. Wir benutzen Vergebung als ein Mittel, um zu erfahren, was immer schon wahr gewesen ist: nämlich, daß wir auch jetzt genau so sind, wie Gott uns erschaffen hat. Der Kurs sagt, wenn du einsiehst, daß du immer und ewig so bleibst, wie Gott dich erschaffen hat, sind Sünden, Schuld, Krankheiten und selbst der Tod nicht real, sondern Illusionen – Einbildungen, die das menschliche Hirn erzeugt, um der Wahrheit aus dem Weg zu gehen.

Der Akt der Vergebung läßt uns erkennen, was hinter diesen illusionären Vorstellungen liegt: die unveränderliche Realität. Wer dazu bereit ist, erfährt eine Liebe, die nicht oberflächlich ist – unvorstellbar für diese Welt. Mit dem Akt der Vergebung offenbart diese Liebe sich, und mit ihr eine Freude, die allein existiert, jenseits von Zeit und Raum, und die Ewigkeit mit sich selbst allein erfüllt. Diese Liebe, diese Daseinsfreude ist unsere Heimat. »*Ein Kurs in Wundern*« ist nichts anderes als ein Wegweiser, der uns zeigt, daß wir unsere Heimat niemals verlassen haben.«

Während ich diese Worte sprach, betrat ein hochgewachsener, schwarzhaariger Mann den Raum und setzte sich ganz hinten auf den Boden. Er heftete seine dunklen Augen auf mich, als blickte er durch mich hindurch. Unwillkürlich konzentrierte sich meine Aufmerksamkeit von nun an auf ihn, und wenn meine Blicke die versammelte Gemeinde streiften, blieben sie doch immer wieder an seinen Augen hängen. Eine unwiderstehliche Kraft ging von diesem Mann aus und auf mich über. Selbst sein Lächeln spendete mir Kraft.

Nach etwas mehr als einer Stunde fand ich, daß wir eine Pause gebrauchen konnten. Gordana nahm mich bei der Hand, während die meisten anderen den Raum verließen.

»Das war wundervoll, mein Schatz«, sagte sie. »Und nun möchte ich dich mit jemandem bekanntmachen.«

Der schwarzhaarige Mann stand auf, um mir die Hand zu reichen. Mir war, als stürzte ich auf seine Augen zu, so tief und maßlos war sein Blick. »Mein Name ist Duro«, sagte er. »Ich freue mich sehr, dich kennenzulernen, Jimmy.«

Augenblicklich wußte ich, daß es der Mann war, von dem Snjezana im Stadtpark gesprochen hatte. »Von allen Mysterien Kroatiens sind Sie wohl das größte«, sagte ich. »Ich habe von Ihnen gehört und weiß trotzdem nichts über Sie.«

»Wir werden genug Zeit haben, um voneinander zu lernen«, erwiderte er mit einer Demut, die auf vollkommener

Selbstsicherheit beruhte. »Du bist ein wundervoller Lehrer. Offensichtlich hast du selber schon erfahren, wovon du sprichst.«

»Oh, danke«, sagte ich. »Können wir nach dem Workshop ausgiebiger miteinander sprechen?«

Eine Frau drängte sich in unsere Runde und sagte: »Jimmy, dein Vortrag gibt mir so viel, darf ich dich etwas fragen?« Mit einem Lächeln teilte ich Duro mit, wie sehr ich hoffte, am selben Abend noch mehr Zeit mit ihm verbringen zu können. Dann wandte ich mich an die Frau.

Kurz nach fünf endete der Workshop. Nachdem alle anderen gegangen waren, blieben Gordana, Snjezana, Duro und ich allein zurück. Wir entschieden uns für das Café etwas weiter auf derselben Straße und machten uns gemeinsam auf den Weg. Nachdem wir an einem Straßentisch Platz genommen und Getränke bestellt hatten, ergriff Gordana das Wort.

»Jimmy, es wird Zeit, daß wir dir ein paar Dinge erklären. Glaub bitte nicht, daß wir dich hintergangen haben. Wie gesagt, Snjezana und ich wissen kaum mehr als du. Als dein Informationspaket aus Amerika eintraf, habe ich deinen Brief mehrmals gelesen. Etwas an deinen Worten hat mich so bewegt, daß ich zu Duro gegangen bin und ihm deinen Brief gezeigt habe. Duro ist mein Lehrer. Ich vertraue ihm. Ich wollte einfach nur wissen, was er davon hält. Als erstes hat er gesagt, daß du unbedingt nach Rijeka kommen mußt. Warum, wollte er mir nicht verraten. Also habe ich dich eingeladen, und mehr weiß ich nicht.«

Ich wandte mich an Duro. »Warum sollte ich unbedingt kommen?«

Er lächelte. »Ich muß ein wenig zurückgreifen«, begann er in einem gleichmäßigen, fast lakonischen Tonfall. »Sozusagen in die Tiefen der Menschheitsgeschichte. Von Beginn an ist der Mensch im Konflikt gewesen. Dieser Konflikt offenbart sich in jeder zwischenmenschlichen Beziehung und so auch zwischen verschiedenen Völkern. Wenn der Konflikt als emotional unerträglich empfunden wird, ziehen Nationen in den Krieg. Tausende, oft auch Millionen von Menschenleben werden geopfert, um den Druck des inwendigen Zwiespalts loszuwerden. Wie du bereits in deinem Vortrag gesagt hast, sind Umweltkonflikte das Resultat des Widerstreits im Inneren des Menschen. Wir projizieren unsere inneren Kämpfe, unsere Zerrissenheit auf die Umwelt, weil wir nicht bereit sind, die Tatsache zu akzeptieren, daß wir selbst die Ursache und damit auch die Lösung des Konflikts sind. Aus diesem Grund wurde seit Menschengedenken gekämpft und gestritten: Wir waren unfähig, die Wurzeln des Konflikts in uns selbst zu entdecken – dem ursprünglichen Ausgangspunkt.

Seit Jahrtausenden hat ein Geheimbund – eine geheime Gesellschaft, wenn du so willst –, die Verantwortung für das Heranreifen des menschlichen Kollektivs übernommen und sich immer in der Nähe von Orten aufgehalten, an denen der Konflikt übermächtig wurde. Überall, wo Habgier, Haß und Gewalt die Oberhand gewonnen hatten, trat dieser Geheimbund in Aktion, denn inmitten des größten Widerstreits ist seine auflösende, besänftigende Wirkung am stärksten. Bisher haben die Mitglieder des Bundes sich stets im Hintergrund aufgehalten und sind unerkannt im Mittelpunkt des Horrors sitzengeblieben. Ihr Beitrag besteht darin, eine neutralisierende Macht auszustrahlen: Das Licht des Gottesbewußtseins, eine Liebe, die nirgends eine Grenze erkennt. Auf diese Weise wird Hoffnung verbreitet, Friedensbereitschaft unterstützt und der Wunsch nach Vergebung geweckt. Kriege enden, Völker und Nationen lernen von ihren Fehlern; und mit jedem Versagen kommt die Menschheit der ursprünglichen Schöpfungswahrheit ein wenig näher und akzeptiert ein wenig eher, daß sowohl Friedfertigkeit, wie Streitsucht in jedem von uns existieren und Konflikte zwischen diesen beiden fundamentalen Antriebskräften nur im eigenen Inneren gelöst werden können. Bis dahin werden sich die ›Boten des Lichts‹, wie die Mitglieder dieses Bundes genannt werden, weiterhin in den Krisengebieten der Welt aufhalten. Danach wird ihre Mitwirkung nicht länger gebraucht.

Und dieser Tag ist nicht mehr fern«, fügte er hinzu. »Wenn die Welt am weitesten von einer friedlichen Lösung entfernt zu sein scheint, ist sie dem Frieden am nächsten. Schau dich um, dann siehst du, daß die Vernichtungsgewalt heutzutage größer ist als je zuvor. Aber gleichzeitig wächst das Verständnis und die Anteilnahme in aller Welt, und das Verlangen nach Frieden wird mächtiger denn je. Diese widersprüchlichen, scheinbar unvereinbaren Strömungen sind ein Zeichen, daß die Menschheit sich dem vorherbestimmten Zeitpunkt nähert. Es kommt eine Zeit, in der die gesamte Erdbevölkerung über ihr separatistisches, konflikterzeugendes Denkmodell hinausgeht und eine Welt der friedlichen Kooperation und Harmonie schafft. Die weltweiten Veränderungen in den letzten Jahren bestätigen beide Trends; und der Zeitpunkt des Übergangs wurde von allen alten Kulturen und Religionen vorausgesagt. Wir leben in der Zeit, von der die Propheten gesprochen haben, auch wenn kein Prophet die Boten des Lichts erwähnt oder auch nur wahrgenommen hat. Die Anwesenheit dieser Beschützer mußte unbemerkt bleiben, ihr Einfluß mußte geheimgehalten werden. Nur so konnte die Menschheit insgesamt heranreifen und eines Tages selbst die Verantwortung für ihre Schöpfung übernehmen. Und nun sind wir fast soweit.«

Erregt meldete ich mich zu Wort: »Was du sagst, ist mir im wesentlichen nicht fremd. Aber jetzt möchte ich wissen, wie es angehen kann, daß diese ›Boten des Lichts‹ schon seit Jahrtausenden existieren, wie du sagst, ohne entdeckt zu werden. Und wie bleibt die Gruppe intakt, wenn eine Generation nach der anderen stirbt?«

»Wie sie die ganze Zeit unbemerkt bleiben konnten, kann ich niemandem erklären«, antwortete er. »Die Boten haben Fähigkeiten, die uns unglaublich erscheinen – bis wir dieselben Fähigkeiten in unseren eigenen Anlagen entdecken. Es gibt Möglichkeiten, sich an jedem Ort deiner Wahl zu manifestieren. Und wenn du irgendwo erscheinen kannst, kannst du dich auch unsichtbar machen und deine Anwesenheit verbergen. Über die Erhaltung der Gruppe möchte ich nur sagen, daß Menschen mit den eben beschriebenen Fähigkeiten jederzeit vollends in einen anderen Seinsbereich eingehen können. Manche bezeichnen dieses Phänomen als den Tod, andere als Aszendenz oder Himmelfahrt. Wenn ein Bote seine Lebensaufgabe erfüllt hat, zieht er sich in einen anderen Seinsbereich zurück, und dann wird ein neues Mitglied aufgerufen. Die Zahl der Mitglieder bleibt zu allen Zeiten gleich, aber wie die Auslese getroffen wird, kann ich nicht sagen. Als Auserwählter findest du dich ohne jede Erklärung eines Tages bei der Gruppe ein. Vielleicht folgst du einem zwingenden Wunsch, ein fremdes Land zu besuchen, womöglich ein Krisengebiet. Niemand begreift, was dich dazu treibt. Du selbst vielleicht am allerwenigsten. Nach deiner Ankunft wirst du zu der Gruppe geführt, die immer in einer entlegenen Gegend versteckt bleibt. Dort angekommen, wird dir plötzlich bewußt, daß du diesen Platz schon immer gesucht hast, und dann nimmst du deinen rechtmäßigen Platz am Rad ein.«

Ich war mit jedem Wort aufgeregter geworden. Der Mann beschrieb genau, was mir widerfahren war. Ich war einem unerklärlichen Drang gefolgt, auch wenn alle meine Bekannten mir die Jugoslawienreise ausreden wollten. Wollte Duro mir zu verstehen geben, daß ich »auserwählt« worden war? Der Gedanke löste panikartige Adrenalinschübe in mir aus. Mir wurde übel. Ich wollte aufstehen, zur Bushaltestelle laufen und mich davontrollen. Doch ich blieb sitzen.

Gordana und Snjezana blickten mich stumm an. Offensichtlich kam ihnen die Geschichte ebenfalls bekannt vor. Ich dachte an den Traum, der zu bestätigen schien, was Duro erzählt hatte: Das Rad mit den zwölf Speichen; ein unbekannter Mann, zu dem ich mich sofort mit jeder Faser meines Seins hingezogen fühlte ... Kurzentschlossen erzählte ich den dreien von meinem Traum und was der Mann im Zentrum des Riesenrades über die Boten und die unmittelbare Erfahrung des Friedens gesagt hatte. Duro hörte aufmerksam zu und schwieg dann für mehrere Sekunden.

»Interessant«, murmelte er schließlich. »Du weißt bereits mehr, als ich dachte. Vieles von dem, was du beschrieben hast, ist korrekt. Ich werde eine Ausnahme machen und dir etwas über meine eigenen Erlebnisse erzählen.«

Ich bin Arzt. Vor ein paar Jahren, kurz vor Kriegsausbruch, bin ich in die Wildnis hinausgefahren, um Wildkräuter und Pflanzen für meine Apotheke zu sammeln. Ich war allein, und irgendwann wurde mir so schwindlig, daß ich meinte, in Ohnmacht fallen zu müssen. Ich muß bewußtlos geworden sein, denn als nächstes liege ich in einer kleinen Holzhütte, allein, bis auf eine alte Frau, die in einer Ecke auf dem Stuhl sitzt. Die Frau schaut mich an, ohne ein Wort zu sagen. Ich setze mich auf und sehe, daß die Hütte unmöbliert ist, abgesehen von der Matte, auf der ich geschlafen habe und dem Stuhl. Ich schaue durch das Fenster und sehe mehrere andere Holzhütten von ungefähr gleicher Größe. Dann gehe ich nach draußen und sehe mich nach anderen Menschen um. Weit und breit ist niemand zu sehen, aber nun entdecke ich ein großes, rundes Gebäude gegenüber von den Hütten. Beim Näherkommen stellt sich heraus, daß es nicht rund, sondern zwölfeckig ist. In dem Moment tritt ein junger Mann aus einer niedrigen Tür in einer Seitenwand und winkt mich herein.

Sobald ich das Gebäude betrete, wird mir schwindlig, als müßte ich das Bewußtsein verlieren, aber ich erhole mich sofort. Der Innenraum ist von einem gleißenden Licht durchtränkt – aber es gibt keine Lichtquellen, weder Fenster, noch Lampen. Sowie meine Augen sich an die Helligkeit gewöhnt haben, sehe ich alles überdeutlich. Das Innere des Doms ist riesig, und auf dem Boden befindet sich die Zeichnung, die du mir eben beschrieben hast. An den zwölf Endpunkten des Rades sitzen zwölf Wesen, sechs männliche und sechs weibliche. In der Nabe des Rades sitzt ein Mann. Das Licht über den Köpfen ist leicht verschwommen, wie schimmernde Rauchwolken. Auf einer Seite sehe ich fünf junge Männer stehen, etwa in dem Alter des Mannes, der mich ins Innere begleitet hat. Später erfuhr ich, daß sie Begleiter sind und die Aufgabe haben, den zwölf Meistern des Rades zu dienen.«

Duro hielt inne. Dann fügte er hinzu. »Nach wenigen Minuten führte mein Begleiter mich wieder nach draußen. So verlief meine erste Begegnung mit den Boten des Lichts. Ich wurde aufgerufen, wie alle anderen auch, aber nicht, um einen Platz an ihrem Rad einzunehmen. Meine Rolle ist eher die eines Vermittlers. Wenn es notwendig wird, kehre ich zu den Boten zurück, ansonsten bleibe ich hier und fungiere als Verbindungsglied zwischen unserer Welt und der ihren. Manchmal erhalte ich einen Auftrag, zum Beispiel, dich zu finden. Du wurdest nicht gerufen, um ein Bote zu werden; deine Funktion ist eine andere, bisher nie Dagewesene. Sie besteht darin, Teile des bisher geheimgehaltenen Wissens bekannt zu machen. Jeder soll von der Mitwirkung der Boten an unserem Schicksalslauf erfahren und zur Kenntnis nehmen, daß wir auf Erden sind, um das Friedensreich zu schaffen, das uns vorherbestimmt ist. Deine Rolle besteht darin, dir das Wissen der Boten anzueignen, es zu praktizieren und es dann allen Menschen zugänglich zu machen.«

Inzwischen war ich weniger erregt, als belustigt. Duro hatte mir eine Rolle zugedacht, die ich als lächerlich empfand. Um den würdevollen, älteren Mann nicht zu verletzen, erwiderte ich in einem beherrschten Ton: »Selbst wenn alles, was du erzählt hast, die absolute Wahrheit ist, muß ich jetzt eine Frage stellen. Warum ich? Was ist so außergewöhnlich an mir, daß ihr mir einen solchen Auftrag geben wollt?«

»Nichts«, sagte er prompt. »Du bist nichts Besonderes.

Womöglich ist das der Grund. Es geht nicht um besondere Verdienste, sondern um die Eignung für den jeweiligen Job. Warum ausgerechnet du den Job bekommen hast, ist mir nicht klar. Keiner von uns weiß, warum wir uns aufgerufen fühlen, bestimmte Dinge zu tun. Vielleicht wird dir ein Gefallen getan, wenn dir erlaubt wird, deine Talente als Gruppenleiter fortzuentwickeln. Außerdem habe ich gehört, daß du ein Buch geschrieben hast. Vielleicht möchtest du dein Talent als Schriftsteller ausbauen. Letztlich können wir die Gründe nicht bis ins Unendliche zurückverfolgen, aber jeder muß wissen, daß er sich selbst für sein Verhalten entschieden hat. Du bist hier, weil du diese Wahl getroffen hast und keine andere. Du erfüllst deine Funktion, weil du sie erfüllen *willst* – was immer deine Funktion sein mag. Nichts geschieht ohne deine Einwilligung. Mit dem morgigen Tag beginnt deine Einweihung.«

»Wie bitte?« Ich lächelte mit gerunzelter Stirn.

»Morgen nehme ich dich, Gordana und Snjezana mit. Jeder von euch hat eine Aufgabe. Wir gehen zu den Boten.«

»Halt«, sagte ich. »In zwei Tagen verlasse ich diese Stadt. Ich habe noch ein paar Konzerte in Italien zu geben, und außerdem muß ich dir gestehen ...«

»Bring deine Gitarre mit«, warf Snjezana unbekümmert ein. »Vielleicht wollen die Boten ein Konzert hören.«

Ich konnte dieses Gespräch nicht länger ernstnehmen. »Ich möchte niemandem von euch zu nahe treten«, sagte ich irritiert, »aber nun geht es mir wirklich zu weit. Meine Pläne soll ich sausenlassen, um Gott-weiß-wohin in einem Kriegsgebiet zu fahren und meine Dienste einem Geheimbund anzubieten, dessen Absichten, gelinde gesagt, etwas fragwürdig sind. Also, ich bitte euch! Ich muß doch geisteskrank sein, wenn ich so etwas auch nur in Betracht ziehe.«

Gordana lehnte sich vor, um meine Hand zu berühren. »Jimmy, wir wollen dich nicht überreden. Ja, ich weiß, es klingt vollkommen unwahrscheinlich, aber schau, wieviele unwahrscheinliche Dinge bereits geschehen sind. Und all diese Unwahrscheinlichkeiten haben uns an diesen Punkt geführt, jeden einzelnen von uns. Wenn du in dich gehst, bin ich sicher, daß du selbst fühlst, wie real diese Dinge sind und daß du gar keine andere Wahl hast.«

In gewisser Hinsicht hatte sie recht. Trotz meiner Ängste und Einwände spürte ich instinktiv, daß Duro nicht gelogen hatte. Und wenn er nicht gelogen hatte, war seine Geschichte von den Boten eine Bestätigung meines Traums. Trotzdem verlangte er zuviel von mir, wenn ich jetzt noch den letzten Rest meiner Vernunft aufgeben und in den Bergen von Kroatien nach einem zwölfseitigen Gebäude Ausschau halten sollte, um mich als Retter der Menschheit zu betätigen. Ich schwankte noch eine Weile, entschied mich dann aber ganz plötzlich, die warnende Stimme in meinem Inneren zu ignorieren und mitzumachen – einfach, um zu sehen, was dabei herauskommen würde.

»Morgen früh…« hörte ich Duro gerade sagen. »Ihr könnt nichts anderes als Kleidungsstücke mitbringen, keine elektronischen Gerätschaften wie Kameras oder dergleichen. Das ist sehr wichtig. Wir fahren in meinem Auto so weit wir können. Den Rest gehen wir zu Fuß. Mit etwas Glück kommen wir vor Einbruch der Nacht an.«

»Wartet«, sagte ich schnell. »Ich muß euch was sagen.«

»Was, Jimmy?« Gordana sah besorgt aus.

»Nadina muß ebenfalls mitkommen.«

»Unmöglich«, sagte Duro.

»Ja, dann komme ich auch nicht mit. Ich habe Nadina ein Versprechen gegeben, das ich nicht brechen kann. Wenn sie nicht mitkommen darf, bleibe ich ebenfalls hier.«

Gordana und Duro tauschten Blicke aus. Sie nickte ihm ermunternd zu. »Na gut«, sagte er. »Also bis morgen früh.«

FÜNFTES KAPITEL

Das Geheimnis

Jüdisches Friedensgebet

Kommt,
laßt uns die Höhen des Herrn, unseres Gottes erklimmen,
auf daß wir den Weg der Erhabenen gehen.
Wir werden unsere Schwerter zu Pflugscharen machen
und unsere Speere zu Harken.
Kein Land soll das Schwert gegen ein anderes heben,
noch je ein Volk das Kriegführen lernen.
Und niemand soll verängstigt sein,
denn die Zunge des Herrn daselbst
hat so zu uns gesprochen.

Friedenskeime

Um sechs Uhr dreißig stand ich neben Nadina auf der Straße und hoffte, daß Duro keine Einwände gegen die Zahnbürste in meinem Rucksack vorbringen würde. Ich hatte Nadina erklärt, daß wir nichts außer Kleidungsstücken einpacken durften, worauf sie ihren Kosmetikbeutel mit allem drum und dran einsteckte und mir die Zahnbürste noch bis zum letzten Moment vorhielt. Abgesehen davon waren wir uns vollkommen einig geworden.

Augenblicke später rollte Duros Kombiwagen vor. Gordana und Snjezana saßen neben ihm auf der Vorderbank. Wir warfen unsere Sachen nach hinten und stiegen ein. Bald fuhren wir die Zufahrtsstraße in Richtung Bosnien entlang. Ich hatte keine Ahnung, welchen Weg wir nahmen, nur daß Duro sich auf das bosnische Grenzgebiet zubewegte, das von der serbischen Miliz beschlagnahmt worden war.

Auf meine Frage, wie gefährlich unsere Fahrt sei, erklärte Duro: »Wir fahren in die Nähe von zwei Städten, die von den Serben erobert worden sind, aber du brauchst dir keine Sorgen zu machen. Wir parken das Auto in einem völlig menschenleeren Gebiet und gehen dann zu Fuß durch die Berge weiter. Ich kenne den Weg in- und auswendig und weiß, wie man sich an den Serben vorbeischleicht. Bis jetzt bin ich immer ohne Schwierigkeiten zu der Kommune vorgestoßen.«

Genausogut hätte er einem Reh erzählen können, daß es sich am ersten Tag der Jagdsaison keine Sorgen machen soll. Ich war der einzige, der Bedenken anmeldete. Meinen Freunden schien die Ungewißheit nichts auszumachen, wahrscheinlich, weil sie mittlerweile gelernt hatten, mit der ständigen Kriegsbedrohung zu leben. Duro wirkte so heiter und gelassen, als wären wir auf einer Vergnügungsfahrt aufs Land. Ich fand die Vorstellung, mich demnächst stundenlang an serbischen Maschinengewehren vorbeischleichen zu müssen, nicht sonderlich erheiternd.

In der Nacht davor, als ich Nadina von unserem Gespräch in dem Straßencafé berichtet hatte, dachte sie zuerst, ich wollte ihr vor dem Einschlafen noch ein selbsterfundenes Märchen erzählen. Dann wurde ihr klar, daß ich es ernst meinte und sie mitnehmen wollte, worauf sie mir begeistert um den Hals fiel und sich bedankte. Ich hatte sehr schlecht geschlafen und erschreckende Träume von Schlachten und Bombenangriffen gehabt, und nun fuhr ich einem tatsächlichen Schlachtfeld entgegen und konnte nicht mehr umkehren und mich in den nächsten Bus nach Assisi setzen, was natürlich das Vernünftigste gewesen wäre.

Wir fuhren fast fünf Stunden lang durch einen spärlich besiedelten Landstrich und hielten nur einmal zum Tanken an. Die Autobahn hatten wir seit langem schon verlassen; jetzt gab es nur noch Sandwege und manchmal fehlten selbst diese. Hier und dort lagen ausgebrannte Autos am Wegesrand – Hinweise auf die Tatsache, daß die Serben das Gebiet nicht freiwillig aufgegeben hatten. Das Grün der sanft gewellten Hügellandschaft und die Schönheit der Natur ringsum wirkten surreal, wenn ich daran dachte, wohin wir fuhren und was uns in diesem Landstrich noch alles bevorstehen mochte. Wie man sich in Kriegszeiten verhalten muß, war offenbar niemandem klar, sonst wären wir jetzt nicht auf dem Weg ins Zentrum eines Krisengebiets gewesen.

Gegen Mittag näherten wir uns einem verlassenen Bauerngehöft nicht weit von einer verwitterten Scheune, hinter deren Rückwand Duro das Auto parkte. Wir luden unsere Rucksäcke aus und machten uns auf einen langen Weg gefaßt. Duro sprach von einem sechsstündigen Fußmarsch und trieb uns zur Eile an, denn wir mußten unser Ziel noch vor Sonnenuntergang erreichen.

Er führte uns durch ein verwildertes Kornfeld, bis wir einen schmalen Sandweg erreichten, der zum nahen Waldrand führte. Bald eilten wir schweigend zwischen hohen Bäumen hinter Duro her, der einer nur ihm bekannten Fährte durch das Dickicht folgte. Ringsumher erklangen Vogelstimmen, als wollten sie ihr Revier vor den Eindringlingen warnen. Eichhörnchen huschten Baumkronen entgegen und beäugten uns von oben. Durch hohe Tannen fiel das Sonnenlicht in schimmernden Bahnen auf den moosigen Waldboden. Nach einer Weile setzte ich mich an die Spitze unserer kleinen Truppe, um Duro ein paar Fragen zu stellen.

»Duro, kannst du mir etwas über den Mann in der Mitte des Rades sagen? Welche Rolle spielt er?«

»Jeder der zwölf Boten nimmt den ihm zugewiesenen Platz ein. Die Zwölf repräsentieren alles Leben auf diesem Planeten, ähnlich wie die Sternzeichen des Tierkreises. Jeder sendet einen Lichtstrahl in einer bestimmten Farbe aus und projiziert ihn dann auf die Symbole des Diagramms im Zentrum des Rades. Die Farbe des jeweiligen Strahls zeigt an, welche Bevölkerungsschicht oder Kultur auf der Erde repräsentiert wird. Während die Boten ihre Lichtstrahlen auf die Mitte des Rades richten, nimmt der Eine in der Mitte die Strahlen in sich auf und verströmt sie wieder, diesmal als reinweißes Licht. Wenn du willst, kannst du den Einen in der Mitte als die Nabe bezeichnen und die Boten als die Speichen des Rades. Was der Eine in der Mitte verströmt, ist pure Heilkraft, reine Lichtenergie. Was von ihm ausgeht, ist wie eine gigantische Fontäne, die enorme Wassermassen in die Luft wirft. Wenn das Wasser zur Erde zurückfällt, werden Sandwüsten bewässert und fruchtbar gemacht. Die Arbeit der Boten bewirkt vergleichbare Veränderungen.

»Wer ist dieser Eine in der Mitte?« drängte ich.

»Wie kann ich es erklären?« Duro schüttelte den Kopf. »Der Eine in der Mitte hat keine Identität im allgemein verständlichen Sinne. Man kann sagen, daß er alle Identitäten zugleich hat, weil er die unterschiedlichen Bewußtseinsströmungen der ganzen Menschheit in sich aufnimmt und in einen Strom der Heilkraft verwandelt. Ansonsten sind die Boten Menschen wie du und ich, sie essen, trinken, schlafen und verhalten sich völlig normal, wenn man davon absieht, daß sie jede Nacht zwölf Stunden lang in Meditation sind. Der Eine in der Mitte bildet eine Ausnahme. Er spricht nur selten mit den anderen, und am Ende der Meditation zieht er sich meistens wortlos zurück. Ich habe noch nie mit ihm gesprochen.«

»Du sagst, die Boten haben seit Jahrtausenden existiert. Immer an Plätzen, wo Haß und Gewalt übermächtig waren. Wie kann das sein? Ziehen sie sich alle paar Jahre in ein anderes Krisengebiet zurück, kaum daß ein Krieg irgendwo beendet ist?«

»Am besten erkläre ich es dir, wenn ich sage, daß sie in jedem Zeitalter in der einen oder anderen Form existiert haben. Mit veränderten Umständen ändern sich auch die Personen, die als Boten eingesetzt werden. Aber eins bleibt immer gleich: das Rad. Das Rad besteht aus Energie. Es wird von Haß und Aggression geformt und taucht von selbst an bestimmten Plätzen auf, vielleicht mit denselben Personen wie vorher, vielleicht auch mit neuen Boten. Nach einer Weile verschwindet das Rad und taucht an einem anderen Ort wieder auf. So war es seit Jahrtausenden. Es ist ein ununterbrochener Fortlauf, der jetzt, in dieser Zeit, enden soll. Wenn genug Menschen in allen Teilen der Welt anfangen, das Licht von sich aus zu verbreiten, löst die Gruppe sich auf.«

»Was passiert, wenn wir bei ihnen auftauchen?« fragte ich.

»Ich weiß es nicht. Ich soll dich zu den Boten bringen, darin besteht meine Aufgabe. Ansonsten kann ich dir noch nicht einmal sagen, wie lange wir bleiben werden. Ein paar Tage vielleicht oder auch länger. Nur auf eins kannst du dich verlassen: Alles nimmt seinen rechten Lauf.«

Wir wanderten bis zum späten Nachmittag durch ein Gebiet ohne Wege und Markierungen, in dem nur Duro sich auskannte. Ich war erschöpft; Nadina und Snjezana fingen langsam an, sich zu beschweren, und Gordana war blaß und müde geworden, obwohl sie kein Wort darüber verlor. Die Sonne wanderte dem Horizont entgegen. Bald würden wir im Dunkeln weitermarschieren müssen. Ich beobachtete Duro, um zu sehen, ob er sich Sorgen machte. Er wirkte so gelassen wie am Anfang unseres Marsches. Ich stolperte neben ihm über ein offenes Feld, bis Duro plötzlich stehenblieb.

Wir waren am Ende eines schmalen, langgestreckten Feldweges angekommen, der von niedrigem Gebüsch und ein paar knorrigen Bäumen gesäumt war. Mit einer alarmierend vorsichtigen Gangart führte Duro uns bis etwa zur Mitte dieses Weges. Ich schaute mich um, konnte aber nirgends ein Anzeichen von Gefahr entdecken.

Duro war stehengeblieben und gab uns mit Handzeichen zu verstehen, daß wir uns nicht von der Stelle rühren sollten. Mehr als eine Minute lang blieben wir wie versteinert am selben Fleck stehen. Dann glitt ein Lächeln über Duros Gesicht, und auf sein Zeichen hin marschierten wir weiter. Mein nächster Blick zeigte mir ein niedriges Gebäude in etwa hundert Metern Entfernung, auf das wir die ganze Zeit zugesteuert waren. Ich fragte mich, wie mir das Holzhaus bisher entgangen sein konnte, das doch unübersehbar und auf geradem Wege vor uns am Feldesrand lag und unmöglich von den wenigen Bäumen im Vorgarten verdeckt werden konnte. Beim Umdrehen sah ich die Verblüffung auch in Snjezanas Gesicht. Dann bewegte sich etwas weiter vorn; hinter dem Haus trat eine hochgewachsene Frau hervor und kam auf uns zu. Duro eilte ihr entgegen und umarmte sie. Er erklärte ihr etwas auf kroatisch. Ich hatte den Eindruck, daß es um mich und Nadina ging.

»Dies ist Sonja. Sie spricht kein Englisch«, sagte er. »Sonja lebt in der Kommune und hilft beim Kochen und solchen Dingen. Jeder hat seine Aufgabe und macht sich nützlich. Sie heißt uns alle herzlich willkommen.«

Während wir auf das Haus zusteuerten, verständigten die Frauen sich auf kroatisch. Am Hintereingang ließen wir unser Gepäck liegen und folgten Sonja dann in den nahen Wald, in dem weitere Holzhütten zwischen Baumstämmen sichtbar wurden. Nach einigen Minuten erreichten wir ein langgestrecktes, flaches Holzhaus, in das wir eintraten.

Im Kamin prasselte ein Feuer, vor dem zwei Männer auf Schaukelstühlen saßen. In einer Ecke erhoben sich drei andere Männer von ihren Plätzen an einem Eßtisch, um uns zu begrüßen. Als die Reihe an mir war, sagte Duro: »Jimmy, dies sind die ›Begleiter‹, von denen ich dir erzählt habe. Sie essen und schlafen hier. Ansonsten kümmern sie sich um die Boten.»

Lächelnd schüttelten sie mir der Reihe nach die Hand. Alle trugen T-Shirts und normale Arbeitshosen; keiner wirkte älter als vierzig. Nur zwei der Begleiter sprachen Englisch: Toni und Ivan.

Toni klopfte mir auf die Schulter und sagte: »Jimmy, wir haben schon auf dich gewartet. Wenn du etwas brauchst, sagst du es mir. Wir werden alles tun, um euch den Aufenthalt bei uns angenehm zu machen.«

Die anderen zogen Stühle an den Tisch, damit wir an ihrem Abendessen teilnehmen konnten. Einer setzte uns Schalen mit brodelndheißer Suppe vor, die nach Gewürzkräutern roch. Während wir unseren Hunger stillten, wurden Neuigkeiten auf kroatisch ausgetauscht. Duro brachte die Runde mehrmals mit seinen lakonischen Bemerkungen zum Lachen. Da saß ich, unter wildfremden Leuten im Ungewissen, und lachte unwillkürlich mit, auch wenn ich kein Wort verstand. Die Szene war so sonderbar und zugleich dermaßen normal, daß ich mich an den Kopf faßte und fragte, was ich eigentlich erwartet hatte. Wahrscheinlich ein bedeutungsvolles Schweigen in »diesen heiligen Hallen«.

»Wir sind völlig normal.« Über den Tisch hinweg richtete Toni das Wort an mich.

Ich starrte ihn verdutzt an. »Woher weißt du, was ich gerade gedacht habe?«

»Wir haben keine privaten Gedanken. Einem Begleiter muß man nicht sagen, was getan werden soll. Wenn die

Boten einen Wunsch haben, fangen wir ihn auf und erfüllen ihn. Das gehört zu unseren Aufgaben und ist nichts besonderes.« Abwinkend fügte er hinzu: »Mach dir nichts draus. Du wirst dich daran gewöhnen.«

»Wie lange bist du schon hier?« fragte ich.

»Seit fünf Jahren. Ich komme aus Split.«

Auf meinen weiterforschenden Gedanken hin fuhr er bereitwillig fort: »Eines Tages hat ein Freund mich zu einer Meditationsklasse mitgenommen. Ich bin eigentlich nur aus Neugierde mitgegangen, aber im Verlauf der Meditation merkte ich plötzlich, daß ich die Gedanken der Lehrerin hören konnte, wie meine eigenen Gedanken – als wäre ihr Bewußtsein in meins übergegangen. Damit wurde mir klar, daß ich nicht nur ihre Gedanken lesen konnte, sondern sie auch meine. Nach dem Unterricht hat sie mich beiseite genommen und gesagt, es gebe einen Platz, an dem ich meine Fähigkeit nutzbringend einsetzen könne, auch wenn ich alles andere dafür aufgeben müsse. Ich wußte sofort, daß ich dorthin gehen mußte, obwohl ich keine weiteren Informationen von ihr erhielt. Eine Woche später kam ich hier an, und seitdem bin ich bei den Boten geblieben.«

»Weißt du, warum ich hier bin?«

»Natürlich. Du sollst ausgebildet werden und dann weitergeben, was du gelernt hast. Sie haben schon lange auf dich und den Zeitpunkt gewartet, der jetzt gekommen ist. Du verbreitest die Botschaft, damit andere sie weitergeben können und so fort, weltweit. Zu guter Letzt wird dieser Platz aufgelöst.... Und dann kann ich unbesorgt nach Split zurückgehen.« Er lachte und machte eine Handbewegung, als wüßte er nur zu gut, daß ich nichts Überraschendes von ihm erfahren hatte.

Der junge Mann hatte Humor, und dahinter lag eine sanfte Unbeugsamkeit, die mich faszinierte. Er erzählte mir von den anderen Begleitern und sagte, daß zwei aus Kroatien stammten, einer aus Bosnien, einer aus Serbien und einer aus Albanien. Der sechste war ein Österreicher.

Wir saßen noch etwa eine Stunde lang am Tisch und unterhielten uns, dann meinte Duro, es sei Zeit zum Aufbruch. Sonja führte uns zu dem Haus am Feldesrand zurück, bei dem wir das Gepäck gelassen hatten. Normalerweise wurde es von fünf oder sechs weiblichen Kommunemitgliedern bewohnt. Um Platz für uns zu schaffen, hatten die Frauen sich auf der anderen Seite des Grundstücks einquartiert.

Im Inneren des Hauses wurde jedem von uns ein Bett zugewiesen. Obwohl die Kommunemitglieder alle um Mitternacht aufstanden und die nächsten zwölf Stunden in schweigender Meditation mit den Boten verbrachten, meinte Duro, wir sollten wenigstens die erste Nacht durchschlafen. Ich teilte ein Zimmer mit ihm, und wir legten uns sehr bald zum Schlafen nieder.

»Ziehen die Boten sich nach ihrer Meditation in die kleinen Hütten weiter hinten im Wald zurück?« fragte ich ihn noch schnell.

»So ist es.«

»Und morgen – was geschieht morgen mit uns?«

»Wir stehen früh genug auf, um noch ein paar Stunden an der Meditation teilzunehmen. Was danach für uns geplant ist, weiß ich nicht.«

»Ich muß sagen, daß ich ernste Bedenken habe, Duro. Ich meine, was wollen diese Menschen von mir? Vielleicht merken sie plötzlich, daß sie sich in meinem Fall ausnahmsweise mal geirrt haben ...«

In der Dunkelheit konnte ich nicht sehen, ob er lächelte. Seine Stimme klang erheitert, als er sagte: »Du bist aus keinem Grund gewählt worden, den du dir ausdenken kannst. Jedenfalls nicht, weil du besser als irgend jemand anders bist. Hier geht es nicht um ein Wissen, das du dir aneignest und dazulernst. Das Wesentliche ist bereits in dir, und hier wirst du daran erinnert. Das gilt für alle von uns. Jeder verbreitet das göttliche Licht ohnehin schon, weil jeder dieses Licht ist. Aber wir vergessen, was wir in Wirklichkeit sind, und dann verbreiten wir ein trübes, unklares Licht. Für dich geht es darum, alles zu verlernen, was dich daran hindert, das Licht der Wahrheit auszustrahlen.«

Ich rollte mich herum und starrte gegen die Zimmerwand. Was Duro sagte, hätte ich mir auch selbst sagen können, aber in dieser Nacht machten seine Worte mir Mut. Der Traum von dem »Einen in der Mitte« fiel mir wieder ein. Gab es diesen Mann wirklich? Würde ich ihn morgen leibhaftig zu Gesicht bekommen? Meine Kroatienreise hatte alle Erwartungen bereits bei weitem übertroffen, und nun konnte ich die Spannung in meiner Brust kaum noch ertragen. Oder war dieser Druck in Wirklichkeit eine verklemmte Form der Vorfreude?

Es war fast neun Uhr morgens, als ich aus meinem Schlaf erwachte. Die anderen waren bereits aufgestanden. Auf dem Küchentisch stand eine Schale mit Früchten. Nadina saß auf einem Stuhl und knabberte an einer Orange. Sie wirkte lebendiger, als ich sie je gesehen hatte. Normalerweise war sie morgens noch lustloser als ich, doch nun sprühte sie, als hätte sie zum ersten Mal im Leben lange und tief durchgeatmet.

»Guten Morgen, Jimmy«, sagte sie, während sie aufstand, um mich zu umarmen. »Du ahnst nicht, wie froh ich bin. Alles ist einfach unfaßlich schön, nicht? Die Leute … die Umgebung … Weißt du, seit wir hier angekommen sind, habe ich noch nicht einmal *Lust* auf eine Zigarette gehabt und Snjezana geht es genauso. Es ist, als hätte ich gar nicht erst mit dem Rauchen angefangen.«

Duro trat durch die Tür, gefolgt von Gordana. »Macht euch fertig, damit wir an den letzten Stunden der Meditation teilnehmen können.« Sein Blick ruhte auf mir.

Ich nahm einen Apfel aus der Schale und verkündete, daß ich ihn auf dem Weg schnell noch essen wollte.

»Nein, so geht es nicht«, erwiderte er. »Letzte Nacht haben wir viel Spaß gehabt – trotzdem müssen wir uns bewußt machen, wo wir uns befinden. Dies ist ein Ort der Selbstbesinnung wie vielleicht kein zweiter auf der Welt.

Wir müssen die Atmosphäre hier hoch genug einschätzen, um beispielsweise nicht beim Laufen schnell etwas herunterzuschlingen. Alles, was wir hier tun, wird mit Andacht getan – und nur eine Sache zur Zeit. Jetzt iß, und dann gehen wir. Ich erkläre euch alles weitere auf dem Weg.«

Nachdem ich den Apfel gegessen hatte, trat ich zu den anderen nach draußen.

»Wir gehen in vollkommenem Schweigen auf den Kreis zu«, sagte Duro. »Einer der Begleiter wird uns in Empfang nehmen und uns einen Platz zuweisen. Dort bleiben wir sitzen, bis die Meditation beendet ist. Jeder meditiert auf seine Weise. Es geht nicht darum, einer bestimmten Meditationstechnik zu folgen. Ihr werdet sehen, daß die Boten regungslos sitzenbleiben, und nachdem ihr euch gesetzt habt, bewegt ihr euch ebenfalls nicht mehr. Es ist wichtig, daß wir so wenig Aufruhr wie möglich schaffen.«

Schweigend wanderten wir den Pfad entlang. Ich versuchte, mein Bewußtsein offen und empfänglich zu halten. Wir kamen an dem Haus vorbei, in dem wir in der Nacht davor zu Abend gegessen hatten. Dahinter lag eine kleine Lichtung und ein moosiger Waldweg, der uns an den Holzhütten vorbeiführte, die so kunstvoll versteckt zwischen Büschen und Bäumen lagen, daß man sie kaum wahrnahm, es sei denn, man suchte nach ihnen. Die Kommune war so weit wie irgend möglich mit der Umgebung verschmolzen.

Am Ende des Waldwegs hielt Duro inne. Direkt vor uns lag das Meditationsgebäude. Duro hatte es recht präzise beschrieben, nur wirkte es imposanter, als ich es mir vorgestellt hatte, denn es war mindestens zwölf Meter hoch. An der niedrigen Eingangstür stand ein Begleiter, der bereits auf uns zu warten schien. Er ließ jeden von uns einzeln eintreten. Im Inneren des Gebäudes führte er uns dicht an der Wand entlang auf unsere Plätze, die alle etwa drei Meter voneinander entfernt lagen.

Zuerst mußte ich mich an das Licht gewöhnen, dessen Helligkeit mit keiner mir bekannten Lichtflut vergleichbar war. Dieser Raum war von einer Brillanz erfüllt, die permanent von irgendwoher erneuert wurde und eine unbeschreibliche Kraft verströmte. Das große Rad mit seinen seltsamen Symbolen umspannte den Boden bis fast zu den Wänden hin und sah genau aus, wie es mir im Traum gezeigt worden war. Sechs Männer und sechs Frauen saßen im Schneidersitz mit geschlossenen Augen am Rande des Rades, wo jeweils eine der Speichen endete. Die sechs Begleiter hatten sich nah bei der Wand an verschiedenen Punkten verteilt und blieben die ganze Zeit aufrecht stehen. Erst später wurde mir klar, daß ihre Aufgabe während der Meditation nicht darin bestand, sich um die physischen Bedürfnisse der Boten zu kümmern, sondern in einer Form der psychischen Unterstützung. Wenn einer der Boten in Gedanken abwanderte oder die Kraft verlor, fand ein Energieaustausch statt, mit dem die Begleiter dem Boten die unverwandte Konzentration erleichterten.

Nach dem Eintreten fiel ich mühelos in einen Zustand der Selbstversenkung. Mein Bewußtsein reagierte wie ein Schwamm auf die ausgestrahlte Seelenruhe und sank in die Tiefen einer mächtigen Stille ein, obwohl meine Augen halb offen blieben. Ich konnte den Raum betrachten, ohne mich dabei in Gedanken oder Gefühlsaufwallungen zu verlieren. Im Mittelpunkt der Kuppel über uns befand sich ein großes, rechteckiges Dachfenster, vor dem sich dichte Weihrauchschwaden kräuselten. Der Raum war unmöbliert, bis auf ein paar Kerzenhalter, in denen hohe Kerzen brannten. Mein Blick bohrte sich zu dem Einen in der Mitte vor, der mir in dem Moment durch Licht- und Weihrauchwolken hindurch ein Lächeln zuwarf. Der Blick aus seinen Augen traf mich wie ein Laserstrahl; ich fühlte mich dermaßen entblößt, daß ich eine halbe Sekunde lang die Augen schließen mußte. Als ich sie wieder öffnete, waren seine Augen geschlossen und sein Lächeln verblaßt.

Zweifellos war dies der Mann, den ich in meinem Traum gesehen hatte. Auch wenn er in dem Glanz und dem Rauch kaum zu erkennen war, erkannte ich ihn mit absoluter Sicherheit. Und dann verschwand auch dieser Gedanke, denn ein überwältigender Friede senkte sich über mich. Bald kam es mir vor, als wäre ich völlig in diesem Raum aufgegangen und eins mit allem, was darin war, geworden. Kein Gedanke regte sich mehr. Der Verstand war zur Ruhe gekommen. Noch nie hatte ich den Frieden als eine unwiderstehlich zwingende Macht empfunden. Seine Kraft bewegte sich in mir und war in mir enthalten. Alle Grenzen wurden von diesem Erleben verschluckt, einem Erleben, das nicht länger körperbedingt, nicht länger identifizierbar war, sondern komplett und einheitlich.

Ich kann nicht sagen, wie lange ich mich in diesem Zustand befand. Vielleicht zehn Minuten, vielleicht auch zwei Stunden. Für mich gab es keine Zeit mehr. Mein Geist war wie ein Ozean, der seinen Atem anhielt. Das Wasser regte sich kaum, warf keine Wellen auf, strömte nirgendwo mehr hin. Hier gab es nur noch das sanfte, stille Pochen eines unsichtbaren Herzens, das den Ozean wie an einem Faden emporhob und in der Essenz der Klarheit zur Ruhe legte. Und dann hörte ich eine Stimme in der immensen Stille, zunächst wie ein entferntes Raunen, doch bald immer eindringlicher: »Suche den Frieden nicht hier; finde ihn überall. Suche den Frieden nicht hier; finde ihn überall.« Mit jedem Mal wurde die Stimme lauter und klarer, bis ich meinte, der ganze Raum müsse unter ihr erbeben.

Ich öffnete die Augen und sah, daß alle zwölf Boten und der Eine in der Mitte die Augen auf mich gerichtet hatten. Sie gaben mir diese Worte ein. Wie ein lautloses Mantra wiederholte einer nach dem anderen den Satz in Gedanken, um ihn mir einzugeben. Noch nie hatte ich eine Gedankenübertragung so deutlich und unmißverständlich empfangen. Der Eine in der Mitte lächelte jetzt wieder, diesmal mit einer Kraft, die mich wie ein Stromschlag traf. Es fühlte sich an, als wäre ich mit einem Schlag aufgeweckt worden. Einen Augenblick später wandten die Boten ihre Augen wieder der Mitte zu und fingen leise an zu singen. Die Worte waren unverständlich und erinnerten mich an keine Sprache, die ich je gehört hatte. Nach wenigen Minuten endete der Gesang; alle erhoben sich und verließen der Reihe nach den Raum. Der Eine in der Mitte ging als letzter an mir vorbei – ohne mich anzusehen. Wir hatten uns ebenfalls erhoben und warteten, bis alle anderen vor die Tür getreten waren. Duro führte uns nach draußen, in einen wolkenlos sonnigen Tag.

SECHSTES KAPITEL

Der Eine in der Mitte

Shintoistisches Friedensgebet

Da alle Menschen,
auch die auf der fernen Seite des Meeres,
mit Sicherheit unserere Brüder und Schwestern sind,
frage ich, warum das Leid auf dieser Welt
kein Ende nimmt.
Warum steigen Winde auf und Wellen in dem Meer,
das unser Land umgibt?
Ich wünsche mir nur, daß der Wind all die Wolken
bald verjagt, die über den Gipfeln der Berge hängen.

Friedenskeime

Den größten Teil dieses ersten Tages verbrachte ich allein. Was mir am Morgen widerfahren war, hatte mich in unbekannte Gefilde transportiert. Ich schwebte noch in einer unfaßlichen Weite, die mir nicht gestattete, einen konkreten Gedanken aufzugreifen. Alles verflüchtigte sich, als gäbe es nichts mehr, woran es sich festhalten konnte. Mein Geist war offen, klar und frei – ein sonderbares Gefühl. Manchmal hörte ich den Verstand wie aus weiter Ferne rufen, nach meiner Aufmerksamkeit verlangen. Selbst nach all meinen Erfahrungen mit dem »*Kurs in Wundern*« mißtraute der rationale Aspekt meines Bewußtseins der neugewonnenen Klarheit. Gottlob war diese Ruhe zu gewaltig, um von solchen Ängsten vertrieben zu werden. Meine Schädeldecke fühlte sich an, als sei sie zurückgerollt worden wie der Deckel einer Sardinendose. Fortwährend strömte Energie durch meinen Kopf ins Freie. Alle Sinne waren so wach und empfindsam, daß jedes Geräusch, jeder Anblick, jeder Lufthauch im Wald vor Lebendigkeit zu bersten schien. Ich war eins mit dieser Lebendigkeit. Das Universum hatte sich mit mir vereint.

»Wie ich sehe, hast du mich gefunden.«

Die Stimme kam von irgendwoher zu meiner Linken, aber ich sah niemanden im dichten Unterholz. Ich war eine lange Zeit ziellos durch den Wald gewandert, ohne auf den Weg zu achten. Abwartend blieb ich stehen.

»Ich sagte, du hast mich gefunden.«

Beim näheren Hinsehen erkannte ich ihn. Der Eine in der Mitte stand etwa zehn Meter weit von mir im Dickicht der Farne und Baumstämme. Seine graugrüne Straßenkleidung machte ihn nahezu unsichtbar.

»Ich wußte nicht, daß ich dich finden wollte«, hörte ich mich sagen.

»Selbstverständlich wußtest du es. Ich habe dich gerufen, und wenn deine Ohren mich nicht gehört haben, ist dein Geist dem Aufruf unbeirrt gefolgt. Wie fühlst du dich?«

Ich schritt langsam auf ihn zu. »Unglaublich gut«, sagte

ich. »Aber auch irgendwie seltsam. So etwas habe ich noch nie erlebt.«

»Dein Körper braucht Zeit, um sich an die Intensität hier zu gewöhnen. Es ist, als würdest du aus der Dunkelheit in ein hell erleuchtetes Zimmer treten. In ein paar Tagen adjustiert sich alles und du fühlst dich prächtig.«

Seine Stimme klang voll und tief, aber unverkennbar amerikanisch, was mir im Traum schon schier unfaßlich vorgekommen war. Er war mittelgroß, etwas rundlich gebaut, und wirkte eher südländisch oder asiatisch, denn wie ein nordischer Typ. Sein Alter war schwer zu bestimmen. Ich schätzte ihn auf Mitte fünfzig, obwohl er etwas viel Älteres ausstrahlte. Seine bloße Gegenwart hielt mich gebannt, und zugleich flog ich inwendig auf diese Präsenz zu, wie ein Falter auf ein Flammenlicht.

»Ich hoffe, daß du ein paar meiner Fragen beantwortest«, sagte ich schüchtern.

»Später. Zuerst müssen wir das Wesentliche besprechen. Wir haben nicht viel Zeit. Weißt du, warum du gerufen wurdest?«

Ich erzählte ihm, was ich mir bis dahin zusammengereimt hatte. Er widmete mir seine volle Aufmerksamkeit, nicht so sehr meinen Worten, sondern dem Schwanken in meinem Tonfall und jeder Gebärde, als wollte er zu einem Entschluß über meine Person gelangen. Als ich geendet hatte, lächelte er und bat mich, mit ihm zu kommen. Wir kehrten um und gingen den Waldweg zurück, bis wir eine der Hütten erreichten, die er offenbar als Wohnung benutzte. In einer offenen Feuerstelle vor der Hütte glühten noch ein paar Holzkohlen zwischen alter Asche. An einer Seitenwand des Gebäudes lehnten Gartengeräte, und auf einer Leine zwischen zwei Bäumen trocknete ein Hemd. Er nahm ein paar Holzscheite von einem Haufen und legte sie über die kohlende Feuerstelle. Ich ließ mich auf einem abgesägten Holzstumpf davor nieder und beobachtete, wie gelassen und anmutig seine Bewegungen waren, während er über der Feuerstelle kniete und das Holz in

Brand setzte. Dann setzte er sich auf einen Baumstamm mir gegenüber.

»Du bist hier, weil dein Bewußtsein im Begriff ist, sich seiner selbst bewußt zu werden. So einfach ist das. Erkenne dich selbst, und du erkennst die Wahrheit überall. Wenn du dir die Selbsterkenntnis verweigerst, wirst du frenetisch, weil du überall nach einem Ersatz für das ewige Bewußtsein suchst, das von nichts und niemandem ersetzt werden kann, denn du *bist* es schon. Solange du vor dir selber wegläufst, kommt es dir vor, als würdest du dauernd verfolgt. Allein der Versuch löst Schuldgefühle aus, und mit den Schuldgefühlen packt dich die Angst, der du in deiner Panik zu entrinnen suchst. Die Vorstellung, daß wir getrennt sind, jeder für sich allein, ist lediglich vorgestellt – nur eine Idee, ein Gedanke, nicht die Wahrheit. Die Wahrheit in dir ist eingeschlafen und träumt einen Traum des Getrenntseins. Aber dieser Traum naht seinem Ende. Die Realität ist im Begriff, sich als Realität zu erkennen, und deshalb bist du hier: Um der Realität die Geburtswehen zu erleichtern.«

»Wie?« Ich wollte es wirklich wissen.

»Oh, es ist bereits geschehen – das ist das Schöne daran! Klingt wie ein Paradox, nicht wahr? Aber es ist keins. Das träumende Bewußtsein kann jede beliebige Realitätsvorstellung erzeugen, aber keine seiner Vorstellungen real machen. Es kann Welten schaffen, die völlig unterschiedlichen Gesetzen unterliegen, aber sobald es aufwacht und sich seiner selbst bewußt wird, stellt das Bewußtsein fest, daß es sich in Wirklichkeit nie verändert hat. Alles ist genauso, wie es vor dem Traum gewesen ist, und das gilt auch für die physische Realität in dieser Welt. Wenn der Wecker gestellt wird, klingelt er zur entsprechenden Zeit, du stehst auf, putzt dir die Zähne und beginnst deinen Tageslauf, ohne deine nächtlichen Träume auch nur eine Sekunde lang noch für real zu halten. Der Wecker der Menschheit ist gestellt worden, Jimmy. In Kürze erwacht das Kollektiv und erkennt seine unantastbar göttliche Wesensnatur. Du sollst ihr das Erwachen erleichtern, den kollektiven Übergang ins Gottesbewußtsein unterstützen. Verstehst du?«

»Theoretisch schon. Was du sagst, verstehe ich, aber was ich konkret zu tun habe, ist mir nicht klar. Was muß ich tun, um diesen Erweckungsprozeß zu unterstützen?«

Er lachte. »Du tust, was notwendig ist und sich von selbst aus jeder Situation ergibt, klar, nicht? Aber solche Fragen läßt du vorerst besser beiseite, Jimmy. Zunächst sollst du dich mit den Boten vertraut machen und von uns lernen. Danach weißt du selbst, was von Fall zu Fall getan werden soll. Ich kann dir nur sagen, daß die meisten Menschen in Angst und Schrecken leben. Im Zuge des Erweckungsvorgangs sucht diese Angst sich ein Ventil: Entweder sie wird freigesetzt, oder der Geburtsvorgang wird traumatisch. Wenn die Menschen die bevorstehenden Umwälzungen entspannt entgegennehmen, wird ihre Angst freigesetzt, und die Geburt verläuft angenehm glatt. Dein Beitrag besteht also darin, den Menschen zu zeigen, wie die Angst losgelassen und der Friede gefunden wird.«

»Bin ich hierhergeholt worden, weil ich Vorträge über diese Dinge halte und schon ein paar Friedenskonzerte gegeben habe?«

»Du bist hier, weil du dir diesen Job ausgesucht hast«, sagte er nachdrücklich, während er das Feuer mit einem Stock umschichtete. »Nicht umgekehrt. Wenn du glaubst, daß dir etwas geschieht, irrst du dich. In Wirklichkeit geschieht alles durch dich. Du hast beschlossen, die Erfahrung des Friedens weiterzuvermitteln. Und wie? Indem du die Wahrheit ausstrahlst. Was ist die Wahrheit? Ganz einfach ausgedrückt die, daß die Menschheit ihre Isolation selbst gewählt hat; sie hat sich selbst ins Exil verbannt. Der Schmerz, das Leid und die Einsamkeit des Menschen beruhen auf der Vorstellung, daß er getrennt von Gott oder der Schöpfung oder wie du es auch nennen willst, sein kann. Aber das ist lediglich eine Idee, ein Versuch, etwas

Unmögliches möglich zu machen. Darum ist jeder Versuch, sich abzuspalten, zwangsläufig zum Scheitern verurteilt.

Die Menschheit hat ihre eigene Unabhängigkeit erklärt und sich damit scheinbar isoliert – eine Selbsttäuschung, die Leid, Sorgen und Todesängste nach sich zieht, unweigerlich. Mittlerweile ist den meisten Menschen die Tatsache entfallen, daß sie sich freiwillig für diese Isolation entschieden haben. Als Wesen mit einem freien Willen kannst du dir aussuchen, was du erfahren willst; dennoch hast du nicht die Macht, das Unmögliche real zu machen, und die Abspaltung von deinem eigenen Ursprung ist ein Ding der Unmöglichkeit. Diese Trennung kann nur scheinbar real gemacht werden, nie wirklich. Insofern ist das Erwachen, von dem ich spreche, eine Abhängigkeitserklärung, eine Bereitschaft, die Rolle eines Mitschöpfers zu übernehmen. Wenn wir unsere totale Abhängigkeit erkennen, vereinigen wir uns mit der wahren Macht und werden von einem Gottvertrauen ergriffen, das dem eigensüchtigen Ego absolut fremd ist. Indem du deine Abhängigkeit von Gott, deine unzertrennliche Verwobenheit mit Gott, erklärst, setzt du die Illusion deiner Abgespaltenheit frei und nimmst deinen rechtmäßigen Platz im göttlichen Schöpfungsdrama ein.«

»Wie kann man diese Einsicht verbreiten?« fragte ich.

»Indem du dich von der Einsicht ergreifen läßt. Wenn du das Licht, das die Uressenz der Schöpfung ist, ungehindert durch dich selbst hindurchfließen lassen kannst, findet es auf jeder Ebene einen Ausdruck. Dann gibst du Konzerte und verströmst dabei einen Frieden, der weit über die Töne und Liederzeilen hinausgeht. Dann lehrst du in Workshops oder Seminaren und vermittelst den Zuhörern eine unleugbare, inwendige Gewißheit, denn du zeigst ihnen auch ohne Worte, daß die Wahrheit in ihnen selbst zu finden ist. Dann sind deine Schriften von dem Licht durchdrungen, das in den Lesern selbst zu Hause ist, dem Licht des Bewußtseins, das ihnen die

Angst vor der Wahrheit nimmt. Du vermittelst nur, was du absorbiert hast und gibst immer nur so viel, wie du selber empfangen hast. Auf diese Weise wird anderen etwas Wesentliches vermittelt. Und nur so.«

Er stand auf und setzte sich auf einen Baumstumpf neben mir. Ein erdiger Duft ging von ihm aus, den ich mit dem nächsten Atemzug aufsog. Er lehnte sich vor und legte seine Hand auf meinen Arm. Seine Nähe erfüllte mich mit Bodenständigkeit.

»Die Boten des Lichts haben die Menschheit seit Äonen auf diese Zeit vorbereitet. Unsere einzige Funktion besteht darin, die Himmelspforten offen zu halten, oder anders ausgedrückt, den Lichtstrom unverwandt stark und rein zu halten. Da die breite Masse den Weg der Vergessenheit gewählt hat, haben wir uns entschlossen, die kollektive Rückkehr zur Liebe zu beschleunigen. Und genau das geschieht, wenn die Schwingungen von Wut und Angst in reine Freude und Unschuld verwandelt werden. Die Boten haben sich immer an den gewalttätigsten Orten der Welt aufgehalten, weil Transformatoren in Hochspannungsfeldern ganz einfach am wirkungsvollsten sind. Also setzen wir uns nicht für ein bestimmtes Land, wie beispielsweise Bosnien ein, sondern immer für die Menschheit als solche. Wir haben uns physisch an dieser Stelle niedergelassen, um den Gegensatz zwischen Liebe und Angst zu verdeutlichen. Am hellichten Tag brauchst du keine Scheinwerfer, aber in der Dunkelheit kann ihr Licht nicht übersehen werden. Im finstersten Krisengebiet, inmitten von Brandwolken und Trümmerhaufen, tritt das Licht am deutlichsten zum Vorschein.

Wir halten unsere Anwesenheit geheim, weil die Welt bisher unfähig war, unsere Funktion zu verstehen und uns in Frieden zu lassen. Aber auch das ändert sich jetzt. Seit langem haben wir das Erdenvolk behütet und wie Schatten im Hintergrund auf die Zeit hingearbeitet, in der das Menschengeschlecht die Kontrolle über seinen eigenen Schicksalslauf übernimmt. Da es mittlerweile genug Erwachte auf diesem Planeten gibt, wird der Übergang jetzt eingeleitet. Wer die Umstellung von Angst auf Liebe bereits in sich selbst vollzogen hat, fungiert als Geburtshelfer, und jeder, der die Anwesenheit der geheimen Friedensstifter zur Kenntnis nimmt, beschleunigt das Erwachen. Sobald die Menschheit ihre gottgegebene Freiheit erkennt, ist unser Werk vollbracht worden. Dieses Verständnis sollst du verbreiten – das ist dein Job, Jimmy.«

Er stand auf und bedeutete mir, ihm zu folgen. Wir betraten seine Hütte, die aus einem einzigen Wohnraum bestand. In einer Ecke stand ein schmales Bett, ein Nachtschrank und ein Holzstuhl. Davor ein Tisch mit einer Kerosinlampe und ein zweiter Stuhl. Die Wände waren nackt und kahl. Kein Gegenstand in diesem Zimmer deutete auf etwas Persönliches hin. Es gab noch nicht einmal ein Buch. Ein Fenster und die Tür stellten die einzigen Öffnungen dar.

Er lächelte und sagte: »Was du hier siehst, ist alles, was ich besitze. Zwölf Stunden verbringe ich im Meditationsgebäude, danach komme ich hierher. Aber nichts ändert sich, ganz gleich wo ich bin. Das Licht hört nie auf, durch mich hindurchzufließen, denn ich habe es so gewollt. Es gab eine Zeit, in der ich ein ganz normales Leben geführt habe, genau wie du. Ich habe eine Familie gehabt, bin durch die Welt gereist und so fort. Doch dann bin ich dem Aufruf gefolgt, und als ich mich in der Mitte des Rades niederließ, ist mein altes Leben wie ein Traum von mir abgefallen.

Uns geht es buchstäblich darum, die Welt zu retten ... Nein, Jimmy, nicht vor dem Untergang, sondern vor dem Resultat ihrer eigenen gewaltsamen Gedanken. Wenn dir aufgeht, daß du diese Funktion ohnehin in Wirklichkeit hast, verlierst du das Interesse an allem anderen. Auch du wirst nie mehr derselbe Mensch sein können, denn du hast deinen Auftrag angenommen – einfach, indem du hier bei uns aufgetaucht bist. Du wirst vom Ende der Zeit künden, wie wir alle, und »das Ende der Zeit« ist nicht der

Weltuntergang, bei dem sich alles plötzlich in blauen Dunst auflöst, wie viele glauben. Die Zeit endet im Licht der Selbsterkenntnis, weil sie im Dunkel der Selbstvergessenheit beginnt. Die Zeit endet, wenn die Menschheit ihre Heimat im zeitlos Wahren entdeckt, und dieses Ereignis ist in der Tat der bedeutendste Moment in unserer Entwicklungsgeschichte. Darum mußt du die Bedeutung von Begriffen wie »ewiger Friede« *erfahren* und deinen Mitmenschen zu verstehen geben, daß sie sich für das ewig Wahre entscheiden können, anstatt für Hirngespinste; daß sie sich für die Liebe entscheiden können, anstatt für die Angst.«

Seufzend setzte ich mich auf einen Stuhl und sagte: »Bitte versteh mich nicht falsch, aber wenn du sagst, ich soll vom Ende der Zeit künden, wird mir fast schlecht. Entweder du hast absolut recht, und dann hat alles, was hier geschieht, eine Tragweite, daß mir angst und bange beim bloßen Gedanken daran wird, oder du spinnst, und das bedeutet, daß wir beide verrückt sind, denn die Energie, die du ausstrahlst, kann ich nicht leugnen. Was mir hier widerfährt, ist zu überwältigend, um eine Erfindung zu sein. Aber was du erzählst, ist zu irre, um glaubhaft zu sein. Und im Moment weiß ich wirklich nicht mehr, ob ich dir oder meinen Einwänden glauben soll.«

»Du mußt mir keinen Glauben schenken«, entgegnete er ruhig. »Bald wirst du deine *eigenen* Erfahrungen nicht mehr in Frage stellen können. Ich werde dir genau sagen, was auf dich zukommt: Ab morgen nimmst du jede Nacht an unserer Meditation teil. Keine Sorge, die zwölf Stunden verfliegen im Handumdrehen. Wie du bereits festgestellt hast, wirst du ohne dein Zutun von dem Licht durchdrungen und ins zeitlose Dasein transportiert. Und bevor du weißt, wie dir geschieht, ist die Sitzung auch schon beendet. Deine bloße Anwesenheit während der Meditation bewirkt, daß du alle zwölf Lichtstrahlen der Boten integrierst. Und auf intellektueller Ebene werden dir grundlegende Einsichten über die Wesensnatur des Lichts vermittelt. Jeden Nachmittag kommst du zu mir, weil ich dein Lehrer bin. Auch später, nachdem du in die USA zurückgekehrt bist, wirst du Instruktionen von mir und den anderen Boten erhalten.«

»Und die anderen, die mit mir gekommen sind ... was geschieht mit ihnen?«

»Sie lernen das, was für sie wichtig ist. Jeder absorbiert das Licht und macht seine eigenen Erfahrungen damit, genau wie du. Niemand ist zufällig hier.«

Unvermittelt trat er vor den Stuhl, auf dem ich saß und legte mir seine Hand auf die Stirn. Augenblicklich wurde ich in Wogen eines Lichts getaucht, das nirgends anfing oder endete. Ich weiß nicht, wie lange ich in diesem Zustand verweilte, nur, daß ich vollkommen in den Fluten unterging. Als meine Augen sich allmählich wieder öffneten, war er verschwunden. Ich stand auf und wanderte zurück durch den Wald, um meine Freunde zu finden.

Beim Abendessen war ich allein mit Snjezana in der Küche. Die anderen hatten sich bereits zurückgezogen, denn sie wollten ab sechs Uhr morgens an der Meditation teilnehmen. Leise erzählte ich ihr von meinem Gespräch mit dem Einen in der Mitte.

»Gott, bin ich froh, daß sie dich ausgesucht haben und nicht mich«, sagte sie fröhlich. »Ich habe keine Ambitionen, den Rest meines Lebens als Heilsbotschafter zu verbringen. Vor dem ›Ende der Zeit‹ will ich noch einiges andere erleben.«

»Ich weiß auch nicht, was ich davon halten soll, das kannst du mir glauben. Und doch ... wenn ich länger darüber nachdenke, hat alles, was ich jemals getan habe, zu diesem Punkt geführt. Was der Lehrer mir gesagt hat, habe ich schon in der einen oder anderen Form in meinen Workshops vermittelt. Aber es macht einen Riesenunterschied, wenn du es am eigenen Leib erfährst. Plötzlich handelt es sich nicht mehr um Konzepte oder Ideale, auf die du zusteuerst, sondern um tatsächliche, konkrete Erlebnisse. Trotzdem habe ich keine Ahnung, wie ich irgend jemandem auch nur einen Bruchteil davon vermitteln soll. Ich würde es doch selbst nicht glauben, wenn man mir erzählen wollte, was hier vor sich geht. Was soll ich machen – auf die Leute zugehen und sagen, ›Zeit zum Aufwachen, Ladies und Gentlemen. Das Ende der Welt, wie wir sie kennen, steht ins Haus‹?«

»Ja.« Sie nickte mehrfach.

Darüber mußte ich lachen. »Was meinst du mit ›Ja‹?«

»Ja. Genauso machst du es. Vielleicht nicht unbedingt mit diesen Worten, aber auf eine Weise, die verständlich und annehmbar ist. Das kannst du doch sehr gut.«

»Man wird mich für verrückt halten.«

»Die Welt ist verrückt«, entgegnete sie. »Seit wann hat das Menschenvolk die Weisheit gepachtet? Du erzählst den Leuten, daß sie aus Liebe gemacht worden sind und aus Liebe bestehen, schlicht und einfach. Du sagst, daß der Himmel real ist und jetzt sofort erlebt werden kann, ohne daß man sterben oder noch ein paar hundert Lebenszeiten auf irgendeinem Planeten verbringen muß. Danach hungern sie doch! Jeder wartet sehnlichst darauf, daß ein anderer Mensch mit absoluter Gewißheit über Dinge spricht, die man selbst schon immer geahnt hat. Diese Gewißheit erhältst du hier, Jimmy. Natürlich werden manche dich für verrückt erklären, aber andere verstehen dich, und zu solchen Leuten wirst du geschickt, da bin ich mir ganz sicher.«

»Aber warum denn ich? Es gibt Unzählige, die sich viel besser für den Job eignen.«

»Jimmy, wenn du vor die Leute trittst, passiert etwas. Du wirst transparent – fast, als wärst du gar nicht mehr da, als würdest du zu der Musik werden und die Musik zu dir. Und dabei überträgt sich etwas von deiner Verschmolzenheit auf die Zuhörer. Sie lassen sich ergreifen, weil du dich ergreifen läßt. Wenn du dich von dem Licht durchdringen und transformieren läßt, wie von deiner Musik, geschieht es auch mit anderen in deiner Nähe. Nur so kann es funktionieren. Bevor wir die Wahrheit verbreiten wollen, müssen wir sie selbst als hundertprozentig wahr akzeptieren. Dann überträgt sie sich auf Menschen, die bereit sind, sie anzunehmen.«

Selbstverständlich hatte sie recht. Die Boten waren kein Phantasieprodukt, und die Mission, auf die sie mich vorbereiten wollten, ebenfalls nicht. Die Angst vor dem Unbekannten nagte weiterhin an mir, doch von dem Einen in der Mitte ging eine Ruhe aus, die über jeden Zweifel erhaben blieb und ihre Entsprechung in mir selber fand. Meine eigenen Tiefen vertrauten dem Einen, und das allein genügte, um mir die letzte Rückzugsmöglichkeit abzuschneiden.

SIEBTES KAPITEL

Die Macht des Lichts

Afrikanisches Friedensgebet

Allmächtiger Gottesgeist,
Du großer Daumen,
ohne den wir keinen Knoten binden können.
Du Donnergetöse und Blitzesschlag,
der Du die mächtigsten Bäume fällst:
Allsehender im Himmel hoch,
der Du die Spuren von Antilopenhufen
auf einem Felsen hier auf Erden siehst:
Du bist der Eine, der uns ohne Zögern
Antwort auf jede Frage gibt.
Du bist der Eckstein des Friedens.

Friedenskeime

Ich erwachte in der Dunkelheit. Es war elf Uhr dreißig, die Zeit, in der ich früher allmählich ins Bett gestiegen war. Ich hatte nur etwa drei Stunden geschlafen, aber mein Geist war viel zu aktiv, um mich noch länger ruhen zu lassen. Lautlos streifte ich mir meine Kleider über, um die anderen nicht zu stören.

Der Mond war in jener Nacht fast voll und tauchte den Weg zum Meditationshaus in milchiges Licht. Jemand ging vor mir auf das Rundgebäude zu. Bei der Tür angekommen, drehte er sich zu mir um und wartete auf mich. Es war Toni.

»Hallo Jimmy,« flüsterte er. »Von nun an kannst du sitzen, wo es dir gefällt. Wenn du etwas brauchst, kannst du mich in Gedanken rufen, dann höre ich dich.«

Wir traten ein. Die Boten und der Eine in der Mitte hatten bereits Platz genommen. Nach einigen Minuten des Schweigens ertönte ein Glockenschlag, worauf die Begleiter durch den Raum gingen und erst die Kerzen anzündeten, dann den Weihrauch in Brand setzten. Nachdem sie sich auf ihre Plätze bei der Wand gestellt hatten, vernahm ich ein leises Summen, das allmählich anschwoll und zu einem tieftönenden Gesang wurde. Nachdem die Boten verstummt waren, blieb alles vollkommen still. In den nächsten zwölf Stunden hörte ich kaum einen Laut.

Was ich in dieser Zeit erlebte, kann unmöglich erklärt und kaum angedeutet werden. Wie man mir bereits gesagt hatte, spielte die Zeit keine Rolle mehr, jedenfalls nicht im gewohnten Sinne. Es war, als existierten wir in einem Bereich jenseits von Zeit und Raum und nahmen die Ewigkeit in uns auf. Mein Geist hatte sich tief entspannt. Manchmal dehnte er sich aus, wurde weit und groß, als wollte er das Universum umspannen; dann senkte er sich wieder, ließ sich behutsam in der Halle nieder und nahm die unmittelbare Umgebung mit glasklarer Deutlichkeit wahr. Das Eintreten der anderen störte mich nicht. Nadina setzte sich lächelnd in meine Nähe. Gordana, Snjezana und Duro nahmen irgendwo auf der gegenüberliegenden

Seite des Rades Platz. Dann war alles wieder still. Als die frühe Morgensonne durch das Dachfenster brach, schien es, als wäre nicht mehr als eine Stunde vergangen.

Kurz darauf drang die Stimmenfolge wieder zu mir vor, die ich am ersten Morgen schon vernommen hatte, und sang, zuerst kaum hörbar, dann immer deutlicher: »Suche den Frieden nicht hier; finde ihn überall. Suche den Frieden nicht hier; finde ihn überall.« Als ich die Augen öffnete, waren die Blicke der zwölf Boten und des Einen in der Mitte auf mich gerichtet, doch keiner von ihnen bewegte die Lippen. In dem Moment setzten die Stimmen aus. Augenblicke später begannen die Boten ihren tieftönenden Schlußgesang, und die Meditation endete.

Beim Mittagessen mit den Begleitern lernten wir die fünf Frauen, die uns ihr Haus zur Verfügung gestellt hatten, etwas besser kennen. Wir hatten uns rings um den Tisch verteilt, und die Kommunemitglieder sprachen ungeniert über alles, was sich bei ihnen abspielte. Gordana fragte Toni über die Boten aus, und zu meinem Erstaunen erklärte er ihr bereitwillig, was sie wissen wollte. Offenbar waren wir mittlerweile keine Außenseiter mehr, oder die Kommune bemühte sich nicht länger um die Geheimhaltung von bestimmten Dingen, weil jeder davon ausging, daß die ganze Welt bald ohnehin von den Boten erfahren würde.

Nach dem Essen machte ich mich auf die Suche nach der Hütte, auf die ich am Vortag unbewußt zugelaufen war. Es fiel mir nicht schwer, sie wiederzufinden, denn sie stand abseits von allen anderen Gebäuden weiter hinten im Wald. Da Duro mir bereits gesagt hatte, daß der Eine – der Lehrer, wie ich ihn inzwischen nannte – nur selten mit irgend jemandem sprach, betrachtete ich es als große Ehre, ihn besuchen zu dürfen. Als ich ankam, saß er an seinem Stammplatz vor der offenen Feuerstelle. Wortlos setzte ich mich auf den Baumstumpf ihm gegenüber. Er hob den Kopf und lächelte mich an, dann starrte er wieder in die Flammen. Nach etwa zehn Minuten, in denen er mich keines Blickes würdigte, stellte sich eine leichte Nervosität ein, und ich seufzte leise.

Ohne den Blick vom Feuer abzuwenden, begann er in einem leisen, ernsten Tonfall zu sprechen: »Heute beginnen wir mit deinen Instruktionen. Höre mir aufmerksam zu, denn du mußt dieses Wissen verarbeitet haben, bevor du es weitergibst. Mach dir bewußt, daß wir über Energie sprechen, Lichtkräfte also, nicht über die daraus entstehenden Formen. Formen sind das *Resultat* von Energie, das Resultat von Gedanken. Ohne Gedanken gäbe es keine Formen. Wenn wir unsere Gedankengänge ändern, ändern sich auch die Formen, die unsere Gedanken annehmen. Dies ist die essentielle Lehre. Wir haben nicht die Aufgabe, die Welt zu verändern, sondern unsere Gedanken über die Welt. Was ich sage, kommt dir vertraut vor, nicht wahr? Das liegt daran, daß ich Begriffe benutze, die du verstehst. Bevor du sprichst, mußt du dich auf die Sprache deiner Zuhörer besinnen. Welche Worte du benutzt, ist nicht wesentlich. Aber jedes Wort muß der Wahrheit entspringen. Und was ist die Wahrheit? Wahr ist folgendes: Liebe ist real, weil sie auf ewig heil, ganz und grundsätzlich unzerstörbar ist. Das gleiche gilt für den Frieden und für Gott. Was nicht ewig heil, ganz und grundsätzlich unzerstörbar ist, hat keine Realität. Es ist eine flüchtige Erscheinung ohne Konsequenzen in der Ewigkeit. Wir haben die Aufgabe, die Realität zu offenbaren, und wenn wir diese Aufgabe erfüllen, enthüllen wir zugleich auch, was von Grund auf unwirklich ist. So einfach haben wir es.« Er schaute auf und lächelte mir zu. »Wie hat dir deine erste Zwölfstundensitzung bei uns gefallen?«

»Wie du schon sagtest, zwölf Stunden flogen in etwa zwei Stunden an mir vorüber. Zum Teil war ich gar nicht mehr da, sondern segelte irgendwie durch die Welträume.«

»Flieg nicht weg«, mahnte er in einem gutmütigen Ton. »Diesem Drang mußt du widerstehen, weil du nicht abgehoben sein sollst, sondern schlicht und einfach präsent. Genau wie die Boten. Die Leute sollen deutlich merken, daß ihnen etwas Vernünftiges beigebracht wird, keine Weltflucht. In manchen Kreisen werden spirituelle Erfahrungen wie Ausflugsziele angestrebt, anstatt das Schwergewicht auf die Rückkehr zur Grundsubstanz zu legen. Die eigentliche Funktion der Spiritualität besteht darin, uns zur grundlegenden Wahrheit zurückzuführen, aber das Ego kann unsere Spiritualität ebenso geschickt für seine eigenen Zwecke ausschlachten wie alles andere. Deshalb ist es sehr wichtig, daß du erdnah bleibst. Wenn du verantwortlich und erreichbar sein kannst, begreifen andere deine Aussagen nicht als religiöses Wunschdenken oder den neuesten New-Age-Trend. Was sie brauchen, ist Vertrauen in die tatsächlich vorhandene, fundamentale Wahrheit, nicht der Treibsand weiterer Täuschungsmanöver. Okay? Und nun sag mir, ob du Visionen während deiner Meditation gehabt hast. Hast du Farben oder Energiefelder gesehen?«

»Nein.«

»Das kommt schon mit der Zeit«, sagte er. »Und nun zu deiner ersten Lektion: Gestern habe ich gesagt, daß du andere beim Loslassen von Angst unterstützen sollst. Um dieses Thema dreht sich jede Lektion, während du hier bist. Angst ist eine selbsterzeugte Barriere, um die direkte Erfahrung der Liebe zu verhindern, mehr nicht. Warum erzeugen wir diese Barriere? Weil wir uns als das Gegenteil von dem, was wir tatsächlich sind, erfahren wollen. So einfach ist das. In Wahrheit sind wir die Liebeserfahrung schlechthin. Liebe ist unsere Wesensnatur. Angst ist ein Versuch, die unmittelbare Erfahrung unserer Wesensnatur abzublocken, damit wir über unser ureigentliches Sein hinwegsehen können. Die Menschheit überzeugt sich ständig selbst von ihrer Schwäche, ihrer Notdurft und Unterlegenheit. Das Gegenteil ist real. Was Gott geschaffen hat, ist unverändert göttlich geblieben, ein Ebenbild Gottes, so gottgleich wie am ersten Schöpfungstag. Was als

Gesamtheit erschaffen wurde, kann nicht getrennt werden, höchstens verzerrt wahrgenommen. Und dieser Zerrspiegel besteht aus Ängsten. Alle Formen der Angst spielen folgende Rolle: Angst nimmt das Vollkommene als mangelhaft wahr und betrachtet das Richtige als verkehrt.

Siehst du, wie einfach alles ist, Jimmy? In Wahrheit bist du nicht dein Körper, sondern ein freier Geist. Der Körper ist nicht gemeint, wenn wir sagen, daß Gott uns nach seinem Ebenbild geschaffen hat. Die unverwundbare Seele ist damit gemeint. Wir identifizieren uns mit dem Körper, weil wir uns in Gedanken für schwach halten, anstatt für grenzenlos mächtig. Selbst der Glaube, der Körper sei mit der Seele verbunden, entspricht der Wahrheit nicht ganz. Die Seele hat letztlich nichts mit dem Körper zu tun, genau wie du letztlich nichts mit dem Hemd zu tun hast, das du gerade trägst. Macht es Sinn, wenn ich sage: ›Ich bin dieses Hemd, und das Hemd ist identisch mit mir?‹ Natürlich nicht. Du benutzt das Hemd, genau wie du deinen Körper benutzt. Wenn du eins von beiden nicht länger tragen willst, streifst du es ab. Die menschliche Wesensnatur ist von Grund auf frei, an keine Form gebunden, grenzenlos expressiv, denn diese Ausdrucksgewalt kennt keine Schranken. Das Bedürfnis, sich mit einem Körper zu identifizieren, ist die Entscheidung, etwas völlig Schrankenloses einschränken zu wollen, was in Wirklichkeit nicht möglich ist. Dein Geist ist immer grundsätzlich frei, während der Körper immer grundsätzlich abhängig bleibt. Als Geist hast du die Freiheit, zu tun, was dir gefällt, unter anderem auch, dich eine Zeitlang als rein körperliches Wesen wahrzunehmen. Aber du bist nie wirklich auf diese Seinserfahrung beschränkt.«

»Ja, aber ich bin *in* einem Körper«, wandte ich ein. »Solange ich in dieser Welt bin, drücke ich mich durch diesen Körper aus und bin an diese Ausdrucksform meiner selbst gebunden.«

»Du kannst es dir folgendermaßen vorstellen.« Er rückte sich auf seinem Holzstumpf zurecht: »Stell dir einen Mann vor, der dazu verurteilt wurde, sein Leben lang in einem finsteren Verlies zu verbringen. Der Mann lebt in feuchtkalter Dunkelheit, bis auf den einen Moment am Tag, an dem ein Riesenkerl von einem Wächter die Eisentür öffnet und eine Schale Essen auf dem Boden absetzt. Dann verschließt er die Tür wieder bis zum nächsten Tag. Jahrelang siecht der Mann dahin und glaubt, bald wahnsinnig werden zu müssen. Aber eines Tages beschließt er, sein Leben lieber bei einem Fluchtversuch zu verlieren, als noch einen Tag in seiner Isolationszelle zu hocken. Er nimmt sich vor, den Wächter zu attackieren, sobald er die Tür öffnet. Da der Kerl ein Riese ist, kann er sich jedoch ausrechnen, daß der Wächter die Oberhand gewinnt und ihn wahrscheinlich sogar tötet. Und das ist dem Gefangenen recht, denn der Tod ist ihm mittlerweile lieber als ein Leben in dieser Ausweglosigkeit.

Er stellt sich also vor die Tür und stützt sich auf die eiserne Klinke. Dabei geschieht etwas Merkwürdiges. Die Klinke bewegt sich. Sie dreht sich leise knirschend nach unten, und die Tür öffnet sich einen Spalt. Sie war überhaupt nicht verschlossen! Der Gefangene ist so verwirrt, daß er nicht weiß, was er jetzt machen soll. Vorsichtig öffnet er die Tür noch etwas weiter. Die Angeln quietschen laut. Er späht um die Ecke, sieht den Korridor und den Wächter, der ihn fragend anschaut. Mehr tut der Riese nicht. Der Riese lächelt und tritt zur Seite, während der Gefangene seine Zelle verläßt und ins Licht hinausgeht, um von nun an frei zu sein.

Verstehst du die Bedeutung dieser Geschichte? Du bist der Gefangene, und dein Körper ist das Verlies. Du glaubst, du seist dazu verurteilt worden, in deinem Körper zu hocken wie in einer Isolationszelle. Aber das einzige, was dich gefangenhält, ist der Glaube, die Tür sei verschlossen und von einem schier unüberwindlich starken Wächter bewacht, der dafür sorgt, daß du deiner Zelle nicht vor dem Tode entrinnst. Ändere deinen Glauben an all diese Dinge, und die Tür öffnet sich. Du bist frei. Du warst noch nie gefangen. Dein Körper war nicht mehr als eine freiwillig gewählte Selbstbeschränkung, die dich daran gehindert hat, deine Freiheit am eigenen Leib zu erfahren.«

»Das klingt, als wäre es falsch, sich als eine Körperform zu erfahren«, sagte ich.

»Keineswegs. Hier geht es nicht um Bewertungen wie ›richtig‹ oder ›falsch‹. Als göttliche Geistwesen steht es uns frei, jede Ausdrucksform anzunehmen, auch die fleischliche. Aber die Tatsache, daß du dir ausgesucht hast, in einem Körper zu existieren, ändert nichts an deiner wahren Wesensnatur. Ob wir in einem Körper sind oder nicht, ist nebensächlich; die Frage ist immer nur, wie wir uns ausdrücken – durch Liebe oder durch Angst? Wenn wir unseren Lebenszweck darin sehen, Liebe zu verbreiten, benutzen wir den Körper als Ausdruck dessen, was wir in Wirklichkeit sind. Schau dir die Boten an: Sie benutzen den Körper nicht als ein Instrument der Selbstverleugnung, sondern als Vehikel für die innewohnende Wahrheit. Wenn du anderen beibringst, wie sie ihre Angst loslassen können, lehrst du sie, den Körper auf neue Weise einzusetzen. In der Vergangenheit hast du den Körper benutzt, um dich abzuspalten, um die Art und Weise, in der du von allem anderen getrennt zu sein scheinst, klar zu definieren. Von nun an bringst du den Leuten bei, wie der Körper als Instrument der Vereinigung benutzt werden kann. Du demonstrierst, daß jede Absonderung, alle Ängste und selbst der Tod nichts anderes als Wahnvorstellungen sind, ein Wahn, der unmöglich wahr gemacht werden kann.«

»Aber was hat der Körper mit dem Loslassen der Angst zu tun?« fragte ich.

»Angst hast du, weil du denkst, du seist verwundbar. Nur der Körper ist verwundbar. Er kann attackiert und vernichtet werden. Das Ego benutzt den Körper, um deinem Geist zu beweisen, daß du ein getrenntes Wesen bist, das jederzeit angegriffen und vernichtet werden kann.

Wenn du deinen Naturzustand oder ursprünglichen Geist bewußt wahrnimmst, siehst du, daß dies eine Täuschung ist. Du kannst nicht angegriffen werden, weil nichts und niemand getrennt von dir existiert. Also gibt es absolut nichts, vor dem du Angst haben mußt. Es gibt nichts außerhalb oder jenseits von dir, das dein wahres Sein angreifen oder vernichten kann. Angst hat man nur, solange man die Tatsachen immer wieder vergißt. Du hast dich mit deinem Körper identifiziert, anstatt mit deinem Geist identisch zu sein. Um dich auf dein essentielles Selbst zurückbesinnen zu können, mußt du die Angst loslassen, das ist das Ziel, und damit wird dir deine geistige Einheit mit der gesamten Schöpfung bewußt.

Wenn du dich in der Welt der Körper und Formen umschaust, kommt es dir vor, als sei dieses Ziel weit entfernt, unerreichbar geradezu. Um die Wahrheit erkennen und die Identifikation darauf verlagern zu können, braucht die Menschheit neue Methoden und klar verständliche Hinweise. Wie gesagt, Angst ist nicht mehr als eine Barriere, die wir erzeugen, um uns der unmittelbaren Erfahrung der Liebe zu entziehen, die unser Wesensgrund ist. Du hast die Aufgabe, andere Menschen auf diese Barriere aufmerksam zu machen, damit sie ihr wahres Sein unverzerrt erleben können. Es gibt zwei Wege, die Angst loszulassen. Ein Weg besteht darin, jede Manifestation der Angst wahrzunehmen, wie auch immer sich die Angst bemerkbar machen mag, und dann irgendeine Technik anzuwenden, mit der die Angst aufgelöst wird. Das Problem dabei ist, daß es viel Zeit kostet, jeden einzelnen ängstlichen Gedanken und jede furchtsame Gefühlsaufwallung zu identifizieren und aufzulösen.

Auf dem zweiten Weg wird der Angst die Grundlage entzogen oder, mit anderen Worten, der allererste furchterregende Gedanke wird fallengelassen, denn auf diesem Gedanken beruht jede weitere furchterregende Vorstellung. Dieser erste Gedanke ist der Beginn aller Selbsttäuschung, das Fundament eines illusionären Gedankensystems, das jede Sinneswahrnehmung beeinflußt und dir sagt, wie du dich selbst, deine Brüder und Schwestern und Gott einschätzen sollst. Hör mir gut zu, Jimmy, denn dies ist der Schlüssel zum Überwinden der Angst. Der erste, unwahre und illusionäre Gedanke, auf dem jeder andere Gedanke aufbaut, ist folgender: Du bist getrennt von Gott. Indem du dich als getrennt von Gott wahrnimmst, hast du eine Welt geschaffen, in der du von allem abgesondert bist und daher bedroht wirst. Aber wenn das Fundament der Angst eine Lüge ist, muß jeder nachfolgende und darauf aufbauende Gedanke ebenfalls eine Lüge sein. Kaum läßt du diesen Glauben fallen, stürzt das gesamte Lügengebäude ein. Jedes Gebäude hat einen Grundstein oder Eckpfeiler, ohne den der ganze Überbau haltlos zusammenbricht. Es ist nicht notwendig, jeden einzelnen Gedankenbaustein getrennt zu begutachten und aus der Wand zu reißen. Du läßt lediglich die Idee fallen, daß du getrennt von Gott existierst, und damit endet der Traum von deiner Abgespaltenheit von sich aus.«

Das Feuer war fast erloschen. Er stand auf, ging zur Hütte und nahm zwei Scheite von dem Holzhaufen neben seiner Tür. Nachdem er sie auf die Glut gelegt hatte, setzte er sich wieder.

»Kaum jemand will wahrhaben, wie einfach das ist«, fuhr er fort. »Darum wirst du mit einer Methode arbeiten, die man als Mittelding zwischen den beiden eben beschriebenen Wegen bezeichnen kann. Du sagst den Leuten, daß sie ihre angstvollen Gedanken zwar wahrnehmen, aber sie nicht definieren sollen. Mit anderen Worten, der Intellekt soll nicht benutzt werden, um die Gedanken zu bewerten. Gedanken werden als Energie betrachtet, die emotionale Auswirkung eines Gedankens wird gefühlt, und dann wird die Energie in eine andere Richtung gelenkt.

Ich werde dir erklären, wie die Boten die Gotteskraft verströmen. Wenn ein Mensch aufhört, seine Gedanken als richtig oder falsch, gut oder schlecht zu bewerten, vermittelt er sich in Form von Energie, anstatt nur den Intellekt anzusprechen. Die Boten benutzen jeden Gedanken, der ihnen in den Sinn kommt, auch Gedanken, die du wahrscheinlich als negativ bezeichnen würdest. Aus diesem Grund sind sie fähig, die Kraft von Gedanken sinnvoll einzusetzen, anstatt sich von der Energie eines Gedankens überrumpeln und beherrschen zu lassen. Gefühle können schwanken, sowohl in ihrer Intensität als auch ihrer Vibration, aber ihre Kraft beziehen sie aus unseren Gedanken über diese Gefühle. Du kannst zum Beispiel Wut in einem Teil deines Körpers empfinden und Freude in einem anderen Teil, wobei sich die Wut ganz anders anfühlt als die Freude. Wenn du wütend wirst, verspannt sich der Körper, und wenn du froh wirst, entspannst du dich. Und was geschieht, wenn du sämtliche Werturteile und Gedanken über diese Gefühle fallenläßt und die Umstände, die diese Gefühle erzeugt haben, vergißt? Dann wird jedes Gefühl als pure Energie erfahren.

Ich werde dir eine Übung zeigen: Mach die Augen zu und erinnere dich an die tiefste oder höchste Glückserfahrung, die du je gehabt hast. Fühle die Intensität dieser Erinnerung. Und nun schau, in welchem Körperteil sich das Gefühl bemerkbar macht. Empfindest du das Glücksgefühl in der Brust? In deinem Kopf? Vergiß die Umstände, die das Gefühl ausgelöst haben. Behalte keine Einzelheiten im Sinn. Beurteile nichts, sondern betrachte das Gefühl mit dem Abstand eines unbeteiligten Beobachters. Und nun kannst du deinen Geist benutzen, um das Gefühl in die Brustgegend zu verlagern, in den Bereich, den du als Herz bezeichnest.«

Er hielt inne, während ich mir den Moment ins Gedächtnis rief, an dem ich mein neugeborenes Kind zum ersten Mal in den Armen hielt. Die Arzthelferin gratulierte mir zu der Tochter und erklärte: »Alle Jungs sind doch Muttersöhnchen, aber ein Mädchen ist und bleibt Papas süßer, kleiner Schatz!« Das Wunder des Lebens offenbarte sich für mich in diesem winzigen, auf unfaßliche Weise lebendig gewordenen Geschöpf. Es war das wunderbarste Gefühl, das ich je gehabt hatte.

»Nun stell dir eine kleine Tür im Zentrum deiner Brust vor«, sagte der Lehrer. »Stell dir vor, daß sich die Tür jetzt öffnet, und während sie sich auftut, strömt all die Energie, die du im Herzen hältst, wie ein brillantweißer Lichtstrahl aus dir heraus. Laß die Energie aus dir herausströmen, mit all ihrer Intensität. Mit diesem Lichtstrahl ist kein Gedanke oder Werturteil mehr verbunden, keine Verschleierung oder mentale Überlagerung. Du setzt Energie frei, das ist alles. Mach weiter, bis die Energie in deiner Brust sich verflüchtigt hat.«

Ich fühlte den Energiestrom aus meiner Brust hervortreten, sowohl körperlich wie emotional. Es war in erster Linie eine leidenschaftliche Empfindung. Je weniger ich darüber nachdachte, desto intensiver wurde die Energie.

»Deine Gedanken über irgendein Gefühl sind wie ein Schleier, der das Gefühl überlagert, um es zu identifizieren und die Bedeutung, die das Gefühl für dich hat, zu definieren«, fuhr der Lehrer fort. »Deine Interpretation des Gefühls ist ein Filter, den du einschiebst, damit das Gefühl verdeckt wird und du dir deine Meinungen über deine Person erneut vor Augen führen kannst. Ein Mensch mit einem generell positiven Selbstbild neigt dazu, den Filter der Freude einzuschieben, anstatt den Schleier der Traurigkeit über seine Empfindungen zu werfen. Aber hinter all diesen Schleiern und Filtern steht pure Energie. Energie ist das, was wirklich erfahren wird, denn Energie ist die Essenz jedes Gefühls. Wenn du deine Gedanken über irgendein Gefühl fallenläßt, erfährst du die undefinierte, formlose Energie, auf der die gesamte Schöpfung beruht.

Und nun besinne dich mit geschlossenen Augen auf das, was dir am meisten Angst macht. Fühle die Angst in deinem Körper und stell dir jede Einzelheit so genau wie möglich vor. Wo sitzt das Angstgefühl? Im Bauch? In deiner Kehle? Und nun laß den Gedanken daran fallen, laß die Einzelheiten los und behalte nur das Gefühl im Sinn, genau wie bei der ersten Übung. Fühle die Energie, ohne zu beurteilen, ob sie gut oder schlecht ist. Jetzt verlagere das Gefühl in deine Brust und laß es dort anschwellen, immer mächtiger werden.«

Er verstummte, während ich das Gefühl vom Bauch in meine Herzgegend heraufzog. Sobald ich das Werturteil über das Gefühl fallenließ, veränderte sich die Energie. Nicht in ihrer Intensität, sondern in dem, was sie bezwecken wollte. Die Energie war jetzt absichtslos, während das Gefühl unverändert blieb – stark und leidenschaftlich wie zuvor. Den Anweisungen meines Lehrers folgend, stellte ich mir die winzige Tür in meinem Herzen vor und ließ das Licht daraus hervortreten. Wieder fühlte ich die enorme Kraft des Lichtstroms, der wie ein Schwall aus mir hervorbrach. Die Erfahrung war weder freudig noch negativ, sondern kraftvoll und leidenschaftlich, als wollte sich eine gewaltige Menge psychischer Energie auf diese Weise freisetzen.

»Willkommen in der Welt der Lichtboten«, sagte er lächelnd. »Das ist es, was die Boten bei der täglichen Meditation machen. Weißt du, Energie ist schlicht und einfach Energie, also weder positiv noch negativ. Wie du Energie interpretierst, hängt immer davon ab, welchen Wert du irgendeiner Vibration beimißt. Wenn du deine Wertvorstellungen aufgibst, kannst du all deine Gefühle, jede Aufwallung, jede Regung benutzen, um Energie auszustrahlen, also pures, göttliches Licht. Ohne Werturteile besteht kein Unterschied zwischen deinen schreckenerregenden Gedanken und deinen freudigen, erhebenden Gedanken. Daß du die Gefühle in deine Brust verlagerst, hat seinen Grund. Das Herz ist das Zentrum der Liebe und Anteilnahme, der Mittelpunkt, an dem alles Unausgewogene in reines Licht zurückverwandelt wird. Also verbreitest du im Grunde genommen Liebe, wenn du den Lichtstrahl aus deinem Herzen strömen läßt. Und diese Liebe ist nichts anderes als deine essentielle Wesensnatur. Es ist keine intellektuelle Erfahrung. Wie du gesehen hast, mischen Gedanken sich nur störend ein. Wenn es heißt, du sollst deine Werturteile freisetzen, bedeutet es, daß du deine Gedanken beiseite lassen und deinen Gefühlen vertrauen sollst. Emotionen sind das Dynamit, das das göttliche Licht in dir explodieren läßt. Mit einem klaren Geist werden Gefühle zu einem gebündelten Laserstrahl, der die Schleier der Illusion in nichts auflöst und direkt zur Wahrheit der Schöpfung vorstößt.«

»Hast du diesen Lichtstrahl gemeint, als du gefragt hast, ob ich Farben und Lichtvisionen während meiner Meditationssitzung gesehen habe?« wollte ich wissen.

»Während der Meditation fokussieren die Boten ihre Gefühle auf die Mitte des Rades. Wir klären unseren Geist und kontaktieren unser essentielles Selbst; dann lassen wir den Lichtstrahl aus unserem Herzen hervortreten, genau wie du, wenn du die Tür in deinem Herzen visualisierst. Der Lichtstrahl rast an den Speichen des Rades entlang und wird dabei von den Symbolen verstärkt. Wie es genau funktioniert, ist unwichtig. Was die Boten tun, ist einzigartig, aber nicht weit von dem entfernt, was du anderen beibringen sollst. Mit der Methode, die ich dir eben gezeigt habe, wird die Angst freigesetzt, die den natürlichen Liebesstrom der meisten Menschen blockiert. Was übrigbleibt, ist pure Energie, eine Kraft, die jeder Mensch für seine eigene Transformation benutzen kann. Wer diese Technik praktiziert, sendet einen Strom lebenspendender Energie aus, der die kollektive Erweckung beschleunigt. Je mehr Menschen ihre Angst freisetzen und sie in Licht verwandeln, desto schneller tritt die Menschheit in die nächste Phase ihrer Entwicklung ein. Die Erlösung von der Angst ist der Schlüssel. Deshalb konzentriert sich deine Arbeit auf diesen einen Punkt.«

Er erhob sich und bedeutete mir, mit ihm zu kommen. Ohne einem sichtbaren Pfad zu folgen, wanderten wir tiefer in den Wald hinein und ließen die Kommune hinter uns. Auf dem Weg sagte mein Lehrer kein einziges Wort. Ich wollte eine Unterhaltung beginnen, erinnerte mich jedoch gerade noch rechtzeitig an Duros Mahnung, nur eine Sache zur Zeit zu tun, dafür aber mit vollem Bewußtsein. »Wenn du gehst … geh.« Duros Worte klangen in meinen Ohren, trotzdem dachte ich darüber nach, mit welchem Tempo mir all diese Lektionen vermittelt wurden. Es war, als hätten die Boten nicht mehr viel Zeit und müßten meine Erleuchtung in Windeseile herbeiführen. Nun ja, anders ging es wohl nicht. Was sie im einzelnen für mich geplant hatten, war mir weiterhin schleierhaft. Ich wußte nur, daß ich mich nicht auf die Dauer in diesem Wald verstecken wollte. Einerseits erkannte ich die Gelegenheit als einmalig und schicksalhaft, andererseits war ich entsetzt über den Kontrollverlust, der damit einherging. Selbst wenn ich wollte, konnte ich den Weg zum Auto nicht mehr allein finden. Zwei Stützpunkte der serbischen Armee lagen nur ein paar Kilometer weit von uns entfernt, wie ich gehört hatte, und ich wollte den Soldaten nicht aus lauter Dummheit in die Arme laufen.

Eine Stunde lang schritten wir schweigend voran, die meiste Zeit bergauf. Hin und wieder wanderten wir über eine Waldlichtung und konnten das Tal tief unter uns liegen sehen. Ich wagte nicht, ihn zu fragen, wohin wir gingen. Der Boden wurde steiniger, während wir einer Bergspitze näherkamen. Inzwischen kletterten wir über spärlich bewachsenes Felsgestein, und ich mußte sehr genau aufpassen, wenn ich mir kein Bein brechen wollte. Die Luft war feucht und kühl. Ich sog sie in langen Atemzügen ein. Schließlich erreichten wir eine Hochebene, von der sich eine atemberaubende Aussicht auf das grüne Hügelland bot, das panoramaartig unter uns ausgebreitet lag.

»Jetzt bist du in Bosnien«, sagte er plötzlich, »obwohl sich die Leute selbst darüber nicht einig werden können. Wenn du die Serben fragst, gibt es kein Bosnien. Für alle anderen liegt dieser Berg genau auf der Grenze. Darum kämpfen sie nun schon seit Jahren: Wer hat Anspruch auf welche Seite dieses Berges? Wegen einer unsichtbaren Grenze in Geröll und Sand sind Hunderttausende umgebracht oder vertrieben worden, so sagen sie zum mindesten. In Wirklichkeit haben sie Angst. Ich sage dies, du sagst das Gegenteil. Einer von uns muß recht haben, der andere unrecht. Jetzt sind wir Konkurrenten. Wenn du nicht bereit bist, dein Unrecht einzugestehen, hat es ernstliche Folgen. Wir stellen uns in Positur und bekämpfen uns bis aufs Blut. Aber nur, weil wir Angst voreinander haben – Angst, all diese Unterschiede loszulassen und zueinander zu stehen. Damit sagen wir, daß es wichtiger ist, die Angst zu behalten, als uns trotz aller Unterschiede zu versöhnen.«

Er nahm meinen Arm und führte mich einen Schritt nach vorn, dem Felsenrand entgegen. »Jetzt bist du in Kroatien.« Er trat einen Schritt zurück und sagte: »Und ich bin in Bosnien. Wir befinden uns in zwei verschiedenen Ländern und sind Untertanen einer anderen Regierung mit anderen Gesetzen, obwohl wir nur einen Schritt voneinander getrennt sind. Wir können uns aussuchen, ob wir befreundet sein wollen oder Feinde. In unserem Fall gibt es einen gemeinsamen Feind – die Serben. Aber vor wenigen Jahren gab es noch keine Serben, nur Jugoslawen, und deshalb müssen alle sich jetzt neu orientieren und neue Entscheidungen treffen. Verrückt, nicht wahr? Aber dasselbe spielt sich überall ab, nur auf subtileren Ebenen, wenn wir uns einbilden, daß wir getrennt voneinander existieren. Solange wir uns für etwas Besonderes halten, sei es, weil wir in einem anderen Land oder einem anderen Körper leben, sind wir unvereinbar und können niemals miteinander auskommen.

Wenn du Frieden stiften willst, mußt du den Leuten erklären, worauf ihre Angst beruht. Und die größte Angst hat jeder vor sich selbst. Die Menschheit fürchtet sich vor sich selber, Jimmy, darum muß jeder seine Angst individuell freisetzen. Nur so enthüllt sich die Heiligkeit des menschlichen Wesens, und es gibt nichts Wichtigeres zu tun. Brauchen wir weitere Grenzen im Sand wie diese hier? In Wirklichkeit geht es doch permanent nur um die

Grenzen, die wir unwillkürlich in uns selber ziehen. Weil wir nicht wahrhaben wollen, was wir in Wirklichkeit sind, spalten wir uns in Gedanken ab und zersplittern uns in zahllose Fragmente. Die Boten haben ihren Auftrag seit langem erfüllt, jetzt muß die Menschheit die Verantwortung für sich selber tragen. Wie lange können wir dem blinden Vernichtungsdrang noch nachgeben? Angst gebiert Grausamkeit. Liebe gebiert Anteilnahme und Mitgefühl. Wir haben die Wahl, und ob du es glaubst oder nicht, Jimmy, diese Entscheidung wird jetzt, in dieser Zeit gefällt.«

Wir saßen noch über eine Stunde lang am Rande des Bergkamms nebeneinander. Mehr als alles andere prägte sich mir die Überzeugung im Tonfall meines Lehrers ein. Während er in Bosnien saß und ich in Kroatien, sah ich die Menschheit am Rande eines Abgrundes stehen und für einen Augenblick bedrohlich schwanken, als schwebte sie über dem Abgrund zwischen zwei Welten. Dabei ging mir auf, daß diese beiden Welten kurz vor der Vereinigung standen.

ACHTES KAPITEL

Das Geheimnis der Heilkraft

Indianisches Friedensgebet

O Großer Ahnengeist,
dir halte ich die Friedenspfeife entgegen,
dir und deinen Boten, den vier Winden,
dir und der Mutter Erde, die deine Sprößlinge nährt.
Gib uns die Weisheit, unseren Kindern
Liebe, Respekt und guten Willen zu vermitteln,
auf daß sie im Frieden heranwachsen mögen.
Hilf uns, den Reichtum getreulich miteinander
zu teilen
den du vor uns ausgebreitet hast.

Friedenskeime

Obwohl das Mondlicht von dichten Wolkenbänken verborgen wurde, rannte ich den Fußpfad zum Meditationsgebäude entlang, um ein paar Sekunden eher anzukommen. Meine erste Lektion hatte etwas Weites, Expansives in mir hervorgerufen, während der Nachhall der zwölfstündigen Meditation mit den Boten etwas in meinen Tiefen zur Ruhe gelegt hatte. In der Anwesenheit des Lehrers war mir beides deutlich vor Augen geführt worden. Es war ein perfektes Gleichgewicht.

Während der nächsten Sitzung wollte ich so präsent wie irgend möglich sein und die Anweisungen des Lehrers buchstäblich befolgen. Etwas hatte sich bereits in mir umgestellt: Eine Überzeugung wuchs mit jedem Tag, als reifte sie sprungartig heran. Aber ich konnte meine Gewißheit nicht genau definieren; sie war eine innere Erfahrung, die den Verstand überstieg. Daher kam ihre makellose Klarheit. Anscheinend sollte die süßeste Frucht aller Dinge, die ich von den Boten lernte, eine unumstößliche Gewißheit sein.

Die Nacht ging so schnell vorüber wie die Nacht zuvor. Eine erhebende Macht durchflutete mich und trug meine Meditation in ungeahnte Höhen, aber ich blieb präsent und wußte fortwährend, wer ich war, wo ich war und was sich abspielte. Vorübergehend erinnerte ich mich daran, daß der Lehrer von Farben oder Energiebahnen im Raum gesprochen hatte und ich versuchte, sie zu sehen. Über dem Rad hing ein nebliger Schimmer, den Duro ebenfalls einmal erwähnt hatte. Aber ob dies auf den Weihrauch oder das Kerzenlicht zurückzuführen war, blieb eine Frage. Kurz vor dem Ende der Sitzung hörte ich den Gesang erneut in mir widerhallen: »Suche den Frieden nicht hier; finde ihn überall. Suche den Frieden nicht hier; finde ihn überall.«

Vor dem Mittagessen wanderte ich einfach geradewegs in den Wald hinein, um den Frieden auszukosten, der mich weiterhin erfüllte. Ohne zu denken, ging ich an den Hütten der Kommune vorbei und lief ziellos zwischen den Bäumen weiter, immer weiter. Ich gab mich den Tiefen des Schweigens hin, das sich in mir ausbreitete, bis ich plötzlich, etwa zwanzig Meter vor mir, eine Holzhütte im Gebüsch stehen sah. Das Kommunegelände hatte ich bereits verlassen, soweit ich wußte. Zögernd blieb ich stehen und sah mich hilfesuchend um.

»Hallo«, sagte eine Frauenstimme hinter dem Haus. »Wenn du willst, kannst du zu mir kommen.« Eine alte Frau trat mir entgegen. Sie war einer der Boten.

»Oh, tut mir sehr leid. Ich wollte auf keinen Fall stören.«

»Das ist unmöglich«, gab sie lächelnd zurück. »Ich freue mich, daß du gekommen bist. Mein Name ist Kira.«

Ich stellte mich vor. Ihr Akzent gab mir keinen Aufschluß über ihre Staatsangehörigkeit, denn, wie so viele hier, sprach sie ein fehlerloses Englisch. Bei der Meditation am Rad hatte sie mir gegenüber gesessen. Ihre Augen waren wie warme, blaue Seen, aus denen Innigkeit auf mich überquoll.

»Du bist jünger als ich erwartet hatte«, bemerkte sie unvermittelt. »Aber, wie es scheint, ein gelehriger Bursche, sonst wärst du nicht beauftragt worden, die Botschaft zu verbreiten. Du hast nicht viel Zeit zum Lernen, Jimmy. Wir nähern uns dem Punkt, an dem jeder seine Entscheidung treffen muß: Freisein oder Festgelegtsein ... Aber in Wahrheit treffen wir die Entscheidung in jedem Augenblick. Die Schwungkraft wird jetzt immer stärker und ist bereits unaufhaltsam geworden. Die Veränderungen werden manchen Menschen positiv erscheinen, andere werden sie als negativ betrachten. Wie immer hängt es von der Perspektive ab. Wir sehen, was wir sehen wollen.«

»Warum ist es so wichtig, daß jemand diese Botschaft verbreitet?« fragte ich sie.

»Vor dem nächsten Schritt im globalen Erweckungsprozeß muß so vielen Menschen wie möglich erklärt werden, wie sie konstruktiv mit der Angst fertigwerden können, denn die Anzahl der Mitwirkenden in diesem Drama spielt eine bedeutende Rolle. Wenn Abertausende das

Gotteslicht verbreiten, katapultiert die angesammelte Schwungkraft die Menschheit über *scheinbare* Veränderungen hinaus und enthüllt ihr das Unveränderliche im eigenen Sein. Das ist gemeint, wenn wir von ›Umwälzungen‹ sprechen. Wir sehen keine Umwälzung, bei der sich alles verfinstert, wie viele befürchten, sondern einen kollektiven Übergang ins Licht. Licht und Dunkelheit sind natürlich nur Ansichtssache. Eulen, zum Beispiel, sehen alles glasklar bei Nacht und sind im Tageslicht fast blind, einfach, weil Eulenaugen so konstruiert sind, um das für Menschen Dunkle als hell und das für Menschen Helle als Dunkelheit zu erkennen. Aber das Licht, von dem wir sprechen, ist das Licht der vollen Wahrheit. Wir treten einen Schritt von den vielfältigen Illusionen des Getrenntseins zurück, und damit stehen wir im Licht der Realität unserer fundamentalen Unzertrennlichkeit.«

»Kira, kannst du den genauen Zeitpunkt des Übergangs sehen?« Ich wußte, wie vorwitzig meine Frage war.

Sie lächelte, ohne mich anzuschauen. »Wir sind fast so weit. Inwischen hat nahezu jeder auf diesem Planeten gemerkt, daß monumentale Veränderungen stattfinden, sowohl im Bewußtsein, wie in der Umwelt. Aber Umweltveränderungen sind natürlich nur Spiegelungen der Veränderungen im Bewußtsein. Einerseits nimmt die Angst immer massivere Ausdrucksformen an, und andererseits zieht die Liebe immer größere Kreise. Manchmal kommt es einem vor, als würde die Welt in zwei nicht mehr vereinbare Richtungen getrieben und so auf eine Zerreißprobe mit katastrophalen Folgen gestellt. Aber das spirituelle Erwachen der ersten Vorreiter ist nur die Ouvertüre zu einer großen Symphonie. Bald werden mehr und mehr Menschen sich dafür entscheiden, ihre Angst in pure Energie zu verwandeln – bewußte Liebe also –, was eine Massenerweckung auslöst, wie die Welt noch keine gesehen hat. Das Wesentliche ist bereits vorhanden. Aber bevor man die Schönheit eines neu errichteten Tempels erkennen kann, muß das Baugerüst entfernt werden, das beim Aufbau unerläßlich ist. Abrißarbeiten wirken immer brutal und gewaltsam, darum ist es so wichtig, jedem Erdbewohner die Schönheit nahezubringen, das Lichte, das Unzerstörbare, das alle in Wirklichkeit sind, auch wenn das Gerüst uns den Eintritt zum Tempel vorerst noch erschweren mag.«

Hätte mein knurrender Magen mich nicht an die Zeit erinnert, wäre ich bei Kira geblieben, denn ihre bildhafte Ausdrucksweise löste eine Flut von Vorahnungen in mir selber aus. Aber wenn ich vor meiner nächsten Verabredung mit dem Lehrer noch etwas essen wollte, mußte ich mich schleunigst auf den Rückweg machen. Ich dankte Kira und lief zu dem Haus der Begleiter zurück, in dem die anderen schon längst mit dem Mittagessen begonnen hatten.

Am frühen Nachmittag fand ich den Lehrer in einem Gemüsebeet nicht weit von seiner Hütte arbeiten. Er kniete in einem Sonnenfleck und klaubte frisch gezupftes Unkraut, das in den Erdfurchen zwischen kerzengerade angelegten Pflanzenreihen lag, mit einer dreizackigen Handharke zusammen. Als er mich kommen sah, legte er seine Harke nieder, stand auf und winkte mich herbei.

»Komm, schau dir meinen Garten an«, sagte er mit sichtlicher Genugtuung. »Wie du siehst, wächst alles ganz prächtig hier. Wir haben vier Jahreszeiten, genau wie in Nordamerika. Wenn ich doch nur ein paar Tomatenstauden in dieser Gegend finden könnte … Es gibt nichts besseres, als selbstgezüchtete Tomaten frisch von der Staude. Bevor ich hierhergekommen bin, habe ich Tomaten angebaut.«

»Erzähle mir etwas über dein Leben, bevor du ein Bote geworden bist«, bat ich ihn. »Ich weiß nur, daß du aus den USA stammst. Sonst gar nichts.«

»Das ist fast, als würdest du dich nach einem früheren Leben erkundigen. Nach meiner Ankunft gab es keine Vergangenheit mehr, die mich festhielt, keine Familie und keine beruflichen Verpflichtungen.«

»Aber was hat dich ursprünglich hierhergebracht?«

»Das Rad. Ich bin schon vor zehn Jahren gerufen worden, vor dem Kriegsausbruch, als dieses Land noch Jugoslawien genannt wurde. Bis dahin habe ich die meiste Zeit in Ohio verbracht. Ich hatte eine Familie, zwei Kinder, eine Frau, führte ein normales, im Grunde recht vorhersagbares Leben. Ich arbeitete, kam abends nach Hause, und irgendwann waren meine Kinder großgeworden und zogen aus dem Haus. Dann starb meine Frau … bei einem Autounfall. Ich hatte nicht viele Freunde, nur den alten Sam – einem Hund. So existierte ich jahrelang, weder wirklich zufrieden noch unzufrieden mit meinem Los.«

Er zeigte auf eine Stelle im Gras neben dem Blumenbeet, auf der wir uns niederließen. Immer wieder vergaß ich, daß er meine Gedanken hörte, als hätte ich sie laut ausgesprochen, und nun antwortete er auf meinen inneren Wunsch, noch mehr über seinen Lebensweg zu erfahren.

»Ich war kein frommer Mensch, weit davon entfernt, obwohl etwas in mir sich von Natur aus mit einer unbestimmbaren Fülle verbunden fühlte. Ich las die spirituellen Klassiker der Welt und ging sogar für einen Monat nach Indien. Dann hatte ich einen Traum von einem Rad mit zwölf Speichen, der sich Nacht für Nacht wiederholte. Ein riesiges Rad drehte sich und kam unaufhaltsam auf mich zugerollt. Ich rannte, floh und tat alles, was in meiner Macht stand, um dem Rad zu entkommen. Und dann kam die Nacht, in der ich ganz einfach still sitzenblieb. Ein maßloser Friede übermannte mich, während das Rad herangerollt kam und sich über mich senkte, so daß ich mitten in der Nabe sitzend wieder zum Vorschein kam. Danach träumte ich jede Nacht dasselbe: In der Mitte des Rades sitzend meditiere ich. Nicht mehr und nicht weniger.«

Versonnen lächelnd fuhr er fort: »Und eines Tages sitze ich in einem Flugzeug und bin auf dem Weg nach Jugoslawien. Warum, war mir nicht wirklich klar, außer daß zwei meiner Bekannten in Ohio aus der Balkanregion stammten und mein Interesse an der Kultur geweckt hatten. Ich landete in Belgrad und reiste noch etwa eine Woche lang durch die Gegend. Ein Ding führte zum anderen, und irgendwann fand ich mich hier wieder. Wie genau, kann ich bis heute nicht sagen, nur, daß ich mich inspiriert fühlte, von etwas Unbestimmbarem geleitet. Die anderen zwölf warteten schon auf mich. Als ich ankam, saß jeder auf seinem Platz am Rad. Ich ging auf die Mitte zu und setzte mich. Niemand sagte etwas, keiner rührte sich. Jeder wußte, daß es nicht notwendig war, mich in die Meditation einzuweisen. Auf diesen Moment war ich mein Leben lang vorbereitet worden, und als er eintraf, verstand ich alles.«

Ich brachte kein Wort der Entgegnung hervor. War ich nicht ebenfalls von einer weit mysteriöseren Kraft als bloßem Interesse in dieses Land, zu diesen Menschen in ausgerechnet diesem Wald geführt worden? Als ich das Meditationsgebäude zum ersten Mal betrat, ging mir ebenso schlagartig wie ihm auf, daß ich mein Leben lang auf diesen Augenblick hingearbeitet hatte. Alles, was mein Lehrer sagte, kam mir bekannt vor, als ginge es bei keiner Lektion darum, etwas Neues zu lernen, sondern nur um die Erinnerung an einen altvertrauten Wissensschatz.

»Selbstverständlich.« Nickend bestätigte er meine Gedanken. »Wie kann es anders sein? Du bist von derselben Macht an diesen Platz getragen worden wie ich. Wir spielen die Rollen, die wir uns seit Urzeiten ausgesucht haben und halten unsere Verabredungen miteinander ein. Jeder hat eine Aufgabe, einen heiligen Lebenszweck zu erfüllen, und nie ist die Aufgabe einer Person wichtiger als die einer anderen. Auch wenn es aussieht, als wären manche Jobs essentieller oder ausschlaggebender, haben wir im Grunde nur eine wahre Aufgabe: zu erkennen, wer wir sind. Der Rest ist Rollenspiel. In jedem Schauspiel gibt es Charaktere, die längere Texte vortragen als andere, aber am Ende der Aufführung verschwinden alle hinter der

Bühne, ziehen ihre Kostüme aus und schminken sich restlos ab. Die ganze Welt ist unsere Bühne.«

»Also habe ich mir die Rolle, die ich hier bei euch und mit dir als mein Lehrer spiele, ausgesucht, ohne mir dessen bewußt zu sein?«

»Du suchst dir alles aus, was dir widerfährt. Jedes Ereignis in deinem Leben, jede Lektion, selbst die Fehler und Mißgeschicke – alles hat zu diesem Augenblick geführt. Du bist hier, weil du gewillt bist, die Wahrheit zu entdecken und zu verbreiten. Und so kannst du deine Rolle unmöglich für wichtiger oder fundamentaler als die irgendeines anderen Mitwirkenden halten. Was du auch tun magst, trägt zu deiner endgültigen Erweckung bei. Und ich sage *deine* Erweckung, denn deine Aufgabe besteht nicht darin, irgendwelche anderen Leute aufzuwecken, sondern die Augen aufzuschlagen und die Wahrheit zu sehen, die permanent in dir und überall vor deiner Nase sitzt. Du wirst kein wahrhafter Heiler, es sei denn, du wachst auf und erkennst, daß es nichts zu heilen gibt. Verstehst du? Du heilst, indem du die Masken des Egos durchschaust, die vor der Wahrheit aufgetürmt werden.

Stell dir vor, daß ein Mensch mit einer schaurigen Faschingsmaske zu dir kommt und dich bittet, die klaffende Wunde auf der Plastikoberfläche zu heilen. Hilfst du ihm, wenn du einen Farbtopf nimmst und die Stelle damit verkleisterst? Die Wunde ist nicht das Problem, sondern die Maske. Hinter ihr verbirgt sich die Schönheit des wahren Gesichts, und wenn du dieses Gesicht erkennst, kannst du den Menschen heilen. Aber zuerst mußt du deine eigenen Masken als solche erkennen und wissen, wie unangetastet schön du selbst in Wirklichkeit bist. Ein Bote ist jemand, der seine Masken durchschaut hat und imstande ist, die Masken anderer urteilsfrei zu durchschauen und die Menschen auf das unveränderlich Göttliche hinter den Fassaden aufmerksam zu machen. Nur dies kann als wahre Heilung bezeichnet werden.«

»In Amerika wird mittlerweile alles mögliche in der

Richtung unternommen«, sagte ich. »Unzählige sind auf der Suche nach Selbsterfahrung und Erleuchtung. Inzwischen lesen Millionen die einschlägige Literatur, machen Yogaübungen und Workshops oder versammeln sich um Lehrmeister. Aber mir kommt viel von diesem Rummel eher wie eine Ablenkung vor, denn ich sehe keine bemerkenswerten Resultate.«

»Jeder bekommt, was er gewollt hat, Jimmy. Soviel steht fest. Vielleicht bekommst du nicht immer, was du gedacht hast, aber es ist immer, was du gewollt hast. Das Ego ist dazu da, um dir diese Tatsache so unklar wie irgend möglich zu machen. Die Beschäftigung mit spirituellen Weisheiten kann ein Versteckspiel vor der Wahrheit sein und genausogut zur Entdeckung der Wahrheit führen. Deshalb ist Ehrlichkeit unerläßlich. Du mußt imstande sein, deine heimlichen Beweggründe zu durchschauen und zu sehen, auf welche Art und Weise du dich hinter der Angst verschanzt, um die Wahrheit hinter der Maske nicht wahrhaben zu müssen. Wenn du tatsächlich den Wunsch hast, in Frieden zu existieren, erfährst du nichts anderes als den Frieden. Wenn du wirklich in Liebe leben willst, siehst du ringsumher nur noch Liebe. Ehrlichkeit beginnt damit, daß du dir anschaust, was du jetzt, in diesem Moment, erfährst und erkennst, daß du genau das und nichts anderes erfahren wolltest. Und dies ist wahrscheinlich die härteste Nuß, die man als Mensch je zu knacken hat. Wir *wollen* überzeugt davon sein, daß uns Dinge widerfahren, die wir absolut nicht unter Kontrolle haben und nie unter Kontrolle bringen werden. Aber damit tappen wir in eine selbstgelegte Falle, denn die einzige Macht, der wir zum Opfer fallen, ist unsere hartnäckige Weigerung, die Liebeserfahrung zuzulassen – die göttliche Liebe, die unsere Wesensnatur ist. Aufrichtigkeit ist der erste Schritt bei der Rückkehr zu der Gottesmacht, die uns zur freien Verfügung steht.

Ich werde dir eine Geschichte zu diesem Thema erzählen: Ein Schüler ging zu seinem Meister und sagte: »Ich habe nur einen Wunsch. Ich will so friedlich werden wie du, Meister. Bitte verrate mir, wie du erleuchtet worden bist.« Der Meister stand auf und eilte von dannen, ohne ein Wort zu sagen. Eine Woche später trat der Schüler erneut vor und sagte: »Meister, ich will doch nichts anderes als so erleuchtet sein wie du. Jetzt sag mir, was ich tun muß! Ich flehe dich an!« Wieder kehrte der Meister ihm stillschweigend den Rücken zu. Nach einer weiteren Woche kam der Schüler zum drittenmal und sagte: »Meister, ich weiß, daß du etwas erreicht hast, nach dem ich noch suche. Und ich lasse nicht locker, bis du mir dein Geheimnis verrätst!« Diesmal nahm der Meister den Schüler an der Hand und führte ihn zum nahen Fluß. Der Meister zog seine Kleider aus und sprang ins Wasser. Dann befahl er dem Schüler, es ihm gleichzutun. Der junge Mann sprang ins Wasser, aber bevor er wieder auftauchen konnte, packte der Lehrer ihn und hielt ihn mit beiden Händen unter Wasser. Der Schüler zappelte und schlug um sich, doch der Meister war stärker. Als er ihn endlich losließ, tauchte der Junge nach Luft schnappend aus den Fluten auf. Nachdem er ihm eine kleine Atempause gegönnt hatte, fragte der Meister: »Woran hast du gedacht, als du unter Wasser warst?« Prustend antwortete der Schüler: »Ans Luftholen. Nur ans Luftholen.« Mit einem tiefen Blick in seine Augen gab der Meister zurück: »Wenn dein Verlangen nach Selbsterkenntnis so dringend wird, wie dein Verlangen nach dem nächsten Atemzug, brauche ich dir nichts mehr zu erzählen. Dann verrätst du mir, was das Geheimnis der Erleuchtung ist.«

Mein Lehrer erhob sich und deutete mit der Hand auf einen Spaten, der an einem Baumstamm lehnte. »Hilf mir.« Mehr brauchte er nicht zu sagen. Ich nahm den Spaten, und da sein Kinn auf die Paprikapflanzen links von ihm zeigte, machte ich mich daran, die Erde zu seiner Linken umzugraben. Eine Zeitlang arbeiteten wir uns schweigend voran, dann legte ich den Spaten nieder und grub das Unkraut mit beiden Händen aus. In feuchter, dunkler

Erde zu wühlen, war ein Genuß, den ich mir als Stadtmensch schon lange nicht mehr gegönnt hatte. Ich dachte daran, wie einfach es wäre, hier, in dieser Oase des Friedens, zu bleiben, auch wenn sie mitten in einem Kriegsgebiet lag, und nie wieder fortzugehen. Wenn ich es genauer betrachtete, hatten die Boten sich nämlich keineswegs von der Welt zurückgezogen, sondern waren eine intimere Verbindung mit ihr eingegangen, als die meisten Menschen, die mir je begegnet waren.

Ich richtete mich auf, als ich spürte, daß mein Lehrer mir etwas sagen wollte. Er kniete nicht weit von mir auf dem Boden und blickte tatsächlich zu mir herüber. »Die Arbeit eines Boten kann mit drei Worten zusammengefaßt werden«, begann er. »Einfachheit, Geduld und Nächstenliebe. Dies sind die drei Seiten einer einzigen Wahrheit. Alles was ich dir sage, führt dich letzten Endes zu diesem Dreieck.

Schau dir diesen Garten an, der alle drei Seiten zugleich verkörpert. Die Pflanzen sind grundeinfach – sie erheben keinen Anspruch auf Ungewöhnlichkeit, und doch ist jede einzelne von ihnen perfekt und bringt Früchte hervor, die andere Lebewesen am Leben erhalten und das gesamte Ökosystem unterstützen. Aber um produktiv zu sein, muß jedes Geschöpf seinen eigenen Anlagen folgen. Es gibt kein Element in einer reifen Frucht, das nicht bereits im Samen enthalten ist – jede Einzelheit wird mit unendlicher Geduld im Lauf der Zeit entfaltet. Die Wachstumszyklen eines Lebewesens können nicht übersprungen werden, aber von Nächstenliebe beschleunigt. Hier knien wir, sprechen zu den Pflanzen und entfernen das Unkraut, das dem Boden die Nährstoffe entzieht. All diese Güte und Anteilnahme sorgt für ein rasches Heranreifen, gesunde Ableger und Früchte für eine gute Ernte.«

»Das klingt wie eine Metapher für den Dienst, den die Boten der Menschheit erweisen«, sagte ich, während ich ein Unkraut vorsichtig zwischen zwei Pflanzenstengeln herauszupfte.

»Durchaus. Das Prinzip ist dasselbe. Unsere Arbeit ist sehr einfach, weil wir verstehen, daß das Endresultat garantiert ist. Alles endet in Liebe, weil alles aus Liebe erschaffen wird. Unsere Arbeit besteht schlicht und einfach darin, ein von vornherein garantiertes Resultat zu beschleunigen. Und doch dämmert diese Einsicht nur dem erwachenden Geist, einem Menschen, der bereits genug Angst freigesetzt hat, um der Wahrheit bewußt entgegenzutreten. Der Erweckungsprozeß darf nicht übereilt werden, denn damit wird die Angst wieder verstärkt und das Erwachen hinausgezögert. Stell dir vor, du hast stundenlang in einer Dunkelkammer gesessen und trittst ganz plötzlich in ein hell erleuchtetes Zimmer. Um der Menschheit ein unnötiges Trauma zu ersparen, bereiten die Boten das Kollektiv mit unendlicher Geduld auf diesen Übergang vor.«

»Also kann man sagen, daß wir langsam ins Licht geführt werden, wie furchtsame Kinder, und das ist es, was überall auf der Welt passiert?«

»All diese Metaphern sind nur Konzepte, vergiß das nicht. Aber in gewisser Hinsicht kann man es so ausdrücken. Das Licht ist in dir, Jimmy, nicht irgendwo außerhalb deines eigenen Seins. Du wirst zu dir selbst zurückgeführt – und damit kommen wir zu einer Tatsache, die nicht so leicht verständlich ist: Die Welt ist ebenfalls in dir. All deine Ansichten über die Welt und sämtliche Reaktionen auf die Welt befinden sich in dir. In diesem Moment spielt sich das, was du als ›die Welt da draußen‹ bezeichnest, in deiner eigenen Wahrnehmung ab. Gibt es wirklich eine physische Welt mit Körpern, Gebäuden und Gärten? Du glaubst daran, und das ist ausschlaggebend. Ob alles ein Traum oder eine Illusion ist, spielt keine Rolle, solange du nur fest genug an die Realität deiner Wahrnehmungen glaubst. Darum kommen wir keinen Schritt weiter, ohne deine Glaubensvorstellungen genauer unter die Lupe zu nehmen.

Keine zwei Personen sehen genau dieselbe Welt. Deine

Wahrnehmung unterscheidet sich in vieler Hinsicht von meiner. Noch nicht einmal die physische Umwelt nehmen wir auf identische Weise wahr. Wie gesagt, was wir mit den Augen sehen, hängt ganz von unseren inneren Überzeugungen ab. Dazu fällt mir ein wissenschaftlicher Versuch ein, bei dem ein Wurf neugeborener Katzen in einem Zimmer großgezogen wurde, in dem nur senkrechte Linien zu sehen waren. Nach dem Heranwachsen wurden die Katzen in ein ausschließlich von waagerechten Linien durchzogenes Zimmer getragen, und siehe da: Sie rannten gegen die Wände und stießen sämtliche waagerechten Gegenstände um, weil sie nur senkrechte Linien wahrnehmen konnten. Was auch immer du siehst und für tatsächlich vorhanden hältst, existiert insofern, als du daran glaubst. Du hast keine Ahnung, wieviel dir entgeht – und nur, weil du keine umfassendere Betrachtungsweise für möglich hältst. Und was hindert dich daran, eine einschließlichere Betrachtungsweise anzunehmen? Die Angst. Kaum setzt du deine Angst frei, fängst du an, alles auf neue Art zu betrachten. Was immer schon vorhanden war, obwohl es die ganze Zeit übersehen wurde, wird plötzlich lebendig und wahr für dich.

Wie du siehst, sind wir wieder auf die Angst zurückgekommen … deine fundamentale Lektion, Jimmy. Glück, Daseinsfreude und Freiheit sind in jedem Moment vorhanden. Du mußt sie lediglich als dein Eigentum betrachten. Du bist mit Augenklappen durch die Welt gewandert, um dich nicht umschauen zu müssen und glasklar zu erkennen, daß alles dir gehört. Also mußt du lediglich die Angst freisetzen; mehr muß keiner von uns tun, um seine Freiheit zurückzugewinnen. Alles, was du je erreichen wolltest, gehört dir schon längst. Es wird Zeit, daß alle Menschen allmählich begreifen, wie einfach es ist.«

Wir arbeiteten noch mehrere Stunden an dem Gemüsebeet und unterhielten uns über belanglose Dinge. Da der Eine in der Mitte sich keineswegs wie ein unnahbares, weltfremdes Unikum verhielt, ließ ich meine früheren

Vorstellungen, die sicher auch auf Duros Beschreibungen zurückzuführen waren, dabei endgültig fallen. Ich lachte viel. Es war eine Erleichterung, ihm so nahe zu sein und mich dabei völlig unbefangen zu fühlen. Kurz bevor die Zeit zum Abendessen gekommen war, verabschiedete ich mich und ließ den Lehrer auf den Knien in einer Erdrille zurück, wo er sich immer noch an einer Pflanze zu schaffen machte, die seine besondere Hinwendung verlangte.

Die Tage eilten vorüber. Mittlerweile hatte ich mich an den Lebensstil der Kommune gewöhnt und vergaß unterdessen sogar, daß ich meine Termine in Italien versäumte, und wenn es so weiterging, auch meinen Rückflug nach Amerika. Die Meditationssitzung war das Wichtigste, gefolgt von den Stunden mit meinem Lehrer. Den Rest der Zeit verbrachte ich allein oder mit Freunden. Unter den Begleitern gefiel mir Toni am besten. Vielleicht, weil seine Persönlichkeit so unaufdringlich und pflegeleicht war, andererseits spürte ich aber auch die Kraft seiner geistigen Klarheit unmißverständlich und ohne je mit ihm diskutieren zu müssen. Für mich war er ein lebendes Beispiel der perfekten Integration. Toni erinnerte mich an die einleitenden Worte im *Tao Te Ching*: »Wer die Wahrheit weiß, redet nicht; und wer redet, weiß die Wahrheit nicht.« Er mußte sein Wissen nicht demonstrativ zur Schau stellen, obwohl vollkommen klar war, daß er die Tiefen, in die ich gerade erst eintauchte, bereits ausgelotet hatte.

Einmal gingen Toni und ich auf einen Erkundungsmarsch. Wir wanderten etwa zwanzig Minuten lang durch den Wald, bis wir an eine steile Anhöhe gelangten. Toni sagte die ganze Zeit kein Wort. Er drehte sich nur kurz zu mir um und begann, den Hügel zu erklimmen. Zwischen losen Steinen und Grasbüscheln standen ein paar junge, biegsame Bäume, an denen ich mich festklammerte, um nicht rückwärts wieder herunterzukullern, während ich versuchte, Toni auf den Fersen zu bleiben. In Windeseile erreichte er die Spitze und wartete dort auf mich.

Er atmete noch nicht einmal schwer und meinte nur: »Ich klettere oft hier hoch. Ist eine gute Übung, ja?«

Ich schaute mich um. »Wohin gehen wir, Toni?«

»Wirst du schon sehen. Ich will dir etwas zeigen.«

Die Anhöhe ging in eine leicht bewaldete Hügellandschaft über, die Toni jetzt munter in Angriff nahm. Ich brauchte einen Moment, um nach Luft zu schnappen, ließ ihn aber nicht sehr weit kommen. Ein Blick genügte mir, um zu sehen, daß Toni seinen Körper seit Jahren trainiert hatte: Er war langgliedrig und dünn, und mit seinem enganliegenden, schwarzen Kraushaar wirkte er wie ein Sportler, der die Ehre von Kroatien bei Olympischen Spielen verteidigen würde. Ich schätzte ihn auf Anfang bis Mitte dreißig, etwa gleichaltrig mit mir, aber ich fragte nie nach. Er trug ein Unterhemd und Shorts. Meine Jeans eigneten sich nicht für einen Ausflug wie diesen.

Nach einigen Minuten hörte ich ein seltsames Geräusch. Aber der Wind in den Baumkronen über uns machte es mir unmöglich, seine Herkunft zu bestimmen. Ein Stück weiter bot ein Felsvorsprung Aussicht auf Teile der Talmulde. Zur Rechten lugte das Kuppeldach des Meditationshauses hin und wieder zwischen schwankenden Baumwipfeln hervor. Toni nahm meinen Arm und drehte mich nach links. Halb hinter einer weiteren Bergausbuchtung verborgen, stürzte ein Wasserfall in schleirigen Kaskaden mindestens dreißig Meter an der Klippenwand entlang in die Tiefe. Wir blieben andächtig stehen, bis Toni einen Haken schlug und wieselflink im Wald verschwand. Als ich ihn eingeholt hatte, rannte ich dicht hinter ihm auf den Wasserfall zu. Das Brausen wurde lauter, bis wir auf dem Gipfel der Klippe standen, wo das Wasser nahezu lautlos über den Rand hinwegströmte, um seinen Fall von unten mit Donnergetöse kundzugeben. Wir standen schweigend nebeneinander und genossen die Schönheit. Dann setzten wir uns auf zwei flache, sonnenwarme Steine.

»Ich möchte dir etwas zeigen«, sagte Toni nach einer Weile. »Ich weiß, daß du den Gesang der Boten am Ende jeder Sitzung hörst: »Suche den Frieden nicht hier; finde ihn überall.« Es handelt sich um eine Gedankenübertragung. Also liest du ihre Gedanken. Ich habe dir ja gesagt, daß das bei uns nichts Ungewöhnliches ist, und als Begleiter gehört es ohnehin zum Beruf. Nun hörst du die Gedanken der Boten ohne Schwierigkeiten, weil sie mit bewußter Konzentration auf dich projiziert werden, darum möchte ich dir beibringen, wie du auch die unkonzentrierten und schwächeren Gedanken aufschnappen kannst, die Leute wie du und ich andauernd aussenden. Ich glaube, daß dir die Arbeit damit erleichtert wird.«

Ich wurde ganz aufgeregt. Diese Fähigkeit hatte mich von Anfang an dermaßen fasziniert, daß ich mir heimlich gewünscht hatte, sie selbst zu entwickeln.

»Zuerst mußt du eine andere Fähigkeit entwickeln«, sagte Toni. »Deine Beobachtungsgabe. Gedanken werden mit unterschiedlicher Kraft projiziert. Manche sind sehr subtil, andere kannst du unmöglich ignorieren. Außerdem werden die meisten Gedanken von einer körperlichen Reaktion begleitet. Bei einem frohen Gedanken lächeln die meisten unwillkürlich, manche kaum merklich. Deprimierende Gedanken verursachen ein Stirnrunzeln. Aber wir geben auch sehr viel subtilere Hinweise preis. Wenn ich einer Frage aus dem Weg gehen will, wende ich den Blick ab. Wenn ich lüge, erweitern sich meine Pupillen.«

Auf sein Geheiß stand ich auf und folgte ihm zum nahen Waldrand, wo viele Bäume in einer Reihe nebeneinander standen. »Siehst du diese Baumreihe?« fragte er. »Jetzt such dir einen davon aus und denk an ihn.«

Ich suchte mir den dritten Baum von links aus.

»Jetzt behalte diesen Gedanken im Kopf und stell dich hinter mich. Wenn ich losgehe, folgst du mir im Abstand von etwa drei Metern.«

Ohne Zögern, und mit mir ein gutes Stück hinter sich, steuerte Toni schnurstracks auf den Baum zu, an den ich dachte.

»Unglaublich«, sagte ich. »Wie machst du das?«

»Du hast mir alles verraten, und nicht, weil deine Gedanken so stark waren. Deine Gedanken habe ich diesmal nämlich gar nicht beachtet. Nur deine Körpersprache, weil ich dir vormachen wollte, wie du dich ausschließlich an den subtilen Hinweisen am Körper eines Menschen orientieren kannst. Zum Beispiel: In der Sekunde, bevor ich losgegangen bin, ist dein Blick blitzschnell zu dem dritten Baum von links gewandert, und gleich darauf hast du weggeschaut, weil du gemerkt hast, wie verräterisch dieser Blick war. Der Körper lügt nicht und kann kein Geheimnis bewahren. Wenn du weißt, worauf du achten mußt, ist dir klar, was ein Mensch in deiner Nähe denkt.

Versuche es. Ich denke an einen Baum. Um es dir etwas leichter zu machen, kannst du meinen Arm anfassen. Denk an nichts, nimm nur meine körperlichen Hinweise wahr. Der Körper sagt dir genau, was du wissen willst. Achte darauf, was verspannt wirkt. Schau meine Hand an, die ich locker herunterhängen lasse, und sieh, in welche Richtung sie zeigt. Entspanne dich geistig und laß dir eingeben, was ich denke. Wenn du bereit bist, marschierst du los, und ich folge dir.«

Ich trat einen Schritt vor, ohne Tonis Handgelenk loszulassen. Nichts an seiner Körperhaltung verriet mir seine Gedanken. Schritt für Schritt wanderte ich von einem Baum zum anderen und beobachtete Tonis Augen, Hände und Gangart dabei wie ein Luchs. Aber sie verrieten absolut nichts, jedenfalls nichts, das mir Aufschluß über den Baum gab, den er sich ausgesucht hatte. Dann, plötzlich, passierte etwas – vielleicht war es ein kaum merkliches Zucken oder ein leicht zurückgenommener Atemzug – ich wußte nicht, warum, hielt aber vor dem sechsten Baum inne.

»Ist dies der Baum, den du im Sinn hattest?«

»Ja. Ausgezeichnet, Jimmy, du hast deinen ersten Test bestanden. Irgendwann wurde dir klar, daß dein Intellekt nicht fähig ist, jeden Hinweis, den mein Körper dir gegeben hat, bewußt zu registrieren. Aber als du deinen Geist entspannt hast, ohne zu diskriminieren, bist du direkt auf den Baum zugegangen. Das ist der Schlüssel: Vertraue deinen Empfindungen, und laß dein Unterbewußtsein für dich arbeiten. Es achtet auf sämtliche körperlichen Hinweise und gibt dir permanent ein, wie du dich verhalten sollst. Als Mensch nimmst du ständig eine enorme Informationsschwemme auf und bist fähig, sie zu verarbeiten, aber solange du dich mit den bewußt registrierten Informationen aufhältst, beschränkst du dich selbst.

Jetzt machen wir einen etwas schwierigeren Test: Ich denke an einen Baum irgendwo weiter hinten in diesem Wald, den ich mir gerade erst ausgesucht habe. Wenn du dieselben Grundregeln anwendest, findest du den Weg zu ihm.«

Ich nahm Tonis Handgelenk und ging langsam in den Wald hinein, fort von dem Klippenrand. Ganz bewußt fixierte ich mich nun auf keinen Gedanken mehr, der mir in den Sinn kam. Statt dessen ließ ich meinen Geist offen, damit er die leisesten Regungen meiner Intuition automatisch befolgen konnte. Nachdem ich fünf oder sechs Schritte in den Wald hineingewandert war, spürte ich einen sanften Drang, mich nach rechts zu wenden. Kaum tat ich es, fühlte ich Tonis Entspannung, als hätte meine Entscheidung ihm wohlgetan. Langsam ging ich weiter und achtete auf jede Gefühlsregung in mir und jeden Hinweis von Toni. Kurz darauf meinte ich, vielleicht schon zu weit gegangen zu sein. Was mir dieses Gefühl vermittelte, kann ich nicht sagen, nur daß ich beim Umdrehen eine spürbare Erleichterung empfand. Nach drei weiteren Schritten sah ich, daß Tonis Blick für den Bruchteil einer Sekunde nach rechts abwanderte. Im selben Moment fühlte ich den Drang, diese Richtung einzuschlagen. Nachdem wir uns umgedreht hatten, liefen wir etwa dreißig Sekunden lang geradeaus, bis ich plötzlich meinte, stehenbleiben zu müssen. Als ich es tat, hörte ich Toni tief einatmen. Und während mein Blick auf den dritten Baum vor uns fiel, kam es mir vor, als würde meine Hand ein wenig wärmer, weil Tonis Handgelenk mit einer leichten Hitzeaufwallung auf meinen Blick reagierte, was zwar unmöglich war, aber mir dennoch ein sicheres Zeichen zu sein schien.

»Du hast dir den dritten Baum vor uns ausgesucht«, sagte ich.

Lachend warf Toni die Hände in die Luft. »Du bist ein Naturtalent. Wenn du so weitermachst, kannst du dich auf den Job eines Begleiters gefaßt machen. Du hast deine normalen Gedanken ganz einfach losgelassen und deiner Intuition vertraut, also kannst du mit etwas Übung auch komplexere Gedankengänge aufschnappen, klarer Fall, nicht? Es ist immer derselbe Vorgang: loslassen und vertrauen. Komm, wir machen es nochmal, damit du sicher sein kannst, daß es funktioniert.«

Wir wiederholten unser Spiel noch dreimal, bevor wir uns auf den Rückweg machten. Ich konnte es kaum abwarten, meine neuerworbene Fähigkeit an anderen Menschen auszuprobieren. Zum Beispiel an meinen Freunden. Ob ihre Gedanken so leicht wie Tonis zu lesen waren, würde sich demnächst herausstellen.

Als ich das Haus betrat, war alles still. Die anderen schliefen in ihren Zimmern, um nicht im Lauf der nächsten Zwölfstundensitzung einzunicken, oder ruhten sich irgendwo im Wald aus. Jeder hatte seinen Platz in der Kommune gefunden: Duro fühlte sich ohnehin mehr hier zu Hause als in den Städten; Nadina und Gordana verbrachten viel Zeit im Austausch mit den anderen Frauen, und Snjezana hielt sich am liebsten bei den männlichen Begleitern auf – was mich nicht wunderte, denn sie kannte keine Selbstzweifel oder Befangenheit. Ich fragte mich, ob sie ebenfalls darauf vorbereitet wurde, eine Rolle in diesem Drama zu spielen.

Ich legte mich auf mein Bett und besann mich auf meinen Lehrer. Obwohl wir uns seit neuestem nicht mehr jeden Nachmittag zu einer bestimmten Stunde trafen, ergab sich fast täglich eine Gelegenheit, ihn zu sehen und kurz mit ihm zu sprechen. Alles, was er sagte, baute auf einer Grundidee auf und kehrte unweigerlich zu ihr zurück: Freisetzung von Angst. Einmal sagte er: »Laß die Angst los, und alles weitere geschieht automatisch. Angst legt dich lahm. Sie ist wie ein Korsett, das die pure Lebensfreude in dir erstickt. Zieh das Korsett aus, damit du zwanglos existieren kannst. Je mehr Angst du freisetzt, desto leichter wird dir ums Herz, und je leichter das Herz, desto tiefer der Durchblick. Solange wir die Augen krampfhaft zusammenkneifen, übersehen wir die Gottesgeschenke, die uns mitgegeben worden sind. Am Anfang machst du kleine Schritte, aber mit jedem Schritt wird dir gezeigt, daß die Dämonen und Drachen, vor denen du dich andauernd mit tausenderlei Kunstgriffen versteckst, lediglich Einbildung sind. Ihre vermeintliche Realität beruht auf Angst und wird von der Angst immer wieder bestätigt. Aber irgendwann wanderst du ohne mit der Wimper zu zucken durch diese Erscheinungsformen hindurch, als wären sie Nebelschwaden. Es gibt keinen Kampf. Es gibt keinen Krieg. Die Drachen sind nur Windbeutel, die wir mit unseren geistigen Fähigkeiten riesengroß und unüberwindlich erscheinen lassen.«

Einmal saßen wir zusammen am Fluß, als mein Lehrer sagte: »Das einzige, was zwischen dir und der Liebe steht, ist Angst. Du meinst, du fürchtest dich vor tausend verschiedenen Dingen, weil das Ego immer irgend etwas aufgreifen und dir als dräuendes Schreckensbild vorhalten kann. Aber die Angst war bereits vorhanden. Sie war bereits in dir. Es sieht aus, als hättest du vor diesem und jenem Angst, doch in Wahrheit fürchten wir uns alle nur vor einem – der Liebe. Und da wir die Uressenz der Liebe *sind,* fürchten wir uns andauernd vor uns selbst. Das ist der Grund, warum wir ein falsches Selbst fabrizieren, ein Ego, ein ›Ich‹, das verletzlich und leicht zu erschüttern ist. Dieses ›Ich‹ hindert uns daran, der Quelle der Angst auf den Grund zu gehen und unser eigenes Einbildungsvermögen auf dem Weg zu entdecken. So können wir auf zahllose Dinge hinweisen, die scheinbar außerhalb unserer Kontrolle liegen und unsere Angst scheinbar rechtfertigen.

Nun erhebt sich die Frage, wie du auf den Gedanken kommst, nicht liebenswert zu sein, obwohl du die Liebe selber bist. Was hat dich veranlaßt, dieses Versteckspiel mit dir selbst zu treiben? Wie kann es angehen, daß du deine wahre Wesensnatur vergißt? Eines Tages läßt du auch solche Überlegungen fallen, weil du es satt hast, dich selbst zu hinterfragen und dir dann selbst irgendwelche passenden Antworten zu geben. Du kommst an einen Punkt, an dem nichts Denkbares mehr von Bedeutung ist. Du fällst flach auf den Boden und bittest um Hilfe, zu erschöpft, um das Versteckspiel noch eine Sekunde lang fortzusetzen. Du hast so lange gestrampelt und dich verteidigt, daß du keinen Finger mehr heben kannst, geschweige denn ein Schwert, um dich zu verteidigen. Du gibst auf. Du kannst nicht mehr nein oder »ja … aber« sagen. Todmüde geworden, gibst du dich hin.

Und dann geschieht das Wunder. Plötzlich geht dir etwas Unglaubliches auf: Die Unkorrumpierbarkeit deiner heiligen Unschuld steht leuchtend klar vor dir. An diesem Punkt bist du wie der verlorene Sohn, der endlich erkennt, daß er jederzeit nach Hause gehen kann. Der Vater wartet die ganze Zeit schon darauf, ihn in die Arme zu schließen. Er sehnt sich nach dem Sohn, und daß der Junge sein Erbteil verpraßt hat, ist dem Vater vollkommen gleichgültig. Das einzige, was ihn interessiert, ist die Rückkehr des Langvermißten, des eigenen Fleisches und Bluts. Der Sohn hat seinen Eigenwillen aufgegeben und wäre zufrieden gewesen, wenn er auf einen Platz als Knecht seines Vaters verwiesen worden wäre. Aber der Vater veranstaltet ein Freudenfest wie noch keines zuvor, denn dieser Sohn ist nach langen Irrwegen an den Punkt gekommen, wo ihm nichts anderes übrigbleibt, als endlich bewußt heimzukehren.

So geht es dir, wenn du die Angst losläßt. Wie lange

wollen wir uns das Leben noch erschweren, bevor wir endlich einsehen, daß wir von dem Einen geführt werden können, der immer genau weiß, was getan werden muß? Die Schlüssel zur Freisetzung der Angst sind Hingabe und Vertrauen. Wir wollen daran glauben, daß niemand außer uns selbst wissen kann, was wir brauchen. Aber wenn wir wirklich ehrlich sind, erkennen wir, daß wir damit nur unseren Eigenwillen erhalten, mit dem wir etwas im Grunde sehr Simples und Leichtes unnötig komplizieren. Gib zu, daß du nicht immer weißt, was das Beste für dich ist. Sieh ein, daß deine Entscheidungen auf Ansichten beruhen, die du aus einer sehr beschränkten Perspektive beziehst. Du kannst unmöglich alles wissen, was du wissen mußt, um auch nur die belangloseste und kleinste Entscheidung zu treffen. Wenn du dich nachts allein im Wald verirrst, rennst du nicht los, um dich noch weiter von deinem Ausgangspunkt zu entfernen, sondern setzt dich ruhig hin und wartest auf den Einen, der den Weg kennt.«

»Damit sagst du, daß wir nicht die geringste Kontrolle über unser Leben haben«, wandte ich ein.

»Nein, im Gegenteil. Ich sage, daß wir absolute Kontrolle über unser Leben haben. Wir erleben nur, was wir uns selbst aussuchen. Jede Reaktion ist eine Wahl, die wir treffen. Und wenn das die Wahrheit ist, kannst du sehr leicht feststellen, ob du weißt, was das Beste für dich ist. Hat deine Reaktion dir Freude gebracht oder Konflikte ausgelöst? Wenn Gefühle von Freude und Frieden aufwallen, kannst du sicher sein, daß du auf dem rechten Weg bist, weil du dem Ausgangspunkt – deiner eigenen Wesensnatur –, ganz eindeutig näherkommst. Wenn Konflikte und Verzweiflung mit deiner Reaktion einhergehen, hast du eine Entscheidung getroffen, die nicht in deinem eigenen, wahren Interesse liegt. Das Eingeständnis, daß du nicht genau weißt, was du tun sollst, ist der erste Schritt. Der zweite besteht darin, einen Schritt zurückzutreten und die Kontrolle an Gott oder die inwendige höhere Macht abzugeben. Wie? Indem du aufgibst, indem du dich schlicht und einfach hingibst. So kommen wir zum Vertrauen: Dir ist klargeworden, daß du nicht wirklich weißt, was das Beste für dich ist, demzufolge mußt du darauf vertrauen, daß die Allmacht es weiß und dich leiten wird, wenn du es ihr erlauben kannst.«

»Ich weiß, was du meinst«, sagte ich. »Aber in meinem Fall ist es so, daß ich eine Zeitlang aufgebe und dann, nach einem Tag oder auch mehreren Tagen wieder den alten, gewohnheitsmäßigen Kontrollgang einlege.«

»Macht nichts«, sagte er. »Wenigstens hast du in dem Moment eingesehen, was Hingabe bedeutet. Und wie hast du dich dabei gefühlt? Warst du im Frieden, als du aufgegeben hast?«

»Absolut. Sobald ich aufhöre, zu manipulieren und die Dinge einfach abrollen lasse, passieren Wunder rings um mich her. Jedesmal! Klarer Fall – solange man sich vom Fluß tragen läßt, ist alles, was passiert, wunderbar. Aber warum erinnere ich mich nicht sofort daran, wenn ich das Steuerrad wieder an mich gerissen habe und versuche, alles selbst zu bestimmen?«

»Das kommt schon mit der Zeit. Du übst dich einfach in Selbsterinnerung und akzeptierst, daß du zwischendurch öfter mal vergißt, wer du in Wirklichkeit bist. Aus Fehlern lernen wir. Mach dir auf keinen Fall Vorwürfe, wenn du in die alten Gewohnheiten zurückfällst, denn dadurch verleihst du ihnen nur noch mehr Macht über dich. Wenn du deine Vergeßlichkeit bemerkst, zuckst du mit den Schultern und sagst, »Kein Problem«, denn in dem Moment bist du bereits wieder am Ausgangspunkt angelangt, weil du der Ausgangspunkt *bist*. Betrachte es als ein Spiel, dann brauchst du weder Erfolge noch Niederlagen so bitterernst zu nehmen. Je spielerischer du deine Selbsterinnerung praktizierst, desto leichter geht dir alles im Leben von der Hand.

Ja, du hast recht, wenn du sagst, daß etwas Wunderbares passiert, sobald du Abstand nimmst und die Kontrolle aufgibst. Ein Wunder ist nichts anderes als die spontane

Ausdrucksform deiner göttlichen Wesensnatur. Sowie du deine Angst freisetzt und dich in deine Wesensnatur hineinentspannst, geschehen Wunder rings um dich her. Und so finden auch Heilungen statt. Mit der Freisetzung deiner Angst wirst du automatisch geheilt, weil Krankheiten das Endprodukt von Angstzuständen sind. Da man permanent auf die Umwelt überträgt, was man über sich selber denkt, überträgst du Heilkräfte, wenn du dich selbst als heil und ganz erfährst. Damit wird alles in deiner Umgebung geheilt, und was dir zustößt, rollt ohne Anstrengungen oder Konflikte ab. Mit etwas Übung merkst du sehr schnell, ob du die Kontrolle über das Weltgeschehen gerade wieder an dich gerissen hast. Je entspannter du bist, desto müheloser geht alles vonstatten. Bald wird jedes Anzeichen eines Konflikts zum Signal für dich, deinen Geist zu entspannen und schreckenerregende Vorstellungen loszulassen. Je größer dein Gottvertrauen, desto leichter fällt es dir, die Angst freizusetzen, die dein Leben vermeintlich unter Kontrolle hat.

Dieses ›Mit-dem-Fluß-fließen‹ lehrt dich alles Wissenswerte. Das Wasser folgt der Strömung und vertraut ihr. Es versucht nicht, sich hin und wieder mal selbst zu dirigieren, sondern läßt sich einfach widerstandslos zum Ozean tragen. Die Strömung weiß, wo es langgeht, deshalb gibt alles im Fluß sich freiwillig dem Sog der Strömung hin, und die Fische vertrauen darauf, daß die Strömung ihnen alles Lebensnotwendige zuträgt. Die Strömung wird von einer größeren, ihr überlegenen Macht angezogen, dem Ozean, wo sie beginnt und endet. Und wir werden auf dieselbe Weise getragen, wenn wir unserem Ursprung vertrauen und ihm erlauben, uns zu der vollsten und herrlichsten Ausdrucksform unseres Seins zurückzuführen.«

Mit jedem Tag offenbarten sich neue Aspekte, und doch hatte alles, was mir beigebracht wurde, nur ein Ziel: mir den Frieden zu geben. Es ging nicht um den Frieden in der Welt, sondern um den inneren, weil der Weltfriede sich von selbst aus der direkten Erfahrung des innewohnenden Friedens ergibt, wie der Eine in der Mitte immer wieder sagte. Wir führen Kriege, weil wir uns voreinander fürchten. Wir nehmen Konflikte und Haß wahr, weil wir uns vor uns selber fürchten. Frieden in der Umwelt stiften zu wollen, ohne die Wurzel des Konflikts zu erkennen, ist ein Versuch, die Kutsche vor das Zugpferd zu spannen. Bei all diesen Gesprächen über die Freisetzung der Angst ging es um die Einsicht, daß wir die Ursache und die Lösung unserer Probleme sind. Und es gibt nur ein Problem und eine Lösung. Das Problem ist der Glaube, daß wir allein sind. Die Lösung ist die Erkenntnis, daß wir niemals allein sein können.

Die Tage und Nächte vergingen mit nichtendenwollenden Lektionen. Ich fühlte mich wie auf einem Boot, das sanft den Fluß hinabgetragen wurde. Woher sollte ich wissen, daß die Stromschnellen schon bei der nächsten Biegung auf uns warteten?

NEUNTES KAPITEL

Die Offensive beginnt

Islamisches Friedensgebet

Im Namen Allahs,
des weisen und barmherzigen:
Lobpreiset den Geist des Universums
der uns erschaffen und allen Stämmen und Nationen
Land gegeben hat,
auf daß wir einander kennen mögen,
nicht, um einander Verachtung zu zollen.
Sollte dein Feind nach Versöhnung streben,
so trachte auch du nach dem Frieden
und vertraue auf Gott, den Einen,
der alle Dinge hört und weiß.
Unter den Dienern Gottes
sind jene dem Einen am nächsten,
die in Demut auf Erden wandeln,
und wenn wir ihnen begegnen, sagen wir
»O Friede, mein Friede« zu ihnen.

Friedenskeime

Als ich nachts um elf Uhr dreißig erwachte, spürte ich sofort, daß etwas nicht in Ordnung war. Was, konnte ich nicht genau sagen, nur, daß eine ungute Erregung in mir heranwuchs, als sollte demnächst etwas Furchtbares geschehen. Ich schlüpfte in meine Kleider und trat vor die Tür. Weiter vorn auf dem Fußweg rannte mir Toni entgegen. In der Ferne ertönten seltsame Geräusche. Ich stand still, um genau hinhören zu können. Gleich darauf wurde mir klar, daß in den Bergen zu unserer Rechten gekämpft wurde. Das ferne Krachen klang nach Schüssen, vielleicht sogar Bombeneinschlägen. Die Kommune lag in einem Tal zwischen zwei langgezogenen Hügelketten, und das Getöse kam aus einem Bereich nicht weit hinter einem der schützenden Berge.

Bevor Toni mich erreichen konnte, rief er: »Beeile dich, damit wir anfangen können. Wir alle, auch deine Freunde, sollen sofort zur Meditation kommen.«

Er ließ mich stehen, rannte ins Haus hinein, um den Rest der Mannschaft zusammenzutrommeln. Ich lief zum Meditationshaus, wo sich die Kommunemitglieder bereits vollständig versammelt hatten. Die Boten saßen an ihren gewohnten Plätzen. Bei meinem Eintritt verschwand jedes Gefühl einer herannahenden Bedrohung. Der Gedanke kam mir, daß kein Unheil geschehen konnte, solange wir hier beisammen waren. Dann traten Nadina, Gordana, Snjezana und Duro ein und setzten sich nicht weit von mir auf den Boden. Nadina stand die Angst im Gesicht geschrieben. Danach wurde alles vollkommen still im Raum, und kurz darauf begannen die Boten ihren Eröffnungsgesang.

Die ganze Nacht lang hörte ich das Krachen. Erst in der Ferne, dann immer deutlicher, als kämen die Explosionen langsam näher. Ich fragte mich, ob die Kroaten ihre geplante Offensive gegen die Serben eingeleitet hatten, und konnte meine Gedanken kaum beruhigen, denn wenn es so war, saßen wir genau auf dem Weg zwischen den beiden feindlichen Armeen. Zwischen den einzelnen Explosionen verging manchmal eine Viertelstunde, in der kein Laut zu hören war, bis wieder eine ganze Salve abgefeuert wurde. Jedesmal war ich gerade im Begriff, endlich tiefer in mir selbst zu versinken. Die Stunden krochen langsam vorüber. Das Schweigen im Raum verschaffte mir keine Erleichterung mehr.

Ich mußte an die Frau in der amerikanischen Botschaft denken, die mir die Gefährlichkeit der Situation so eindringlich ans Herz gelegt hatte. Das Gerücht von einem Entscheidungskampf, bei dem die Kroaten das Land zurückerobern wollten, das sie beim Kriegsausbruch an die Serben verloren hatten, war weitverbreitet. Die Kroaten wollten ihre Stärke demonstrieren, wie mir schien, und der Haß zwischen beiden Volksgruppen war tief verwurzelt.

Um sechs Uhr morgens strömte das erste Sonnenlicht von oben auf die versammelte Gemeinde herab; durch die offene Tür drangen Vogelstimmen zu uns herein. Etwa zwei Stunden waren ohne Explosion vergangen. Dann hörten wir das Krachen erneut, aber diesmal aus größerer Entfernung als beim letzten Mal. Ein paar Minuten vor der Mittagsstunde hörte ich die Stimmenfolge wieder in meinem Inneren vom Frieden singen, den ich überall finden mußte. Dann ertönte der Schlußgesang der Boten, und die längste Nacht an diesem Ort endete. Draußen schien die helle Mittagssonne, eine leichte Brise ging durch die Baumwipfel, und nichts kündete mehr von der Bedrohung der letzten Nacht. Wir folgten den anderen Kommunemitgliedern zu unserem Haus, um das gemeinsame Essen dort vorzubereiten.

Toni erklärte mir, daß seit mehreren Jahren nicht mehr in diesem Landstrich gekämpft worden war, da die ganze Region fest in serbischer Hand lag. Zwei nahegelegene Städte, beide weniger als zwanzig Kilometer entfernt, waren zu Stützpunkten der Serben umfunktioniert worden, und es hieß, daß ein beträchtliches Waffenarsenal dort angesammelt worden war, um das Gebiet gegen die Kroaten zu verteidigen. Offenbar wußte jeder, daß die Offensive stattfinden würde, die Frage war lediglich, wann.

Schweigend aßen wir unsere Mahlzeit. Die Realität des Krieges lag wie ein spürbarer Druck in der Luft. Nadina und ich saßen auf dem Küchenboden und aßen Brote mit Gemüse aus dem Garten der Kommune. Mehrere andere saßen am Küchentisch, drei weitere beim Herd. Toni hockte allein am Fenster und starrte hinaus ins Freie. Zuerst dachte ich, er sei in sich selbst versunken, beim näheren Hinsehen ging mir jedoch auf, daß er das freie Feld vor unserem Haus beobachtete. Plötzlich richtete er sich auf, als hätte er ein Geräusch vernommen, das nur er hören konnte. Er gab einem der anderen Begleiter ein Handzeichen, worauf der Mann seinen Teller absetzte und den Raum eilends verließ. Toni ging zu Duro und flüsterte ihm etwas ins Ohr. Die anderen Begleiter setzten ihre Teller ab und begaben sich zur Tür.

»Was ist los?« fragte ich Toni.

»Ich erkläre es dir später. Kommt. Wir müssen uns beeilen.«

Wir folgten Toni durch die Tür. Draußen sah ich Kommunemitglieder kreuz und quer auf der Erde liegen, weiter hinten im Gebüsch lagen drei Begleiter, alle mit dem Gesicht nach unten. Auf Tonis Geheiß streckten wir uns ebenfalls der Länge nach aus und gaben keinen Laut mehr von uns. Minutenlang blieb ich reglos liegen, meine Wange im Sand, und ließ mich von den drohenden Vorahnungen überschwemmen, die mich schon in der letzten Nacht vor der Meditation ergriffen hatten. Bis auf das Rascheln des Windes in den alten Bäumen, war alles vollkommen still. Furchterregend still. Keiner von uns rührte sich. Ich wollte aufspringen und losrennen, aber wohin? Tonis Reaktion entnahm ich, daß die Lage in Minutenschnelle ernst geworden war. Mit angehaltenem Atem schob ich mich ein Stück weiter vorwärts und vergrub meinen Kopf in einem Grasbüschel.

Dann hörte ich etwas – zuerst undeutlich, dann lauter.

Nach zwei Sekunden wurde mir klar, daß ein Motorengeräusch auf uns zukam. Dazwischen ertönten Stimmen, viele heiser durcheinanderschreiende Stimmen. Das Brummen der Motoren wurde lauter, und nun hörte ich trampelnde Schritte, die sich auf uns zubewegten. Langsam drehte ich den Kopf, um sehen zu können. Drei Militärjeeps waren gerade in das Saatfeld etwa dreihundert Meter weit von uns entfernt eingefahren. Hinter den Jeeps rannte ein gutes Dutzend Soldaten schreiend, mit Maschinengewehren und gestikulierend auf den Baumbestand vor unserem Haus zu, als würde der Trupp von einem unsichtbaren Feind verfolgt. Ich konnte mich nicht von der Stelle rühren. Nach ihrer Kluft zu urteilen, handelte es sich um bosnische Serben, die in den nächsten Minuten über uns herfallen würden, denn wir waren unmöglich zu übersehen.

Wie vom Blitz getroffen fiel mein Kopf wieder ins Gras. Was konnte ich tun, außer sie kommen lassen? Gesprächsfetzen über die Greueltaten der Serben im Umgang mit unbeteiligten Zivilisten gingen durch meinen Kopf. In dieser Sekunde mußten sie das Haus erkennen, und kurz darauf würden sie über uns herfallen. Da sie möglicherweise von kroatischen Widerstandskämpfern in ihre Stützpunkte hinter der Grenze zurückgejagt wurden, bestand wenig Aussicht auf eine Debatte mit den Serben. Sie würden uns umbringen – schnell, so hoffte ich. Ich dachte noch einmal kurz daran, daß der nahe Wald ein besserer Unterschlupf für uns alle gewesen wäre ... doch was nützten mir solche Überlegungen? Es gab keinen Ausweg mehr, keine Möglichkeit, etwas anderes zu tun, als still liegenzubleiben und abzuwarten. Mit dieser Erkenntnis senkte sich eine Ergebenheit über mich, als wüßte etwas in den Tiefen meines Seins, daß unserem Selbst nichts passieren konnte, selbst wenn das Unvorstellbarste, das Allerschrecklichste im nächsten Moment geschah. Ohne mein Zutun öffneten sich meine Augen und registrierten die Jeeps, die das Feld jetzt fast überquert hatten und frontal auf uns zusteuerten.

Ich betrachtete die Szene aus unerreichbarer Ferne. Mein Geist hatte Abstand genommen, jeglichen Widerstand aufgegeben. Lautlos atmete ich ein und aus. In ein paar Sekunden mußten die Soldaten hinter den Autos unser Versteck entdecken.

Aus vollkommen unerfindlichen Gründen bogen die Jeeps plötzlich scharf nach rechts und steuerten mit kreischenden Motoren auf eine Waldschneise zu. Keuchend folgte die Truppe hinterdrein. Kurz darauf wurde der letzte Soldat vom Dickicht des Waldes verschluckt. Eine Zeitlang starrte ich noch wie gebannt auf den leeren Fleck. Schweißperlen rannen über meine Stirn. Mein Herz hatte zu lange wie wild geschlagen. Warum war die Kolonne so unvermutet in den Wald abgebogen? Die Abgase der Jeeps waren mir bereits in die Nase gestiegen, und doch hatte keiner der Soldaten unser Haus bemerkt, was eigentlich unmöglich war, denn selbst vom anderen Ende des Saatfeldes war das Gebäude sichtbar. Die letzten Soldaten waren uns so nahegekommen, daß ich ihr Keuchen von den Motorengeräuschen unterscheiden konnte. Das Ganze war so unerklärlich, daß mir nachträglich noch schwindlig vor Angst wurde.

Vorsichtig hob ich den Kopf, um zu sehen, ob Toni sich inzwischen vom Fleck gerührt hatte. Womöglich war das Drama noch längst nicht beendet. Und tatsächlich, Toni lag weiterhin reglos auf dem Boden. Die anderen ebenfalls. Ich konnte unser Glück nicht fassen, denn wenn die Jeeps nach links gefahren wären, anstatt nach rechts, wären sie direkt auf die Hütten der Kommune zugesteuert. Dann erinnerte ich mich an unsere Ankunft, bei der wir die Hälfte des Feldes bereits hinter uns gelassen hatten, ohne das erste Haus auch nur wahrzunehmen. Erst nachdem Duro uns aufgefordert hatte, vollkommen still zu stehen, sah ich das Gebäude, das plötzlich wie aus dem Nichts zwischen den Bäumen aufgetaucht war. Dennoch gab es keine Erklärung für die Blindheit des gesamten serbischen Trupps. Meine Schläfen pochten unter dem Druck zahlloser Gedanken. Nun war ich also doch in das Kriegsgeschehen verwickelt worden, so unwirklich mir das Drama auch vorkommen mochte. Am schlimmsten war das Gefühl des hilflosen Ausgeliefertseins, das sich erneut in mir ausbreitete. Selbst das Aufstehen kam mir im Moment noch zu riskant vor. Niemand sonst rührte sich von der Stelle, nicht, bevor Toni oder ein anderer Begleiter aufstand und erklärte, daß die Gefahr vorüber sei.

Hinter einem der nahen Hügel ertönte ein jähes Krachen, gefolgt von mehreren kleineren Explosionen. Wir blieben mit dem Gesicht zur Erde liegen. Wenige Minuten darauf hörte ich einen Hubschrauber über die Berge in unsere Richtung fliegen. Ich wagte nicht, den Kopf zu heben. Was die Truppe auf dem Feld übersehen hatte, war ohne weiteres aus der Luft zu erkennen. Das Knattern wurde rasch lauter; bald war es ohrenbetäubend. Unweigerlich mußte dem Piloten oder den anderen Insassen die Kuppel des Meditationsgebäudes zwischen den Baumwipfeln auffallen. Und gleich darauf würde man auch unser Haus entdecken. Der Hubschrauber hing jetzt schräg über uns in der Luft und schien für Augenblicke stillzustehen. Nun konnte ich sicher sein, daß wir entdeckt worden waren. Das Getöse über unseren Köpfen ließ alles ringsumher erzittern. Ich blickte auf, und sah das schwarze Insekt über uns hinwegbrausen. Dann entfernte sich das Dröhnen und verklang schließlich ganz. Mein Körper bebte unaufhörlich weiter. Mit letzter Kraft verkrallte ich mich in die Erde, um dem Drang, endlich ins schützende Haus hineinzulaufen, nicht vorschnell nachzugeben.

Wir blieben noch eine Stunde am Boden liegen und ließen das Krachen der Schußsalven hinter den Hügeln über uns ergehen. Irgendwann stand Toni auf und gab uns das Zeichen zum Aufstehen. Meine Beine waren zu schwach, um mein Gewicht zu tragen. Auf den Knien wischte ich mir den Dreck von den Armen und der Brust. Die anderen wanderten langsam aufeinander zu. Nadina war wachsbleich und, bevor ich sie erreichen und ihr beistehen konnte, mußte sie sich übergeben.

Nachdem ich Nadina ins Badezimmer geschleppt hatte, sank ich auf einen Küchenstuhl und schloß die Augen. Mein ganzer Körper schmerzte von den Nachwirkungen der Angst. Kaum dachte ich an Nadina, zuckte mein Magen mit Sympathiekundgebungen auf. Ich atmete mehrmals tief ein und konzentrierte mich ausschließlich auf meine Gefühlsaufwallungen. Wie ich es gelernt hatte, ließ ich die Gedanken, die das grauenvolle Gefühlsgemisch erzeugten, fallen – all die wirren Gedankenfetzen über die Soldaten und den Hubschrauber – und fühlte die volle Intensität meiner Angst. Dann zog ich das Gefühl in die Herzgegend, wo es sich bereits ein wenig ausbalancieren konnte. Als ich bereit dazu war, stellte ich mir die kleine Tür im Herzen vor. Sie öffnete sich, und ein brillantweißer Lichtstrom schoß aus meiner Brust ins Freie. Mein Körper begann zu vibrieren, ich lehnte mich im Stuhl zurück und krümmte den Rücken, um die Umwandlung von Angst in pure Energie zu beschleunigen. Es war ein Genuß, all den Schrecken nun in Sekundenschnelle aufzulösen und als klares Licht aus mir hervortreten zu lassen. Ich öffnete die Augen und sah Toni auf einer Bank mir gegenüber sitzen. Er lächelte mir zu.

Nach etwa zehn Minuten hatte sich alles in meinem System so weit eingeschaukelt, daß ich klar denken und den Tatsachen ins Auge blicken konnte. Die Tatsache war, daß wir einer Katastrophe auf unerklärliche Weise entgangen waren. Ich bat Toni, mir seine Interpretation dieses Wunders zu geben.

»Weißt du noch, wie lange ihr am ersten Tag gebraucht habt, um unser Haus zu erkennen?«, fragte er. »Nun ja. Ohne unsere Zustimmung, hättet ihr uns nie entdeckt. Fünf Minuten vor eurer Ankunft lagen wir im Dreck, genau wie du heute. Als wir sicher sein konnten, daß gute Freunde auf uns zukamen, haben wir uns zu erkennen gegeben. Was glaubst du, wie wir es geschafft haben, die ganze Zeit ungestört hier am Leben zu bleiben?«

»Ja, das frage ich dich! Laßt ihr diesen Platz einfach verschwinden, oder wie?«

Wir mußten beide lachen. »Hör mal«, sagte Toni. »Du weißt doch selbst, daß du viele Dinge übersiehst, obwohl sie genau vor deiner Nase liegen, ja? Du suchst etwas, das direkt vor dir steht, kannst es aber nicht sehen, weil dein Bewußtsein das Gesuchte nicht zur Kenntnis nimmt, möglicherweise, weil du es nicht wahrhaben *willst*. Wenn wir nicht wollen, daß jemand unsere Kommune zur Kenntnis nimmt, wird seine Aufmerksamkeit abgelenkt, und dann sieht die Person nicht, was direkt vor ihrer Nase liegt. Diese Gruppe wird nun schon seit Jahrtausenden geheimgehalten, weil die Boten die alten Tricks immer getreulich auf ihre Nachfolger übertragen. Die Boten projizieren ihre Gedanken über große Entfernungen hinweg; wir dürfen nur nicht dazwischenfunken, das ist alles. Deshalb legen wir uns auf den Boden und klären unseren Geist. Wie du gesehen hast, ist der Hubschrauber geradewegs über uns hinweggebraust. Hat man uns rein zufällig übersehen? Waren wir in dem Moment unsichtbar? In gewisser Hinsicht schon. Es klingt unwahrscheinlich, aber es kommt vor.«

Kurz darauf wurde mir mitgeteilt, daß der Unterricht mit meinem Lehrer für diesen Tag abgesagt worden war. Es wunderte mich nicht, denn in meiner Vorstellung hatten die Boten ihre Kräfte verausgabt und brauchten Bettruhe. Ich fand Nadina im Garten bei den anderen sitzen und beteiligte mich eine Weile an den Gesprächen über das Ereignis des Tages. Seit unserer Ankunft hatten enorme Veränderungen in uns allen stattgefunden, die in Nadina vielleicht am deutlichsten zum Vorschein kamen. Auch jetzt griff sie nicht zur Zigarette, sondern wirkte gelassener, als ich es je für möglich gehalten hätte. Sie erklärte uns, sie habe nicht allein das Rauchen, sondern auch ihre inneren Widerstände aufgegeben, worauf Gordana und Snjezana sich lachend bei ihr bedankten, da die Wunder an diesem Ort offenbar kein Ende nahmen.

Nachdem die anderen sich erhoben und uns allein im Garten zurückgelassen hatten, fragte ich Nadina, ob sie ein kleines Experiment mit mir machen wollte. Ich erklärte ihr kurz, was ich von Toni über das Gedankenlesen gelernt hatte und bat sie, meine Fähigkeiten auf die Probe zu stellen. Widerstrebend ließ sie sich überreden, ihre Armbanduhr irgendwo im Haus zu verstecken, während ich draußen wartete. Als sie wieder vor die Tür trat, nahm ich ihr Handgelenk und ließ mir von inneren Eindrücken diktieren, wo ich hingehen sollte. Erstaunlich war, daß ich sofort einen unmißverständlichen Impuls spürte, um das Haus herum auf die Hintertür zuzusteuern. Wir traten ein und gingen geradeaus durch den Korridor, bis eine innere Stimme mir Einhalt gebot. Das Schlafzimmer der Frauen lag zu unserer Rechten. Beim Eintreten streifte Nadinas Blick den Kleiderschrank für einen Sekundenbruchteil. Ich öffnete den Schrank und langte ins oberste Fach hinten links. Meine Hand schloß sich um die Armbanduhr, als wüßte sie genau, wo sie hingreifen mußte.

Erschrocken trat Nadina einen Schritt zurück. »Oh Gott!«, rief sie. »Jetzt weiß ich wirklich nicht mehr, ob ich mich freuen oder Angst haben soll.«

»Angst? Wovor?«, fragte ich.

»Weil du immer unheimlicher wirst. Ich weiß nicht, ob ich es gut finde, wenn du demnächst all meine Gedanken lesen kannst. Dann wirst du genau wie die Boten ...«

»Ich glaube nicht, daß die Boten sämtliche Gedanken lesen können oder wollen«, entgegnete ich. »Wenn du Schutzwälle aufbaust, um etwas zu verbergen, blickt man wahrscheinlich nur so weit durch, als man weiß, daß du etwas verbergen willst. Außerdem versuche ich nicht, die intimen Einzelheiten in deinem Hirn zu erkennen. Jedenfalls nicht heute nachmittag.«

»Bilde dir bloß nicht zu viel ein«, gab sie zurück.

Ihr widerwilliges Lächeln veranlaßte mich, ein weiteres Experiment vorzuschlagen. Während ich Nadinas Hand hielt, sollte sie an eine Frucht denken und sich ihre Farbe,

Form und den Geschmack in allen Einzelheiten ausmalen. Ich klärte meinen Geist und wartete auf einen Impuls. Etwas formte sich vor meinen inneren Augen, aber nicht deutlich genug, um mir ein klares Bild zu zeigen. Dann merkte ich, daß mir das Wasser im Munde zusammenlief, und als ich den Geschmack näher erforschte, meinte ich, einen Anhaltspunkt auch ohne bildhafte Eindrücke zu haben.

»Eine Zitrone?« fragte ich zögernd.

»Oh mein Gott!« schrie sie, während sie aufsprang und in die Küche rannte. »Das ist zuviel. Das halte ich nicht aus. Ich gehe nach Haus und rede nie wieder mit dir!«

Wir verbrachten eine weitere Stunde mit vergleichbaren Experimenten, ohne dem fernen Krachen, das hin und wieder zu uns herüberdrang, Beachtung zu schenken. Als die anderen eintrafen, um das Abendessen vorzubereiten, war ich in Hochstimmung.

Kurz vor Mitternacht erwachte ich aus einem tiefen, ruhigen Schlaf und schlüpfte in meine Kleider. Da nichts außer den gewohnten nächtlichen Geräuschen im Walde zu hören war, kam mir der Gedanke, daß ich mir keine Sorgen mehr machen mußte: Die Schlacht war beendet, auch wenn kein Kommunemitglied ihren Ausgang mit Sicherheit bestimmen konnte. Die Frauen fuhren hin und wieder in die nächstgelegenen Orte, um lebensnotwendige Versorgungsmittel einzukaufen, aber soweit ich wußte, hatte keiner das Grundstück in den Tagen davor verlassen oder irgendwelche Nachrichtenmeldungen gehört. Hier gab es weder Telefone noch Zeitungen, noch Fernsehen; alles an diesem Platz drehte sich um andere Formen der Kontaktaufnahme und Kommunikation.

Meine einzige Sorge war nun, wie ich einen Beitrag zur Verbreitung des Friedens, der hier ausgestrahlt wurde, leisten sollte. Das Vertrauen, das in mich gesetzt worden war, erdrückte mich schier, wenn ich daran dachte, daß ich noch nie vor einem größeren Publikum aufgetreten, geschweige denn ein versierter Redner war. Von meinem ersten Buch hatte ich nur ein paar tausend Exemplare verkauft, und meine Musik gefiel einer äußerst begrenzten Hörerschaft. Vielleicht wußten die Boten etwas, das mir noch unbegreiflich war, dennoch lag das Verantwortungsgefühl, das mit meiner Ausbildung einherging, in manchen Stunden wie ein tonnenschweres Gewicht auf mir.

Bei meiner Ankunft im Meditationsraum fiel die Bürde gottlob sofort von mir ab, denn den Frieden, der sich nun in mir ausbreitete, konnte kein Gedankengang stören. Aber auch das war merkwürdig. Bisher hatte ich noch keine disziplinierte Meditationspraxis entwickeln können, weil es mir schwerfiel, auch nur eine halbe Stunde lang still sitzen zu bleiben. Und nun freute ich mich darauf, kurz vor Mitternacht aus dem Bett zu springen und zwölf Stunden lang ohne Pause in mir selbst versunken auf dem Boden zu sitzen. Allein das war ein Riesenerfolg, wenn man mich fragte, ein Umschwung, den ich auf die transformierende Kraft meiner Umgebung zurückführte, denn meinem Eigenwillen unterlag dieser Friede nicht. Kaum vorstellbar, was passieren mochte, wenn mehr und mehr Menschen den Frieden in sich selbst entdeckten und lernten, ihn von sich aus auszustrahlen!

Die ersten Stunden hielt ich die Augen offen und versuchte, die Lichtbahnen und Farben zu erkennen, von denen mein Lehrer gesprochen hatte. Auf verschiedene Weise betrachtete ich den Raum, mal mit halb zugekniffenen Augen, mal unverwandt auf einen Punkt starrend, aber dabei kam nichts heraus. Wenn ich den Brennpunkt meines Blicks locker auf den Boten ruhen ließ, ohne mir Mühe zu geben, verschwammen ihre Umrisse und glühten hin und wieder leicht auf, als pulsierten sie. Ich führte es auf die Lichtverhältnisse im Raum oder einen Trick meiner Sinne zurück und besann mich wieder auf meine Meditation.

Nach dem Mittagessen am nächsten Tag ging ich zu der Hütte meines Lehrers, fand ihn aber nicht wie üblich vor der Feuerstelle sitzend. Enttäuscht schaute ich mich um, wanderte um die Hütte herum, und setzte mich schließlich vor das Feuer, das aussah, als brenne es bereits eine geraume Weile. Ich überlegte, ob ich an die Tür klopfen sollte, fand es aber nicht angebracht, und so hustete ich nur ein paarmal, um ihn auf mich aufmerksam zu machen, falls er im Inneren der Hütte eingeschlafen war. Fünf Minuten vergingen. Ich stand auf, lief ein paar Schritte auf die Hütte zu und hustete vernehmlich.

»Bist du erkältet?«

Er saß auf einem Stein, vier Schritte entfernt von der Eingangstür. Wie konnte ich ihn übersehen haben? Hatte er die ganze Zeit schon dort gesessen? Selbst von der Feuerstelle aus konnte man seine Anwesenheit unmöglich ignorieren. War dies eine neuerliche Demonstration der Blindheit, mit der die Soldaten am Vortag geschlagen worden waren?

»Ja,«, sagte er, während er sich erhob. »Ich wollte dir nur klarmachen, daß es bei dir genauso leicht funktioniert. Die Fähigkeiten eines Menschen, der diese Lektionen gemeistert hat, darfst du nicht unterschätzen. Ob du solche Kräfte als übersinnlich oder mirakulös bezeichnest, ist unwesentlich, denn im Grunde ist alles ganz einfach. Das Bewußtsein sieht, was es sehen will. Da du mich die ganze Zeit sehen wolltest, erhebt sich die Frage, warum es dir eine Zeitlang nicht gelungen ist. Die Antwort ist: Weil ich erkannt habe, daß mein Bewußtsein in Wirklichkeit nicht getrennt von deinem ist. Letztlich gibt es nur ein Bewußtsein, einen Geist, der sich in zahllosen individuellen Ausdrucksformen bemerkbar macht. Ich habe dein Bewußtsein als eins mit meinem ›betrachtet‹ und dir dann suggeriert, daß du mich nicht wirklich sehen willst. Natürlich ist dies eine unzulängliche Beschreibung, weil es eigentlich viel einfacher ist, als man es je ausdrücken kann, aber im Moment verstehst du es am besten, wenn ich es so formuliere.«

»Und dasselbe habt ihr mit den Soldaten gestern gemacht?« fragte ich erregt.

»Ja. Ob du es mit einem oder einem Dutzend Menschen machst, spielt keine Rolle. Der Schwierigkeitsgrad steigert sich nicht mit der Anzahl der Leute. Vor vier Jahren, kurz nach Kriegsausbruch, sind die bosnischen Serben in Scharen über diese Gegend hergefallen. Gegen den Einmarsch konnte keiner von uns etwas tun. An einem Punkt hat die Armee ein Lager gleich da hinten«, er zeigte in die Richtung links hinter meiner Schulter, »auf der anderen Seite des Hügels eingerichtet. Zu jeder Tages- und Nachtzeit flogen ihre Geschosse durch die Gegend, bald auch Hubschrauber, die täglich mindestens zehnmal über unser Meditationshaus hinweggetobt sind. Hunderte von Soldaten sind durch diesen Wald marschiert, praktisch mitten durch unsere Kommune, aber keiner ist uns jemals zu nahe getreten. Also waren wir in keinem Moment ernstlich in Gefahr.

Und dies ist der Schlüssel: ein einziges Bewußtsein. Wenn dir diese Tatsache aufgeht, gewinnst du Einsicht in die Fähigkeiten der Boten. Die Soldaten haben uns nie gesehen, weil sie uns nicht erkannt haben. Verstehst du? Also paß auf: Die Boten akzeptieren etwas als unumstößliche Tatsache, das die Menschheit nicht freiwillig akzeptieren will – den Frieden. Wer den Frieden nicht wahrhaben will, sondern überall Trennung und Zwietracht sieht, erkennt uns nicht. Die Boten entscheiden sich in jedem Moment für den Frieden, und Entscheidungen, die von der Friedensliebe Gottes getroffen werden, sind unschlagbar. Die breite Masse überläßt dem Ego die Wahl, und so sind ihre Entscheidungen dauernden Schwankungen unterworfen und letztlich unhaltbar. Aber unsere Entscheidung für den Frieden annulliert die Entscheidungen des Egos. Und wenn die Menschheit sich ebenfalls für den Frieden entscheidet, schließt sie sich uns an und arbeitet mit den Boten zusammen.«

»Was meinst du damit?«, fragte ich. »Ich dachte, ihr wolltet euch zurückziehen, sobald die Menschheit die Verantwortung für sich selbst übernimmt. Die Leute werden doch nicht nach Bosnien und Kroatien kommen oder sich woanders zusammentun und in Massen an einem Rad sitzen, um zu meditieren.«

Er mußte lachen. »Nein, natürlich nicht. Ich sage, daß jeder einzelne die Verantwortung für sich selbst übernehmen muß. Jeder muß sich jetzt für den Frieden entscheiden, endgültig und felsenfest. Wie gesagt, wir entscheiden uns, die Ereignisse, die uns zustoßen, so oder so zu erfahren. Wenn du wissen willst, wofür du dich von Moment zu Moment entscheidest, brauchst du dich nur umzuschauen. Was siehst du? Zwietracht oder Frieden? Der erste Grundsatz für einen Boten ist folgender: Du hast jede deiner Erfahrungen erfahren wollen. Wenn du dieses Grundgesetz akzeptierst, kannst du deine Erfahrungswelt ändern. Du bist die Ursache, und die Welt ist die Wirkung. Ändere deine Sichtweise von der Welt, und die ganze Welt ändert sich.«

»Mit anderen Worten, es gibt nichts, was wir nicht unter Kontrolle haben?«, warf ich ein. »Auch Umweltkatastrophen, wie Erdbeben oder Sturmfluten? Wenn dein Grundgesetz stimmt, dann entscheiden wir uns auch für solche Dinge, und das macht keinen Sinn mehr für mich.«

Er stocherte mit einem Stock in der Feuersglut herum. »Natürlich ergibt es keinen Sinn für dich«, fuhr er fort. »Dein Leben beruht auf der Auffassung, daß du nichts unter Kontrolle hast. Und so sieht es aus … bis du die Zügel in die Hand nimmst und dich für den Frieden entscheidest. Damit ändert sich alles. Damit wird dir die Entscheidungsgewalt, die dir innewohnt, womöglich zum ersten Mal bewußt. An diesem Punkt verstehst du die Gesetzmäßigkeiten.«

»Aber wie ringen wir uns zu der Entscheidung für den Frieden durch?« fragte ich. »Gut, ich kann zugeben, daß ich all meine Erfahrungen selbst herbeigeführt habe, aber wie ändere ich den Trend und treffe eine völlig entgegengesetzte Entscheidung?«

»Indem du die Angst freisetzt. Wenn das geschehen ist,

übernimmt die Liebe das Steuerrad. Das ist der natürliche und universelle Werdegang. Die Art und Weise, wie jeder einzelne Mensch seine Angst freisetzt, ist nicht festgelegt und daher nicht vorhersagbar. Deshalb geben wir dir nur ein paar grobe Richtlinien im Umgang mit den Manifestationen der Angst. Die Angst verbirgt sich hinter tausenderlei Konzepten und Verhaltensweisen, die du den Leuten bewußt machen kannst. Wenn du das Licht des Bewußtseins in diese Verdunkelungsmanöver bringst, wirfst du Licht auf das Treiben in der Schattenwelt, und damit löst sich das Schattenhafte von ganz allein auf.«

Unwillkürlich fiel mein Blick auf den Schatten, den mein Körper auf den Boden neben mir warf. Genauso substanzlos wie dieser Schatten sollte meine Angst sein? Nur ein Umriß, der unter bestimmten Lichtverhältnissen und nur aus einem bestimmten Blickwinkel betrachtet sichtbar war? Meine Angst vor den Soldaten tags zuvor hatte sich durchaus real angefühlt. Erschreckend real.

»Angst wirkt immer absolut real«, sagte der Lehrer. »Sonst würde selbst der Dümmste nicht auf die Dauer auf die Manifestationen der Angst hereinfallen. Weil jeder Mensch dazu neigt, der Angst so viel Macht über sein Leben zu geben, mußt du meine Richtlinien befolgen und tiefer blicken. Die beiden Richtlinien, die ich dir gegeben habe, sind Hingabe und Vertrauen. Du gibst dich hin, wenn du einsiehst, daß du der Angst nicht ohne Hilfe entrinnst. Du schaffst es nicht allein, denn sonst wärst du den Klauen der Angst schon längst entronnen, Jimmy. Du mußt lernen, dich dem Einen anheimzustellen, der dir die Wahrheit offenbaren kann. Du mußt deine eigenen Vorstellungen von der korrekten Handhabung des Universums fallenlassen und die Vision des Einen akzeptieren, der sich wirklich auskennt.

Und damit kommen wir wieder zum Vertrauen. Wenn du dich hingibst, deinen Eigenwillen aufgibst, mußt du darauf vertrauen können, daß dir neue und bessere Antworten gegeben werden. Vertrauen entfernt die Spinnweben in den Ecken des Geistes, die im Lauf der Umnachtung entstanden sind. Je tiefer dein Vertrauen, desto eher entdeckst du den Frieden in dir.

Und jetzt will ich dir die dritte und letzte Richtlinie geben«, sagte er. »Deine Erweckung wird von Dankbarkeit vorangetrieben, wie Atomraketen vom Plutonium. Dankbarkeit ist der zündende Funke, der die schlummernden Energiequellen und Lichtkräfte mobilisiert und dich in ungeahnte Höhen katapultiert. Du hast jeden Grund, dankbar zu sein. Deine Hingabe hat dir ein tieferes Wissen enthüllt, eine neue Lebensweise sogar; du hast Vertrauen in diese Neuinterpretation gehabt, und nun bist du dankbar für die Aussichten, die sich damit eröffnen. Deine Dankbarkeit wird dir das Herz aufgehen lassen, Jimmy, wie ein Fesselballon wirst du dich über die alten Gedankenschienen erheben, über alles, was dich bisher am Boden verankert hat. Es ist ein ganz natürlicher Durchbruch, eine Loslösung, die den Beginn deines Eintritts in noch unbekannte Dimensionen des Erlebens markiert. Ich kann die Bedeutsamkeit dieser letzten Richtlinie gar nicht stark genug betonen.«

»Sollen wir ganz generell dankbar sein oder für bestimmte Dinge?« fragte ich.

»Für alles«, sagte er, während er aufstand und seinen Arm mit einer animierten Geste über das gesamte Waldgebiet schweifen ließ. »Du wirst von Dankbarkeit für alles ergriffen. Und ich spreche nicht von einer Wunschvorstellung oder einem psychologischen Kunstgriff. Es ist keine Visualisation und kein Konzept. Wenn du deine Angst mit Hilfe von Hingabe und Vertrauen in alle Winde zerstreust, wirst du von Fluten des Lichts überschwemmt. Du wirst von einem Frieden und einer Seligkeit erfüllt, die jede Vorstellung übersteigen. Du hattest keine Ahnung, daß dies ..., dies ... schon immer in dir war und rings um dich her existiert. Deine Angst hat dich daran gehindert, es wahrzunehmen, aber jetzt scheust du dich nicht mehr, einfach völlig unvoreingenommen hinzuschauen, meinungslos.

Wenn du dich traust, diesen unschuldigen Blick in dich selbst hinein- und auf die Welt hinauszuwerfen, kannst du dein Glück nicht mehr fassen. Dann strömt die Dankbarkeit aus dir heraus, wie der Saft aus einer vollreifen Frucht, so süß, so unendlich reich und voll. Du fragst dich, warum du diesen Geschmack nie richtig ausgekostet hast, und die Antwort ist, weil du Angst davor gehabt hast. Du hast befürchtet, daß du dein Ichgefühl verlierst, wenn du zuviel von dieser Wonne erlebst. In Wirklichkeit verlierst du natürlich überhaupt nichts, denn du erweiterst dich, anstatt dich zu verengen und zu beschränken. Und nun kann die Wahrheit in dir nicht länger von dem kleinen Gedankenknäuel, das du als ›Ich‹ bezeichnest, kontrolliert werden. Du bist wie ein Glas Wasser, das seinen Inhalt über den Wüstensand ergießt. Die Wüste ist nur deshalb so vertrocknet, weil du versucht hast, dein Wasser immer schön im Glas zu halten, und so hast du dir das Köstliche, das deinen Durst löscht, selber vorenthalten. Aber nun quillt das Lebenselixir über in dir und bewässert alles weit und breit. Du kannst den Strom nicht länger auf einen einzigen, kleinen Behälter beschränken.«

Er lief vor dem Feuer hin und her und unterstrich seine Worte mit Armbewegungen. »Du bist das Wasser, nicht das Glas. Dein Lebenssaft ernährt das Universum. Deine Selbsterkenntnis erzeugt eine Flutwelle der Dankbarkeit und zeigt dir, daß du nur eine Funktion hast: dich von der Wahrheit übermannen und sie ungehindert aus dir herausströmen zu lassen. Die Menschheit leidet unter Selbstvergessenheit, und wenn du, ich und andere sich auf das wahre Selbst besinnen, erinnert sich die gesamte Menschheit mit uns daran. Mit jedem Moment der Selbsterinnerung sendet dein Geist ein Signal aus, das keine Grenzen kennt. Du erzeugst einen Welleneffekt im Ozean der Schöpfung. Im stillsten, tiefsten Herzensgrund wird jedes Lebewesen davon berührt; unzählige werden mitgerissen und reißen wieder andere mit, bis die Erweckungssignale zu einem gewaltigen Pulsschlag im Herzen der Schöpfung geworden sind, der in allen Lebewesen widerhallt wie Trommelwirbel. Und all das wird von Dankbarkeit bewirkt. Das dankbare Herz ist die größte Macht im Universum.«

In seinem Enthusiasmus wirkte er wie ein Kind, das seinen Überschwang noch nie im Leben eingedämmt hatte. So groß war seine Freude, daß ich vom Sitz gerissen und zu einem Luftsprung verleitet wurde. Danach packte mich ein unkontrollierbarer Lachanfall.

Zwischen Lachsalven brachte ich irgendwann ein paar Worte hervor: »Oh Mann, jetzt platze ich gleich. Oh Gott ... mein Gott ...«

»Ja! Platz ordentlich los!« schrie er und warf die Hände in die Luft. »Die Leidenschaft platzt aus dir heraus. Dieses Erwachen läßt du nicht stillschweigend und gesetzt über dich ergehen. Ein elektrischer Strom schießt durch jede Körperzelle. Alle Aspekte des Seins verschmelzen miteinander.«

Als ich mich halbwegs beruhigt hatte, fuhr er fort: »Auf der emotionalen Ebene fühlst du Wonne und Enthusiasmus, auf der spirituellen Ebene stellen sich Zufriedenheit und Seelenruhe ein, und auf der körperlichen Ebene ein Überschwang, eine Kraft, die keine Grenzen kennt. Deine Erweckung ist ein ganzheitliches Phänomen; die Erfahrung beschränkt sich auf keinen Teil deines Seins. Es ist die pure Leidenschaft. Es ist, als würde die Sonne in dir explodieren. Es ist alles, was dich entzückt, beglückt und erlöst. Dieses Bewußtsein ist dein Sein, Jimmy. Die Angst hat deinen inneren Reichtum vor dir verborgen. Warum? Weil du meintest, explodieren zu müssen, wenn du dich selbst ohne Einwände und Bedenken erlebst. Dein Ego hat dir eingeredet, daß du die Fähigkeit verlierst, vernünftig mit der Welt umzugehen, wenn du bist, was du in Wirklichkeit bist. Quatsch, sage ich dir! Das Ego verwandelt die Welt in ein Gruselkabinett. Der ursprüngliche Geist spielt mit der Welt wie ein Kind. Das Ego läßt alles bedeutungsschwer und bitterernst erscheinen. Der ursprüngliche

Geist lacht über alles. Such dir aus, welche Weltanschauung dir lieber ist; die des Egos oder die deines Geistes. Im Moment erlebst du die Sichtweise deines Geistes. Wenn du willst, gehört sie dir. Es gibt nichts zu befürchten.«

Schon beim vorletzten Satz war ich wieder hochgesprungen, und nach seinem letzten Wort brüllte ich lauthals in den Wald hinein. Mein Lehrer bog sich vor Lachen. Mit hoch erhobenen Armen tanzten wir um das Feuer, dann die Hütte und schließlich auch das Gemüsebeet herum. Was irgend jemand denken mochte, kümmerte mich nicht mehr. Mir war, als wäre ein Damm gebrochen. Das Ego hatte ihn gebaut, um meine unbändige Daseinsfreude von mir selbst fernzuhalten. Hingabe hatte einen Riß im Staumdamm erzeugt, Vertrauen ein Loch geschlagen, und von Dankbarkeit war der Damm in die Luft gesprengt worden. Das Wasser überflutete jeden Bereich meines Seins. Es prasselte über mich hinweg und schwemmte die Ängste und Widerstände fort, die mich im Wüstensand des Egos gefangengehalten hatten. Endlich war die Durststrecke beendet. Ich wußte, daß dieser Staudamm nicht wieder aufgebaut werden konnte. Ich lehnte mich zurück und trank das Lebenselixir in vollen Zügen.

Auf dem Rückweg zu unserem Haus sah ich Duro neben dem Meditationsgebäude stehen. Er winkte mir zu. Als ich ihn erreicht hatte, fragte er, ob ich ihn auf einem kleinen Spaziergang begleiten wollte. Ich nickte, worauf wir ohne ein weiteres Wort zu wechseln auf das Saatfeld zuwanderten, das die Soldaten am Tag zuvor überquert hatten.

Duros Ausstrahlung beeindruckte mich auch ohne Worte. Wenn er sprach, drückte er sich meist recht knapp aus, nie beteiligte er sich an sinnlosen Unterhaltungen zum Zeitvertreib. Gewöhnlich schwieg er, selbst wenn ihm Fragen gestellt wurden. Auch jetzt überließ Duro mich der Stille, in der er sich offenbar vollkommen zu Hause fühlte. Über seinen persönlichen Werdegang hatte ich kaum etwas erfahren können, außer, daß er seine Arztpraxis jahrelang erfolgreich betrieben hatte, um dann auch weniger traditionelle Heilmethoden zu erforschen.

Beim Kräutersammeln in den Bergen hatte er die Kommune entdeckt und war dann eine Zeitlang zwischen Rijeka und dem Kommunegelände hin- und hergependelt, um die Boten mit Arzneien, Lebensmitteln und Informationen zu versorgen. Bei einem dieser Besuche wurde ihm ein sehr ungewöhnlicher Auftrag erteilt – und diese geheime Unterredung faszinierte mich, denn bis dahin war mir nie klipp und klar geantwortet worden, wenn ich mich danach erkundigte. Jetzt war meine Stunde gekommen. Ich bat Duro, mir die Geschichte zu erzählen.

Wir waren bei einer der niedergewalzten Stellen des Saatfelds angekommen, als er mir eine Antwort gab: »Einer der Boten hat mir mitgeteilt, daß ich der Kommune demnächst ein Geschenk zutragen würde«, er schmunzelte vielsagend, »und erklärte mir die Bedeutung im großen und ganzen, ohne mir zu verraten, worum es sich handelte. Erst als Gordana mir deinen Brief zeigte, wußte ich, daß du das ›Geschenk‹ bist, auf das sie gewartet haben.«

»Meinst du nicht, daß ich mehr über all diese Dinge wissen muß, bevor ich den Leuten von meinen Erlebnissen hier berichte?«, fragte ich. »Ich glaube, mir werden bestimmte Informationen über die Geschichte und den Sinn und Zweck des Geheimbunds vorenthalten und zwar ganz bewußt.«

»Richtig. Solche Informationen sind nicht notwendig«, entschied Duro. »Du versuchst etwas zu verstehen, das mit dem Verstand nicht nachvollzogen werden kann. Die Boten haben immer existiert, aber nicht immer in der Form, die dir hier vor Augen geführt wird. Wie sie sich von Ort zu Ort bewegen oder ihre Form verändern, können wir nicht verstehen. Betrachte die Boten als das Verbindungsglied zwischen der Zeit und der zeitlosen Ewigkeit. Sie übersetzen die Illusionen ins Wahre. Wie machen sie das? Keine Ahnung. Das göttliche Licht ist mir nicht unbekannt, wie du weißt, doch die tiefere Ebene wird nur von den Boten selbst verstanden.«

»Wie kann die Menschheit die ihr zugedachte Rolle bei diesem Erweckungsprozeß spielen, wenn all diese Dinge unser Verständnis übersteigen?« fragte ich.

Wir waren am äußersten Ende des Feldes angelangt, und Duro hielt inne. »Es gibt nichts außer der Wahrheit«, sagte er. »Wenn du eingesehen hast, daß nur die Wahrheit allein existiert, übernimmst du deine Rolle als Bote, vielleicht nicht am Rad, und nicht an einem entlegenen Ort, dennoch vereint sich dein Bewußtsein mit ihrem, und du tust ihr Werk. So ist es von jeher gewesen. Es gibt auch andere Boten des Lichts an anderen Plätzen der Welt. Und inzwischen ist der kritische Punkt fast erreicht worden. Wenn eine gewisse Anzahl von Menschen auf diesem Planeten die imaginäre Kluft zwischen der Wahrheit und den Illusionen überschreitet, werden die Boten nicht länger gebraucht. Sobald die Menschheit diesen Reifegrad erreicht, findet ein globales Erwachen statt, dessen Ausmaße jede Vorstellung übersteigen. Eine neue Ära beginnt, Jimmy, eine Ära der Erfüllung, in der der Schöpfungsdrang sein eigenes Ziel erfüllt, ein Zeitalter des Friedens, in dem das Gesetz der Liebe die Erde regiert.«

Nach einer Weile bohrte ich weiter: »Wie lange sind die Boten schon hier in Kroatien?«

»Seit fast zehn Jahren.«

»Wo waren sie vorher?«

»Ich weiß es nicht und habe solche Informationen nie für wichtig gehalten. Sie leben und arbeiten dort, wo Gewalt die virulentesten Formen annimmt. Die Boten sitzen im Kern des Konflikts und lösen die haßerfüllten Energieströmungen eines Landstrichs auf, damit die Hoffnung zum Vorschein kommen kann. Wie lange noch, kann ich nicht sagen. Ein Umschwung steht uns bevor. Alles wird sich ändern. Darum bist du jetzt hier.«

»Was passiert bei diesem Quantensprung? Wohin gehen die Boten danach?«

»Du siehst keine Anzeichen mehr von ihnen. Spurlos, wie sie gelebt haben, verschwinden sie. Aber durch dich wird ihre Hinterlassenschaft verbreitet. Der letzte Abstand zwischen der Menschheit und den Boten wird durch dich überbrückt. Du sprichst über ihren Beitrag, damit die Menschheit ihr göttliches Erbe ohne Zögern annehmen kann. Die Boten sind bereit, dem Kind das unerkannte und lange verschmähte Gottesgeschenk zurückzugeben. Das Kind ist jetzt groß genug, um zu begreifen, wie kostbar die Gabe des Friedens ist. Solange die Menschen Kinder waren, sind sie von den Boten behütet worden, aber Erwachsene brauchen keine Hüter und Hirten. Die Erbschaftsverwalter treten zurück. Diese Zeit ist jetzt gekommen.«

ZEHNTES KAPITEL

Das Geschenk der Liebe

Friedensgebet der Bahai

Im Wohlstand sei großzügig,
und dankbar in der Not.
Sei gerecht in deinem Urteil
und umsichtig, wenn du sprichst.
Sei die Fackel für den Wanderer in der Dunkelheit
und ein Heim für den einsamen Fremden.
Sei Augen für die Blinden
und Wegweiser für die Sucher und Irrenden.
Sei der Lebenshauch im Körper des
Menschengeschlechts,
Tau auf dem Boden unseres Herzensgrunds,
und eine Frucht am Baum der Bescheidenheit.

Friedenskeime

Morgens saß ich jetzt oft hinter der halboffenen Tür des Meditationsgebäudes und sah zu, wie der nachtschwarze Himmel allmählich ergraute und Feuer fing, während das Licht über die Baumwipfel stieg. Am Ende der Sitzung hatte die Sonne den feuchten Waldboden unter unseren Füßen getrocknet und so weit angewärmt, daß Toni und ich das Mittagessen oft im Freien zu uns nahmen. Unser Essen war durchweg vegetarisch und bestand gewöhnlich aus verschiedenen Gemüsesorten, Nudeln, Reis, Brot und Früchten zum Nachtisch. So einfach diese Gerichte waren, sie schmeckten mir besser als alles, was ich jemals in einem Restaurant gegessen hatte.

Toni erklärte, daß die Kommunemitglieder dem Körper großen Respekt entgegenbrachten, aber nicht bis zu dem Punkt, wo die Beschäftigung mit seinen Bedürfnissen zur Obsession ausartet. »Der Körper ist ein Werkzeug, ein Kommunikationsinstrument«, sagte er einmal. »Wenn du ihm übertriebene Aufmerksamkeit widmest, verlierst du seinen wahren Sinn aus den Augen. Wenn du ihn vernachlässigst oder mißhandelst, übersiehst du, daß dein Körper der Verbreitung des Lichts dient und ein Gottesgeschenk ist.«

Wie in allen Dingen, bemühte die Kommune sich, ein perfektes Gleichgewicht zwischen seelischen Bedürfnissen und körperlichen Notwendigkeiten zu schaffen.

Ich fragte Toni, ob er die Attacke der bosnischen Serben vier Jahre davor miterlebt habe, bei der das Kommunegelände zum ersten Mal vom Militär überrannt worden war, worauf er erwähnte, daß er zu der Zeit erst ein Jahr lang in der Kommune gelebt und sich noch nicht vollends an den sonderbaren Lebensrhythmus der Boten gewöhnt hatte.

»Eines Tages wurden sämtliche Kommunemitglieder ins Meditationshaus gerufen. Die Boten wollten uns auf die Schwierigkeiten vorbereiten, die auf uns zukamen. Wir wurden gebeten, die nächsten sieben Tage so ruhig wie möglich zu bleiben und kein unnötiges Wort miteinander zu wechseln, um Kraft zu sparen und das Energiefeld der Gemeinschaft aufzubauen. Genau eine Woche darauf gingen die Serben zum Angriff über. Etwa zwei Kilometer entfernt von uns hatten sie eins ihrer Armeelager eingerichtet. Ein zweiter Stützpunkt lag etwa acht Kilometer östlich von uns.

Wir saßen am Rad, als die Schlacht begann«, sagte Toni. »Um ungefähr drei Uhr morgens hörten wir die ersten Raketen. Die beiden nächstgelegenen kroatischen Städte wurden bombardiert. Wir blieben die meiste Zeit im Meditationsgebäude, aßen kaum etwas und verhielten uns still. Als Neuling war mir ziemlich unwohl zumute, wie du dir vorstellen kannst. In der nächsten Zeit kreisten Hubschrauber in unregelmäßigen Abständen über unserem Gelände. Die Boten haben ihre Plätze am Rad kaum noch verlassen, und der Rest von uns lag tagelang auf dem Boden des Meditationshauses. Ich hatte grauenhafte Angstzustände und wollte heimlich nach Split zurücklaufen, traute mich aber nicht mehr. Kolonnen von Soldaten sind geradewegs an uns vorbei durch den Wald marschiert. Manchmal konnte ich jedes Wort hören, das sie miteinander gewechselt haben. Ein paar Wochen später fanden wir heraus, daß die Serben den größten Teil von Kroatien besetzt hatten. Wir hockten im Mittelpunkt der Schlacht – und das tun wir nun schon seit vier Jahren. Zum Glück ging mir recht bald auf, daß wir beschützt werden. Und danach erging es mir ähnlich wie dir: Solange ich bei den Boten bin, ist der Tumult ringsumher unbedeutend für mich.«

»Wird die Kommune hin und wieder auch von anderen Gästen besucht?« wollte ich wissen.

»Nur wenn sie aufgerufen worden sind und eine spezielle Aufgabe erfüllen. Menschen wie Duro spielen eine wichtige Rolle. Die Boten arbeiten unter anderem auch auf den höheren gedanklichen Ebenen und inspirieren viele Menschen, die nicht physisch anwesend sind, den Sprung auf die nächste Ebene des Bewußtseins zu tun. Insofern kannst du die Boten als die verkörperte Komponente eines unendlich viel größeren spirituellen Netzwerks betrachten, zu dem auch Engel und Heilige und erleuchtete Meister gehören – falls dir solche Begriffe nicht suspekt sind. Ganz gleich, welche Bezeichnungen du diesen Wesen gibst, sie erfüllen dieselbe Funktion wie die Boten, nur auf subtileren Ebenen. Der Schleier zwischen dem Körperlichen und dem Spirituellen ist transparent, wie du weißt. Die Boten können diese Trennwand durchschauen und damit auch jederzeit außer Kraft setzen, was bedeutet, daß sie bewußt von einem Bereich in den anderen übergehen können, ebenso wie Engel fähig sind, sich auch körperlich zu manifestieren.«

Toni besann sich und setzte hinzu: »Die menschliche Betrachtungsweise ist dermaßen beschränkt, Jimmy.« Kopfschüttelnd fuhr er fort: »Wir neigen dazu, alles ausschließlich an seiner äußeren Erscheinung zu beurteilen, und deshalb irren wir uns so oft. Die Erscheinung ist nur ein winziges Fragment des Gesamtbilds. Es ist, als würdest du eine Seite in einem Roman lesen und meinen, du verstündest jetzt alles und könntest dir ein wohlfundiertes Urteil über das Gesamtwerk erlauben. Die Boten sind im Einklang mit Seelenführern auf jeder Seinsebene und inspirieren die Menschheit, über beschränkte Sichtweisen hinauszugehen und die Realität auf neue Art wahrzunehmen.«

Zur gewohnten Zeit begab ich mich zu der Hütte meines Lehrers. An diesem Nachmittag wollte ich ihm eine Frage stellen, die mich schon früher beschäftigt hatte. Toni hatte das Thema beim Mittagessen angesprochen: das seltsame Gefühl, inmitten der größten Unruhen vollkommen sicher und beschützt zu sein, was mich an eine andere Stadt in Bosnien denken ließ, in der ein ähnliches Phänomen erfahren wurde. Medjugorje lag nicht weit von uns entfernt und war in den fünfzehn Jahren davor weltberühmt geworden, weil es hieß, daß die Marienerscheinungen im Umkreis der Kleinstadt nicht mehr nachließen. Im Jahre 1981, bevor Bosnien und Kroatien ihre Unabhängigkeit von Jugoslawien erklärten, behaupteten sechs Kinder, daß sie Maria, die Mutter von Jesus, auf einem Hügel am Stadtrand von Medjugorje gesehen hatten. Ihre Berichte verbreiteten sich wie ein Lauffeuer in der winzigen Stadt, und von nun an erschien Maria den Kindern angeblich jeden Tag und rief alle Anwesenden auf, sich auf den Frieden zu besinnen und Vertrauen in Gott zu bewahren. Sie prophezeite, daß die Balkanregion demnächst von einem Krieg zersplittert werden würde, und da viele ihrer Voraussagen bereits eingetroffen waren, fanden sich die Gläubigen bald in Millionenscharen in Medjugorje ein und beteten für den Frieden, während Bomben hörbar in einiger Entfernung explodierten. Millionen auf der ganzen Welt hielten dic Marienerscheinungen von Medjugorje für authentisch, obwohl Kirchen und Regierungen sich jahrelang mit allen Mitteln darum bemühten, die Kinder zu diskreditieren. Doch ohne Erfolg.

Einen Monat vor meiner Abreise aus Amerika fuhr ich nach Minneapolis, wo ich mehrere Konzerte für den folgenden Herbst geplant hatte, unter anderem auch in einer katholischen Kirche, die von einem alten Bekannten von mir geleitet wurde. Pater Mahon lud mich zu einem Gespräch ein und erwähnte dabei wie beiläufig, daß er bereits mehrmals nach Medjugorje gepilgert sei und sich mit einem der Kinder angefreundet hatte, einem Jungen, der zu Beginn der Marienerscheinungen siebzehn Jahre alt gewesen war und inzwischen eine amerikanische Frau aus Boston geheiratet hatte. Ich erzählte ihm, daß ich seit neuestem in Boston lebte und, wenn alles klappte, bald nach Bosnien reisen würde. Pater Mahon lächelte und gab mir die Telefonnummer des jungen Ehepaares.

In Boston angekommen, stellte sich heraus, daß das Paar bereits abgereist war, und an diesem Punkt brach die Kette der Fügungen vorerst ab. Bei meinem nächsten Telefongespräch mit meiner Mutter erinnerte diese mich jedoch aus heiterem Himmel daran, daß sie mir vor längerer Zeit einmal ein Buch über Medjugorje zugesteckt hatte. Jetzt wollte sie wissen, ob ich es inzwischen gelesen hatte. Sie glaubte felsenfest an die Echtheit der Marienerscheinungen und wollte mich ebenfalls bekehren, denn in ihren Augen war ich schon ziemlich weit vom rechten Wege abgekommen. Offenbar glaubte sie, daß einer Seele wie meiner nur noch durch die Intervention der Mutter Maria geholfen werden kann. Wie sollte ich ihre Befürchtungen zerstreuen? Von Kindheit an hatte ich mich spontan zu Maria hingezogen gefühlt, und meine Liebe für sie blieb weiterhin stark und tief, auch wenn mein Weg mich scheinbar über die normalen Grenzen des Katholizismus hinaustrug.

Als ich der Hütte näherkam, sah ich meinen Lehrer bereits auf seinem Platz vor der brennenden Feuerstelle sitzen. Ich ließ mich ihm gegenüber nieder.

Bevor ich den Mund aufmachen konnte, sagte er: »Ich habe keinen besonderen Lehrplan für heute, also frag mich ruhig, was du wissen willst.«

Mittlerweile konnte er mich mit solchen Tricks nicht mehr in Erstaunen versetzen, und so entgegnete ich: »Gut, dann erzähl mir etwas über Medjugorje. Offenbar erscheint die Mutter Maria dort schon seit Jahren vor vielen Leuten, und ich finde es sehr interessant, daß so etwas in der Nähe der Boten passiert.«

Er lächelte auf eine Weise, die ich noch nicht bei ihm gesehen hatte. »Was willst du genau wissen?«, fragte er. »Soll ich dir sagen, ob Maria wirklich dort erscheint? Vielleicht willst du hören, daß es sich um Halluzinationen handelt, oder herauskriegen, ob eine Verbindung zwischen ihr und uns besteht.«

»Ich will nichts Bestimmtes hören. Sag mir einfach, was du über diese Phänomene denkst.«

»Na gut. Erstens: Maria erscheint tatsächlich in Medjugorje. Bist du nun zufrieden? Die Kinder sind weder geistesgestört, noch lügen sie. Im selben Atemzug sage ich, daß nichts ist, wie es scheint. Wieviel weißt du über die Marienbotschaften von Medjugorje? Ist dir bewußt, daß Maria essentiell dasselbe sagt, wie ich dir? Vielleicht nicht auf dieselbe Art, aber es ist dieselbe Aussage. Sie ruft die Menschen auf, sich vom Konflikt abzuwenden und den Frieden zu finden. Sie betont, wie wichtig es ist, sich der Gottesmacht zuzuwenden, sich dem göttlichen Willen zu unterstellen, auf Gottes Weisheit und Führung zu vertrauen. Und sie bittet uns, dankbar für die Gaben Gottes zu sein, für die Liebe und Freude und Güte in uns, denn sie kommt zu uns zurück, wenn wir sie verbreiten. Und nur so können wir unsere Gottesgaben vollends annehmen: indem wir sie erfahren und verbreiten. Vielleicht drückt die Maria von Medjugorje sich anders aus, möglicherweise in katholischen Begriffen, doch die Botschaft ist identisch mit unserer.

»Aber sie spricht auch über Opfer und Sünden«, sagte ich. »Und das sind Dinge, die du nie erwähnst.«

»Jetzt stellst du eine andere Frage: Ist das Phänomen, das die Kinder erfahren, die ganze Wahrheit, der Gesamtüberblick? Um dir ein Urteil erlauben zu können, mußt du dich etwas eingehender mit göttlichen Offenbarungen befassen. Wenn ich sage, daß Maria in Medjugorje erscheint, meine ich, daß die Kinder göttliche Offenbarungen haben. Gott, die Wahrheit, offenbart sich auf vielfältige Art und Weise. Manchmal kommt sie in der subtilen Form einer Einsicht beim Anblick eines Sonnenaufgangs zu uns, manchmal in hochdramatischer Form, wie bei einer dreidimensionalen Lichtgestalt. Jede Offenbarung hat einen gemeinsamen Ausgangspunkt und nur ein Ziel, wenn sie göttlich ist: Friede – Friede. Alles, was Maria in Medjugorje verkündet hat, dreht sich um den Frieden, darum sage ich, daß die Erscheinung wahr und real ist. Wenn von Rache oder Rosengärten die Rede wäre, würde ich sagen, daß wir es mit Täuschungen zu tun haben. Aber auch das sagt uns noch nicht, ob die Kinder die ganze Wahrheit erfahren haben.

Die Kinder in Medjugorje hören eine wahre Botschaft und interpretieren sie im Rahmen ihrer anerzogenen Verstandes- und Vorstellungswelt. Unsere Ansichten und Überzeugungen sind wie Filter, die wir zwischen uns und die Wahrheit schieben. Die Wahrheit ist wie transparentes, vollkommen klares Licht, das die Farbe des jeweiligen Filters annimmt, durch den du blickst. Wenn du dir einen blauen Filter vor die Augen hältst, wirkt das Licht überall blau. Das Licht an sich bleibt unverändert, aber sein Farbton wechselt mit jedem Gedankenfilter, den du einschiebst. Religiöse Glaubensvorstellungen sind Filter, die wir benutzen, um die Wahrheit zu verstehen. Da die Kinder von Medjugorje katholisch sind, gehe ich davon aus, daß sie als gottesfürchtige Katholiken erzogen worden sind und sehr genau wissen, wie man den Rosenkranz betet und Buße im Namen der Gottesmutter tut. Ist es ein Wunder, daß ihre Offenbarungen die Ausdrucksform von Maria annehmen und die ganze Botschaft dann unverkennbar katholische Wesenszüge aufweist? Wäre Maria den Kindern erschienen, wenn sie unter Moslems aufgewachsen wären? Oder ist es wahrscheinlicher, daß ihnen in diesem Fall ein Heiliger erscheint, mit dem sie vertraut sind, wie beispielsweise Mohammed?

Als ich sechzehn war, bin ich nach Portugal gefahren, um den Wallfahrtsort zu besuchen, an dem Maria im Jahre 1917 vor drei Kindern erschienen sein sollte. In Fatima nahm ich an einem Gottesdienst teil, bei dem mehr als achthunderttausend Menschen mit weißen Taschentüchern winkten, während eine Statue der Madonna durch die versammelte Menge getragen wurde. Die Hingabe und das Gottvertrauen der Leute waren ergreifend; verwirrend für mich war die Tatsache, daß viele die Gelegenheit nutzten, um den Konflikt mit den Anhängern anderer Religionen und Ideologien noch weiter auszubauen. Die Katholiken setzen voraus, daß authentische Marienerscheinungen nur von frommen Katholiken erblickt werden. Später fand ich heraus, daß Erscheinungen dieser Art durchaus keine Seltenheit sind, nur nehmen sie nahezu unweigerlich die Form von Heiligen und Propheten an, die deine Religion als authentisch anerkennt.

Damit sollen Visionen dieser Art weder geleugnet, noch trivialisiert werden, sondern tiefer verstanden«, fuhr er fort. »Wie gesagt, die Tatsache, daß eine Botschaft des Friedens und der globalen Eintracht verkündet wird, zeigt mir, daß die Marienbotschaft der göttlichen Realität entspringt. Ohne Frage werden göttliche Inspirationen in Medjugorje verbreitet, genauso wie hier, an dem Fleck, auf dem du gerade sitzt. Die Mission der Boten ist mit Medjugorje und vielen anderen Orten auf der Welt verknüpft. Die meisten bekannten Marienerscheinungen dieses Jahrhunderts fanden in Krisengebieten statt und zu Zeiten, in denen der Konflikt extreme Ausmaße annehmen sollte. Zum Beispiel erschien Maria den drei Kindern in Fatima zur Zeit des Ersten Weltkriegs, von dem weite Teile Europas in Mitleidenschaft gezogen wurden. Aber das Phänomen der göttlichen Offenbarung beschränkt sich nicht auf diese Beispiele oder auf die Person der Jungfrau Maria.«

Ich stand auf und wanderte vor dem Feuer auf und ab. »Also meinst du, daß es unwesentlich ist, ob Maria, ein Erzengel oder Buddha erscheint, weil eine Offenbarung ein Gottesgeschenk ist, das wir empfangen und im Sinne des jeweiligen Glaubens interpretieren, den wir bereits in uns tragen.«

»Ja, genau das sage ich. Es gibt nur ein Bewußtsein, ohne Trennungen. Alles spielt sich in deinem Bewußtsein ab. Du siehst nur, was du wahrhaben kannst. Die Kinder von Medjugorje können der Botschaft eines Wesens, an das sie nicht glauben, keine Beachtung schenken. Stell dir vor, der Hindugott Krishna wäre anstelle von Maria auf dem Hügel erschienen. Sie hätten einen flötespielenden Mann mit bläulicher Haut gesehen, und damit wäre die Sache gestorben. Aber sechs Hindukinder auf einem Hügel in Indien wären zutiefst beeindruckt gewesen und hätten die Botschaft des Mannes verbreitet.... Dieselbe Offenbarung, aber ein anderer Botschafter.«

»Wenn du meine Mutter fragst, haben nur Katholiken echte göttliche Offenbarungen«, sagte ich.

»Dann ist das der Filter, durch den deine Mutter die Welt betrachtet. Wenn sie ihre Ansicht für die einzig gültige hält und darauf besteht, daß die Gotteserfahrungen der Anhänger anderer Religionen nicht ebenso echt und bedeutungsvoll sein können, hat sie ihrer eigenen Erfahrung Grenzen gesetzt. Das ist das Problem mit sämtlichen Konzepten: Sie sind von Natur aus beschränkt. Das letzte und höchste Ziel ist, sich keine Beschränkungen aufzuerlegen, und das geschieht, indem du deine Konzepte fallenläßt. Wenn du keine Symbole mehr benutzt, um Gott zu sehen, siehst du Gott, die Realität jenseits aller Konzepte und Symbole, unmittelbar. Dann erfährst du das urteilsfreie Sein, das von jeder Religion und spirituellen Tradition angestrebt wird. In urteilsfreier Unschuld siehst du die Einheit, die sämtlichen Religionen und Glaubensbekenntnissen zugrundeliegt.«

In vieler Hinsicht überbrückte diese Erklärung die Kluft, die zwischen meiner Kindheitsreligion und meinen neuen Ansichten entstanden war. Wenn meine Freunde in den USA sich als »kirchengeschädigte Ex-Katholiken« bezeichneten, konnte ich mühelos über die negativen Aspekte des Katholizismus hinwegsehen und zur Schönheit und Tiefe der Kernlehren vordringen. Was die Botschaften der Kirche im Hinblick auf Sünden, Schuld und Sühne betraf, stand auf einem anderen Blatt. Meine eigenen Erfahrungen und alles, was ich von den Boten lernte, zeigten mir etwas anderes: einen gütigen Gott der Vergebung, keinen zornigen Gott, der mit Vergeltung drohte.

Wir beendeten unser Gespräch am späten Nachmittag. Ich verließ meinen Lehrer mit dem Gefühl, daß die Stunden mit ihm gezählt waren, und fragte mich im stillen, was ich letzten Endes mit all seinen Lektionen anfangen sollte. Noch immer hatte ich tausend Fragen, und insofern auch das bedenkliche Gefühl, noch längst nicht weit genug auf meinem Weg gekommen zu sein.

Auf dem Rückweg durch den Wald sah ich Nadina an einem Fischteich sitzen. Sie starrte ins Wasser, bis sie mich bemerkte und mir zuwinkte.

Ich ließ mich neben ihr im Gras nieder. »Es ist alles so friedlich hier«, sagte sie leise. »Frag mich nicht, was los ist, aber etwas in mir ändert sich total. Du weißt ja, wie ich vorher war – unzufrieden mit allem, verbiestert, kaputt und so weiter –, und plötzlich wird mir klar, daß ich keinen Schritt tun muß, um meines Lebens froh zu werden. Ich kann da, wo ich bin, glücklich sein. Sogar in Rijeka – stell dir das mal vor!«

Spontan ergriff ich ihre Hand, streichelte sie und sagte: »Nadina, ich wollte dich schon oft in den Arm nehmen, aber aus ganz bestimmten Gründen habe ich es nicht getan.«

»Warum nicht?« Sie lächelte ermunternd.

»Ein Teil von mir wollte dir alle möglichen romantischen Gefühle entgegenbringen, und ein anderer Teil wußte, daß alles perfekt war, auch wenn nichts in der Richtung unternommen wurde. Seitdem wir hierhergekommen sind, ist mir einiges aufgegangen, zum Beispiel auch, daß romantische und zärtliche Gefühle nicht unbedingt ein Zeichen von Liebe sind. Wenn du liebst, bist du für den anderen auf eine Weise da, die ihm gibt, was er braucht, anstatt nur auf deine eigenen Bedürfnisse zu achten. Wir haben einander geholfen, du und ich, auf vielen verschiedenen Ebenen, und das zeigt mir einiges. Wir hätten unsere Zeit in Zagreb sehr viel aufregender gestalten können, aber danach wäre es peinlich geworden, und wir wären womöglich nie zusammen hierhergekommen. So, wie es jetzt ist, gefällt es mir besser.«

Sie neigte sich vor und plazierte einen Kuß auf meine Wange. »Ich bin heilfroh, daß wir hier sind. Vielleicht gehe ich nie wieder hier weg.« Sie strahlte mich herausfordernd an.

»Wie meinst du das? Ist dir ein Angebot gemacht worden?«

»Nein, aber ich habe viel Zeit mit den Frauen der Kommune verbracht, und diese Frauen bei der Arbeit zu unterstützen, macht mir echt Spaß. Wahrscheinlich gehe ich bald wieder nach Rijeka zurück, aber ich überlege mir ernstlich, ob ich die Boten nicht einfach fragen soll, ob ich in der Kommune bleiben darf.«

»Du sagst »bald«? Hat irgend jemand unseren Abreisetermin erwähnt?«

»Ich dachte, du wüßtest, was sie geplant haben«, entgegnete sie. »Wegen dir sind wir doch hier, Jimmy.«

Ich seufzte. »Ich glaube, daß unsere Zeit dem Ende entgegengeht. Mein Lehrer scheint mit aller Macht darauf hinzuarbeiten. Ich frage mich nur, ob wir überhaupt noch aus dieser Gegend herauskommen – heil, meine ich. Wenn die Kroaten ihre Gegenoffensive eingeleitet haben, kann keiner mehr für unsere Sicherheit garantieren.«

»Sowieso nicht«, entgegnete sie prompt. »Dieser Krieg wird nicht in der nächsten Woche beendet. Wir müssen Vertrauen haben. Was vor zwei Tagen passiert ist, genügt mir als Beweis. Ich war todsicher, daß unsere letzte Stunde geschlagen habe. Daß wir dann gar nicht erst entdeckt wurden, zeigt mir sonnenklar, daß die Boten uns auch heil nach Rijeka zurückbringen können.«

»Kommst du mit, wenn wir abfahren?«

»Das wird sich zeigen. Ich bin nicht umsonst hierhergebracht worden. Man hat uns allen ein unglaubliches Geschenk gemacht. Dieser Platz ist nur einer Handvoll Leuten auf der ganzen Welt bekannt, und ich kann mir nichts besseres vorstellen, als hier zu sein. Aber was auch immer geschieht, es wird mir nicht langweilig vorkommen, soviel steht fest. Komm, laß uns zum Haus zurückgehen.«

»Bevor wir gehen, habe ich noch eine Bitte an dich.«

»Was soll ich tun?« fragte sie bereitwillig.

»Stell dir ein Stück Obst vor – irgendeine Frucht, die dir gerade in den Sinn kommt.«

Sie knuffte mich in den Arm und boxte mich vorwärts, dem Haus entgegen.

Snjezana, Gordana und Duro saßen im Wohnraum, als wir ankamen. Es war fast sechs Uhr abends, und ich mußte mich bald schlafenlegen, wenn ich die nächste Meditationsnacht im Wachzustand verbringen wollte. Aber ich empfand ein Bedürfnis, Kontakt mit allen aufzunehmen, bevor diese Reise zu Ende ging, sicher auch den Drang, zu einem innerlichen Abschluß mit meinen Freunden zu gelangen. Da jeder sich durch den Kontakt mit den Boten verändert hatte und Nadina ihre Rückreise ernstlich in Frage stellte, wollte ich jetzt wissen, wie es den anderen ging.

»Wenn ich meinen Sohn nicht in Rijeka hätte, würde ich bleiben«, sagte Gordana. »Aber er braucht mich, und ich weiß, daß meine physische Anwesenheit an diesem Ort nicht wesentlich ist. Das Licht trage ich überall in mir, aber wenn ich könnte, würde ich hierbleiben, klarer Fall. Gibt es etwas Wichtigeres, als die Boten bei ihrer Arbeit zu unterstützen? Für mich nicht. Vielleicht erfährt die Welt nie, was die Boten die ganze Zeit für sie getan haben, und das ist mir auch recht. Ich liebe diese Leute, weil sie sich zurückhalten, verstecken sogar und dabei unverwandt nur Gutes tun, ohne den geringsten Lohn dafür zu verlangen. Und das überzeugt mich, denn das ist die purste Form der selbstlosen Liebe, wenn ihr mich fragt.«

Mit einem Seitenblick auf Gordana sagte Snjezana leise: »Also, ich würde nicht hierbleiben, auch wenn ich keine Tochter hätte, um die ich mich kümmern muß. Die Welt ist gerade dabei, sich auf die eigenen Beine zu stellen, und ich will einen Beitrag zu diesem Übergang leisten. Ich betrachte uns als Hebammen bei der Geburt einer neuen Menschheit, und ich will sie heranwachsen sehen, auch unter traumatischen Wachstumsschmerzen. Ich bin schon sehr gespannt, weil ich glaube, daß ich anderen mitteilen kann, was ich hier gelernt habe. Wenn Jimmy nach Amerika zurückgeht und seinen Auftrag erfüllt, will ich dasselbe in Kroatien tun.«

Duro sagte nichts zu alledem. Wie jeder wußte, erfüllte er seinen Auftrag schon seit langem. Still und unerkannt stand er zwischen den Boten und der Menschenwelt, nahm die Umschichtungen wahr, erkannte den Reifeprozeß und arbeitete daran, daß beides zusammenkam. Er hatte meinen Brief als Zeichen erkannt, mich eingeladen und zu den Boten gebracht. Daß die Kette der Fügungen nie unterbrochen worden war, kam mir weiterhin unbegreiflich vor, und doch war ein Ding zum anderen gekommen. Meine ursprünglichen Beweggründe hatten sich selbständig gemacht und ein Eigenleben angenommen, um schließlich spürbar bis ins Unendliche auszuwuchern. Und nun, zu guter Letzt, fand ich mich genau an dem Punkt wieder, von dem ich ausgegangen war: Ich wollte einen Beitrag zur Verbreitung des Friedens leisten. Mit Duros Hilfe hatte dieser Wunsch Dimensionen angenommen, die meine kühnsten Träume überstiegen.

Im Lauf unseres Gesprächs an diesem Abend spürte ich deutlich, daß wir an einem Scheideweg standen. Wir würden diesen Ort demnächst verlassen, und den Schmerz der Trennung spürte ich schon jetzt. Der Eine in der Mitte bedeutete mir mehr als ein Lehrer mir je bedeuten konnte. Er hatte weit mehr als mein physisches Leben gerettet – er und die Boten und alle anderen, die sich an diesem Abenteuer beteiligt hatten.

In den wenigen Stunden, die mir in jener Nacht zum Schlafen übrigblieben, wurde ich von wirren, unzusammenhängenden Traumfetzen geplagt. Obwohl wir uns in froher Eintracht zu Bett gelegt hatten, träumte ich, daß meine Freunde sich von mir abgesondert hatten und mich verhöhnten. Ich sagte etwas zu meiner Verteidigung, aber niemand wollte mir zuhören. Tausende von Menschen erschienen mir in einem Traumbild, kehrten mir den Rücken zu und verließen einen halbdunklen Raum, der wie ein

Theater wirkte. Allein blieb ich in einer Ecke sitzen. Dann rannte ich durch einen Wald, als würde ich verfolgt. Als nächstes versteckte ich mich in einem Kleiderschrank. Ruhelos warf ich mich auf meiner Matratze herum. Kaum schlief ich ein, spukte ein Schreckensbild nach dem anderen durch mein Hirn.

Selbst im Lauf der nächtlichen Meditationssitzung konnte ich mich nicht konzentrieren. Die alten Zweifel und Sorgen über meine Rolle bei dieser sogenannten Mission bestürmten mich. Und nicht nur das: Die Mission als solche kam mir plötzlich fragwürdig vor. Obwohl ich meine Stimmungsschwankungen beobachten konnte und mittlerweile gründlich satt hatte, fragte ich mich in einem Moment wie ein Besessener, ob ich auf versponnene Wunschträume hereingefallen war, und war mir im nächsten Augenblick wieder ganz sicher über den Auftrag und meine Fähigkeiten. Aber genau das war der Punkt, an dem ich mich auf eine neuerliche Angstattacke gefaßt machen konnte. Ich fürchtete mich vor der Verantwortung, die mir aufgehalst wurde, vor der Energie, die in mir aufgestiegen war und vor der Zukunft. Im Grunde fürchtete ich mich vor allem. Als der Morgen graute, war ich wieder an dem Punkt angelangt, an dem ich weggelaufen wäre, wenn ich mich nur gut genug in der Gegend ausgekannt hätte. Aber selbst wenn ich mir den Rückweg gemerkt hätte, wäre der Trek viel zu gefährlich gewesen. Ich hatte keine Wahl. Ich mußte durchhalten, die Mittagsstunde abwarten, dann bis zum Nachmittag warten, auf die nächste Unterredung mit meinem Lehrer.

Als ich am frühen Nachmittag auf seine Hütte zusteuerte, saß er an seinem gewohnten Platz. Ich spürte seinen Blick auf mir ruhen, während ich ihm auf dem Fußpfad entgegenschritt. Meine Gefühle konnten nicht vor ihm verborgen bleiben. Ich setzte mich auf den Baumstumpf ihm gegenüber.

Ohne aufzublicken, sagte ich: »Also sag's mir.«

»Was soll ich dir sagen?« fragte er.

»Du weißt doch, was ich durchmache. Bevor ich etwas denke, weißt du bescheid. Also ist dir klar, daß ich keinen Grund habe, mich hintergangen zu fühlen oder in die Irre geführt. Ich habe einfach Angst, und deshalb bin ich total verwirrt.«

»Und was willst du dagegen tun?«

»Ich will hier wegfahren, aber das ist ja offenbar nicht möglich.«

»Du kannst jederzeit wegfahren«, sagte er. »Wir halten dich hier nicht gefangen. Wenn du willst, bitte ich Duro, eure Abreise sofort vorzubereiten.«

»Und die Soldaten? Was ist, wenn der Kampf da draußen weitergeht?«

»Wenn ich du wäre, würde ich mir keine Sorgen darüber machen. Duro kennt sich sehr gut aus. Ich bin sicher, daß ihr euch unbemerkt an den Soldaten vorbeischleichen könnt.«

»Und was ist mit den anderen? Vielleicht sind sie nicht bereit, jetzt schon abzufahren.«

»Bist du sicher, daß du bereit bist?« fragte er lächelnd. »Falls du für eine sofortige Abreise plädierst, trägst du keine überzeugenden Gründe vor.«

Ich holte tief Luft. »Ich weiß nicht, was ich will. Eigentlich möchte ich nicht sofort wegfahren. Natürlich hast du mir nichts als die Wahrheit gesagt, aber ich fürchte mich vor den Konsequenzen, verstehst du? Euer Lebensstil, eure Weltanschauung, eure Lehre unterscheidet sich radikal von dem, was die Mehrheit auf Erden glaubt. Es wird den meisten Leuten total gegen den Strich gehen.«

»Gut. Und nun? Sag mir, was du wirklich willst, Jimmy.«

»Ich will keine Angst mehr haben. Ich will all dieses Zeug lernen, damit ich es selbst begreifen kann. Du sagst andauernd, daß es nur darum geht, die Angst freizusetzen, aber wie kann ich anderen Leuten etwas beibringen, das ich selbst nicht fertiggebracht habe?«

»Okay, laß uns sofort damit anfangen. Mach die Augen

zu und hol tief Luft. Und jetzt sag mir so präzise wie du irgend kannst, wovor du Angst hast. Ohne viele Worte zu benutzen, sagst du mir, was dir jetzt im Moment Angst macht.«

Ich dachte nach. Da mir zahllose Gedanken zu dem Thema durch den Kopf schwirrten, fiel es mir nicht leicht, meine Ängste auf einen Punkt zu bringen. Schließlich sagte ich: »Ich habe Angst, daß die Leute mich für verrückt halten.«

»Verrückt – weswegen?«

»Verrückt, weil ich ihnen von den Boten erzähle.«

»Gut. Und nun halte diesen Gedanken im Kopf und laß jeden anderen Gedanken und jede andere Sorge fallen. Konzentriere dich nur auf diesen einen Gedanken. Und nun sieh, in welchem Körperteil du diesen Gedanken fühlst. Gut. Und jetzt stellst du dir die Angst als einen Ball vor, der aus Energie besteht und in deinem Bauch oder sonstwo im Körper sitzt. Wenn du eine bildhafte Imagination hast, kannst du die Farbe und Größe des Balls visualisieren. Wenn du keine Bilder siehst, sondern eher ein Gefühlsmensch bist, spürst du die Form und Struktur des Energieballs in dir. Und nun läßt du den Gedanken fallen, der die Angst erzeugt hat. Laß die Sorge fallen, daß du dich lächerlich machen wirst und verspottet werden könntest. Vergiß all diese Auswucherungen der Angst, und laß die Angst ganz allein an ihrem Platz sitzen. Betrachte sie, aber ohne irgend etwas mit ihr anzufangen. Beobachte lediglich, was sie macht, wie sie fluktuiert und reagiert. Füttere sie mit keinem Gedanken, an den sie sich klammern kann. Durch Fütterungen lebt die Angst auf; ohne Gedankenfütterungen löst sie sich auf. Wenn du willst, kannst du sie in deine Brust ziehen und dir die winzige Tür im Herzen vorstellen, wie bei den anderen Übungen. Aber du kannst die Angst auch einfach verblassen und im Nichts verschwinden lassen. Ohne den Gedanken, der sie erzeugt hat, löst sie sich von selbst auf. Du mußt nicht mit ihr ringen, sie bekämpfen oder irgendwelche Ge-

genmittel erfinden. Laß sie einfach verfliegen und verschwinden.

Und nun kannst du etwas anderes an die Stelle der Angst setzen, wenn du möchtest. Fühle, daß du akzeptiert, verstanden und anerkannt wirst. Das ist es, was du wirklich willst, nicht wahr? Laß dieses neue Gefühl in deinen Körper eintreten und schau, wo es sich niederläßt. Im Herzen oder im Kopf? Konzentriere dich auf dieses neue Gefühl. Nimm es in dich auf. Heiße es willkommen. Bitte es, die Wunden zu heilen, die möglicherweise von der Angst hinterlassen worden sind. Belege dieses neue Gefühl mit keinem Werturteil, laß es einfach nur da sein und sich häuslich in dir einrichten. Dann öffne deine Augen.«

Ich war verblüfft über die sofortige Wirkung dieser Übung. Obwohl ich noch immer einen leisen Widerhall meines nächtlichen Alptraums spürte, war die lähmende Angst jetzt verschwunden.

»Wie gesagt, Energie ist Energie«, meinte der Lehrer. »Wenn wir unsere Werturteile fallenlassen und unsere Gefühle als pure Energie begreifen, werden die Gefühle sofort erträglicher und lassen sich auch leichter freisetzen. Am wichtigsten ist dieser Grundsatz: Energie braucht Bewegung. Wenn sie festgehalten und im Inneren aufgestaut wird, wuchert sie sich aus und zieht immer mehr Angst an. Ein angsterregender Gedanke führt zum nächsten, und bevor du weißt, wie dir geschieht, sitzt du auf einem Berg von Negativität, der mühelos aufgelöst worden wäre, wenn du ihm deine Aufmerksamkeit sofort gewidmet hättest. Hab keine Angst vor deiner Angst. Wenn du die Energie in Bewegung hältst, kann sie dir nichts anhaben. Und das ist der Schlüssel: Gib deiner Energie keine Gelegenheit, zu stagnieren.« Er stand auf und bedeutete mir mit einer Armbewegung, ihm zu folgen. »Komm, wir machen einen Spaziergang.«

Wir nahmen den Fußpfad, der zu den anderen Hütten der Kommune führte. Auf dem Weg begegneten wir einer der Frauen. Sie stand in einem Blumengarten, lächelte, als sie uns sah und winkte kurz. Wir kamen an dem Meditationsgebäude vorbei und gingen weiter, in Richtung des Hauses, in dem die Begleiter wohnten. Toni saß auf einem Stuhl vor der Tür; nicht weit von ihm war Duro mit hochgekrempelten Ärmeln beim Holzhacken. Keiner zeigte sich sonderlich erstaunt bei unserem Anblick, obwohl der Eine in der Mitte nur selten außerhalb des Meditationsgebäudes auftauchte. Daß niemand ihm besondere Ehrerbietung erwies und ihn wie einen Guru oder Heiligen behandelte, war für mich ein weiterer Beweis, daß die Boten auch in dieser Hinsicht verwirklicht hatten, was viele andere nur predigten. Jeder war gleichwertig in dieser Gemeinschaft, ungeachtet der Funktion, die jemand erfüllte. Natürlich: Wenn einer über die anderen erhoben und auf ein Podest gesetzt wird, erzeugt man Trennungen, und Trennungen erzeugen Angst.

Wir gingen an ihnen vorbei ins Innere des Hauses. Drei weitere Begleiter blickten auf und sagten hallo, als wir eintraten. Mein Lehrer erklärte etwas auf kroatisch, worauf alle drei lächelten und einer Wasser in einen riesigen Suppentopf füllte, den er auf den Herd stellte – zum Kaffeekochen, wie ich vermutete. Wir setzten uns an den langen Holztisch. In den nächsten Minuten wurde jeder Neuankömmling gebeten, sich zu uns zu setzen, und nach einem Wortwechsel mit dem Lehrer verließ ein Begleiter das Haus, um den Rest der Gemeinschaft zu holen. Es dauerte nicht lange, bis all meine Freunde und sämtliche Kommunemitglieder, bis auf die zwölf Boten, sich in dem relativ kleinen Raum versammelt hatten.

»Heute ist ein besonderer Tag«, begann mein Lehrer. Nach einem oder zwei Sätzen hielt er geduldig inne, damit Toni seine Worte ins Kroatische übersetzen konnte. »Seit einiger Zeit habe ich Jimmy in unsere Lebensweise eingeweiht. Er hat erfahren, wie das göttliche Licht empfangen und verströmt wird. Er hat die Dreiecksbeziehung zwischen Einfachheit, Geduld und Nächstenliebe erkannt und gelernt, wie diese Dreifaltigkeit ins tägliche Leben integriert wird. Er hat erfahren, was Hingabe ist, was Vertrauen bedeutet und welche Rolle Dankbarkeit für alles Gottgegebene bei der Erweckung eines Menschen spielt. Heute hat er seine Angst erneut konfrontiert und gelernt, wie sie beobachtet und freigesetzt wird, so daß sie sich in reine Lichtkraft zurückverwandelt. Nun gibt es nur noch eine Lektion zu lernen, und deshalb habe ich euch alle gerufen. Jeder soll daran teilnehmen, denn ohne dieses Wissen machen all die anderen Lektionen letztlich keinen Sinn.

Es geht um die wahre Bedeutung der Liebe. Wie ihr wißt, ist Angst eine selbsterzeugte Blockade, die der bewußten Liebeserfahrung in den Weg gestellt wird. Setzt die Angst frei – und Liebe offenbart sich von selbst. Aber Liebe geht weit über alles Vorstellbare hinaus. Sie ist mehr als irgendein Gedanke oder Konzept. Sie steht hinter sämtlichen Bildern, die man sich von der Liebe machen kann, sie befindet sich jenseits von allen Symbolen und Repräsentationen. Und aus diesem Grund ist sie uns näher, als man denken kann, näher als jeder Atemzug. Näher noch, als der unaufhaltsame Drang der Liebe in ihrer ewigen Sehnsucht nach sich selbst.

Er schaute mich an und sagte: »Und was ist das Geheimnis, das die Liebe in dein halbgeschlossenes Ohr geraunt hat? Was sagt das ferne Echo, das dich permanent verfolgt? Nur dies: Du bist die Uressenz der Liebe selbst. In diesem Augenblick, trotz all der vorgefaßten Meinungen über deine Unzulänglichkeit, akzeptiert die Liebe dich so, wie du bist. Sie nimmt dich immer vollends an.

Aus Furcht, die Liebe verlieren zu müssen, hast du dir deine eigene Grundlage entzogen und vergessen, wer du bist. Die Liebe entzieht sich nicht, sie verströmt sich von Natur aus, ungehindert, überall. Aber erfahren wird sie nur, wenn du es ihr gleichtust: Wenn du sie ungehindert verströmst und bereitwillig weitergibst. Die Fülle der Liebe wird nur dann erlebt, wenn sie schrankenlos frei von einem Herzen zum nächsten fließen kann. Wenn

Liebe vorenthalten wird, wird sie vergessen, und da du unzertrennlich eins mit der Liebe bist, vergißt du dich selbst mit solchen Strategien. So verbannst du die Liebe in die Dunkelheit deines unbeachteten Wesensgrunds und läßt sie warten – auf die Stunde der Dämmerung, bei der du aus deinem selbstvergessenen Traum erwachst und sie ins Leben zurückgerufst, zum Leben in dir. Das Erwachen der Liebe ist deine Erweckung. Und deine Erweckung ist das volle Bewußtsein der Anwesenheit von Liebe. Aber diese Erweckung setzt voraus, daß du sämtliche Strategien aufgibst, jeden Versuch, die Liebe zu beschränken und für dich allein zu behalten. Du kannst die Liebe nicht dirigieren, aber wenn du dir ihre Sichtweise zu eigen machst, führt sie dich auf allen Wegen und offenbart dir eine neue Sichtweise von dir selbst und eine neue Weltanschauung.

Wahre oder bedingungslose Liebe weiß nichts von den seltsamen Forderungen, die du an deine Beziehungen stellst. Liebe bleibt immer gleich. Deine Bemühungen, Liebe für bestimmte Personen zu reservieren und sie anderen vorzuenthalten, hindern dich daran, die Anwesenheit der Liebe wahrzunehmen. Gib, wie die Liebe gibt – wie die Sonne, die allen Lebewesen Licht spendet, solange sie sich nicht absichtlich im dunkeln verstecken. Gib, wie die Spatzen, die nicht nur für einen erlesenen Zuhörerkreis zwitschern, sondern um des simplen Zwitscherns willen. Wenn du Liebe gibst, wirst du mit Liebe belohnt. Wenn du manche Leute für würdig befindest und andere für unwürdig hältst, bist du selbst nicht würdig, bedingungslos geliebt zu werden. Und nicht, weil die Liebe dich verschmäht oder verstoßen hat, sondern weil du das Gesetz der Liebe ignorierst.

Du – ihr alle –, jeder ist in seiner Essenz der Urquell bedingungsloser Liebe. Euer Wasser durchflutet das gesamte Universum. Ihr seid von keinem Teil des Universums getrennt, sondern mit allem verbunden. Laßt euer Wasser frei aus euch herausströmen und über alles, was ihr seht, über jeden, der euren Weg kreuzt, hinwegspülen. Bildet euch nicht ein, daß ihr dann keine engeren, intimeren Beziehungen mehr haben könnt. Es wird immer Menschen geben, mit denen ihr ein tieferes Einverständnis teilt als mit anderen. Die Intensität des Austauschs mit anderen schwankt, nicht aber die Liebe, die ihr jedem einzelnen gebt. Diese Liebe ist die Erkenntnis des gemeinsamen Wesensgrunds, aus dem alle fortwährend neu geboren werden.

Liebe ist ein Wissen, ein reines Verständnis. Sie weiß, daß alle Dinge vollständig sind, ganz gleich, wie unvollständig sie aussehen oder sich selbst vorkommen mögen. Reines Wissen verschüttet sich in jedem Moment zur Gänze, vorbehaltlos, ohne Urteil, ohne Unterschiede zwischen dieser Beziehung und jener zu machen. Wahres Wissen versteht, daß es nur eine wahre Beziehung gibt: unsere Beziehung zu dem Selbst, das wir alle miteinander teilen, dem Selbst, in dem das Leben sich unaufhörlich selber begegnet und die eigene Heiligkeit liebt. Das Geheimnis der bedingungslosen Liebe ist das Wissen, daß wir alle im Grunde ein und dasselbe sind, unvorstellbar heilig, unausdenklich erhaben und ganz. Mit der Freisetzung der Angst enthüllt sich dieses Wissen. Das ist es, wonach ihr sucht. Und ihr findet es, wenn ihr euer Herz jetzt für *jedes* Element der Schöpfung öffnet.«

Nachdem das letzte Wort verklungen war, saßen wir reglos in einer überwältigenden Stille. Als ich nach einer Weile kurz aufblickte, verschwammen die Konturen des Lehrers, und mir schien, als glühte sein Gesicht allmählich auf, dann seine gesamte Körperform. Ihr Licht verbreitete sich im Raum, bis wir alle darin enthalten waren. Ich kann das Erlebnis nicht in Worte fassen. Es überstieg mein Verständnis und jeden Vergleich. Irgendwann erhob sich eine Frau, dann ein Begleiter, dann zwei weitere und standen im lichtdurchtränkten Raum. Einer begann, auf und nieder zu wippen, ein anderer gluckste vor sich hin, bis jemand laut herauslachte. Bald lachten und tanzten alle. Ich konnte die Grenzen zwischen mir und den Leuten nicht mehr unterscheiden, und in dem Moment verstand ich alles. Ich war der Lehrer, ich war das Licht. Ich schwamm im Ozean des unzertrennlichen Seins und wußte, daß ich das Meer dieses Lichts unmöglich verlassen konnte.

ELFTES KAPITEL

Die Flucht

Friedensgebet der Sikh

Gott erkennt uns anhand unserer Taten,
nicht an dem Mantel, den wir tragen:
Diese Wahrheit steht über allem,
doch höher noch steht ein wahrheitsgetreues Leben.
Wisset, daß wir Gott erreichen, wenn wir lieben,
und dieser Sieg allein
bleibt unerschütterlich,
da nur er für uns bewirkt,
daß niemand übertroffen wird.

Friedenskeime

Etwas hatte sich verändert, ich spürte es deutlich. Wir hatten einen Meilenstein auf dem gemeinsamen Weg hinter uns gelassen.

Ich stand zur gewohnten Zeit auf und erreichte das Meditationsgebäude früher denn je. Drei Begleiter hatten sich bereits eingefunden, ansonsten war der Raum leer. Minuten später traten die Boten der Reihe nach durch die Tür. Mein Lehrer kam zuletzt. Die Boten umkreisten das Rad und blieben an der Stelle stehen, die jedem einzelnen zugedacht war. Der Lehrer stellte sich in die Mitte, worauf alle zur selben Zeit Platz nahmen. Bald darauf erklang der Glockenton, und die Sitzung begann. Ich betrachtete das Rad und wünschte, ich hätte genauere Fragen über seine Symbole und seine mysteriösen Eigenschaften gestellt. Bis heute weiß ich nur, daß die Gruppe der Zwölf durch das Rad mit all ihren Vorgängern verbunden ist. Die Figuren und Symbole des Rades sind zeitlos in ihrer Gültigkeit.

Ein eigenartiges Gefühl, das mein Herz von innen her merklich erzittern ließ, verstärkte sich im Lauf der Sitzung. Mein Geist war klar und offen, bis das Beben vom Herzen auch auf den Kopf überging. Es war, als würden Kopf und Herz von einem vibrierenden Pulsschlag ergriffen. Nach etwa einer halben Stunde ließ das Pulsieren nach und hörte dann ganz auf. Ich versank in einer tiefen Meditation, aus der ich von einem neuerlichen, diesmal ungleich viel stärkeren Pulsieren herausgeholt wurde. Auch mit geöffneten Augen ließ die Empfindung keineswegs nach, sondern übertrug sich sogar auf mein Sehvermögen. Da es kein unangenehmes Gefühl war, entspannte ich mich einfach in das Vibrieren hinein. So verging eine weitere halbe Stunde. Dann hörte es wieder auf.

Kaum ließ das Vibrieren nach, fand ich mich auf einer tieferen Ebene der Selbstbesinnung wieder. Beim dritten oder vierten Mal versank mein Geist in einer Stille, so vollkommen und weit, daß ich in einem All ruhte, in dem ich mein individuelles Vorhandensein nicht mehr spürte, obwohl mir die Umwelt weiterhin bewußt blieb. Dann fing das Vibrieren erneut an, diesmal stärker, als ich ertragen konnte. Mein ganzer Körper pulsierte mit einer Geschwindigkeit, daß ich meinte, die Besinnung verlieren oder im nächsten Augenblick explodieren zu müssen. Ich wollte mich bewegen, eine andere Stellung einnehmen, aber mein Körper war nicht mehr fähig dazu. Ich öffnete die Augen und sah etwas Unglaubliches.

Gleißendhelle Lichtbahnen gingen von jedem der zwölf Boten aus. Die Strahlen waren konzentriert und bei jedem anders gefärbt. Es sah aus, als entfernten sie sich von den Herzen der einzelnen Boten, um dann an den Speichen des Rades entlang auf die Mitte zuzulaufen, wo der Lehrer saß. Er nahm die Farben in sich auf und ließ sie zum höchsten Punkt seines Kopfes steigen, wo das Licht leuchtendweiß und mit unerhörter Brillanz hervortrat – durch das Sonnendach hinaus, ins Freie. Der Anblick übertraf alles, was ich je gesehen hatte. Mehr wollte ich nicht, nur diese Lichtwelt bewußt mitansehen, diesen Glanz. Ich bewegte den Kopf vor und zurück, ohne daß sich etwas an meiner Vision änderte. Es war, als könnte ich endlich etwas sehen, das die ganze Zeit schon vorhanden gewesen war.

Später wurde mir mitgeteilt, daß ich die Kraftübertragung der Boten auf einer tieferen Ebene der Realität wahrgenommen hatte. Indem er die entsprechende Farbe ausstrahlt, repräsentiert jeder Bote einen der zwölf Aspekte der Menschheit. Die Farbstrahlen bewegen sich an den Symbolen des Rades vorbei und werden dabei von einer mystischen Kraft aufgeladen. Wenn sie die Nabe des Rades erreichen, nimmt der Eine in der Mitte sie auf und vereinigt alle Farben, worauf das purifizierte Licht reinweiß aus ihm hervortritt.

Dieses Licht wird in alle Himmelsrichtungen projiziert. Dieses Licht hat seit Menschengedenken dafür gesorgt, daß die Wahrheit auf dem blauen Planeten nicht vollends in Vergessenheit gerät. Diese Energieströme haben die Auswirkungen von Abermillionen negativen Gedanken neutralisiert und den menschlichen Entwicklungsweg vorangetrieben, immer der Heimat entgegen.

Ich saß dort und betrachtete die Lichterflut. Von jenem Moment an konnte ich sie überall sehen, wann immer ich wollte. Es war ein göttliches Schauspiel. Hin und wieder verlor einer der Boten die Kraft und ließ sein Licht ein wenig verblassen, worauf ein Begleiter seinen Lichtstrom auf die Person übertrug und den Boten erneut mit dem Glanz erfüllte. Darin bestand das Hauptwerk der Begleiter, wie mir schien. In den Stunden vor dem Morgengrauen pendelte sich das vibrierende Beben in mir auf eine Geschwindigkeitsrate ein, die ich ertragen konnte. Bei Sonnenaufgang traten meine Freunde ein und setzten sich leise nieder. Ich fragte mich, ob sie das gleiche sahen wie ich. Auf diese Erlebniswelt hatte mein Lehrer mich vorbereitet. Einmal sagte er, daß all diese Dinge von selbst geschehen, wenn man die Lektionen verarbeitet und integriert.

Kurz vor dem Ende der Sitzung setzte die Lichtvision unvermittelt aus. Einen Augenblick darauf hörte ich die vertraute Stimmenfolge in meinem Kopf: »Suche den Frieden nicht hier; finde ihn überall.« Dann begann der Schlußgesang, und die Sitzung endete. Die Boten standen auf, und während einer nach dem anderen an mir vorüber zur Tür ging, schenkte jeder mir ein Lächeln. Alle, bis auf meinen Lehrer. Es war, als wäre etwas zwischen uns noch unvollendet geblieben und müßte später geklärt werden, aber ich wußte nicht, ob ich ihn noch einmal allein sehen durfte. Ich hoffte, daß er mich noch wenigstens einmal zu einer Lektion an seine Feuerstelle bitten würde – zu viele Fragen waren weiterhin offengeblieben. Als letzter verließ ich den Raum und wanderte allein im Sonnenschein davon.

Zum Mittagessen versammelten wir uns im Haus der Begleiter. Mit Tonis Hilfe hatte ich im Lauf der Zeit etwas mehr über die Lebensgeschichten der Männer erfahren, mit denen ich mich nicht auf englisch unterhalten konnte, zum Beispiel, auf welche Weise sie aufgerufen und zu den Boten gebracht worden waren. Es stellte sich heraus, daß die meisten Begleiter, im Gegensatz zu den Boten, nicht ihr Leben lang in der Kommune blieben, sondern nach ein paar Jahren in die Welt zurückkehrten, um die Arbeit dort fortzusetzen. Manche fuhren in ihr Heimatland zurück, alle betätigten sich als Lehrer und Berater – Seelenführer also im weitesten Sinne. Sie verbreiteten das Licht, ohne ihre Ausbildung bei den Boten je zu erwähnen oder den Aufenthaltsort der Kommune preiszugeben.

Toni trat ein, als wir unsere Mahlzeit beinahe beendet hatten, und bat Duro, Snjezana, Gordana und mich, ihm in einen Nebenraum zu folgen. Mein Herz begann heftig zu schlagen. Er schloß die Tür hinter uns.

»Man hat mich beauftragt, eure Abreise vorzubereiten«, sagte Toni. »Ihr sollt euch so schnell wie möglich auf den Weg machen, damit ihr Duros Auto noch vor Einbruch der Dunkelheit erreicht.«

»Warum gerade jetzt?« rief ich. »Ich habe einiges noch nicht gelernt und muß ...«

»Du hast alles gelernt, was du vorläufig brauchst«, fuhr Toni unbeirrt fort. »Der Lernvorgang ist nicht beendet, er verändert sich nur. Wenn ihr euch nicht sofort auf den Weg macht, kommt ihr nicht mehr so leicht an den Soldaten vorbei. Die Situation hat sich zugespitzt und wird mit jedem Tag gefährlicher. Deshalb müssen wir die Gelegenheit wahrnehmen und euch heute losschicken. Ich bin sicher, daß ihr heil davonkommt.«

Wir gingen zu unserem Haus, kramten unsere Sachen zusammen und packten. Nadina sah blaß aus, lächelte aber tapfer, als ich sie in den Arm nehmen wollte. Die anderen Begleiter und die Frauen kamen, um uns zu verabschieden. Wir umarmten jeden einzelnen und verließen das Haus. Keiner der Boten sagte auf Wiedersehen oder sah uns gehen, selbst der Eine in der Mitte nicht.

In den Bergen ringsumher rührte sich kaum ein Windhauch, als wir am Saatfeld vorbeimarschierten. Auch Duro konnte kein Anzeichen von Betriebsamkeit feststellen und schritt energisch voraus. Drei Tage waren seit den letzten Bombenanschlägen vergangen. Ob die kroatische Offensive niedergeschlagen oder nur ein trügerischer Waffenstillstand ausgerufen worden war, blieb offen. So schnell, wie alles angefangen hatte, endete es – auch unser Aufenthalt in der Kommune. Kaum glaublich, daß wir nun so sang- und klanglos davoneilten, ohne Drama oder Emotionen, ohne einen Abschiedsgruß. Würde ich jemals wiederkommen können? Ich hatte keine Ahnung, wo wir waren, außer daß wir uns nahe bei der bosnischen Grenze befanden. Allein konnte ich den Weg zur Kommune nie wieder finden.

Gegen vier Uhr dreißig machten wir Rast, obwohl Duro meinte, daß das Auto noch etwa zwei Stunden weit entfernt sei und wir uns beeilen mußten.

Nadina setzte sich neben mich in den Sand.

»Warum bist du nicht bei den Boten geblieben?« fragte ich.

»Es ist nicht meine Bestimmung.« Sie starrte geradeaus in die Wildnis. »Ich weiß nicht, was meine Bestimmung ist, Jimmy, aber wo ich auch hingehe, werde ich benutzen, was ich hier gelernt habe. Mein Glück wird mir nicht von anderen gegeben. Ich gebe es mir selbst. Also nehme ich mein altes Leben wieder auf und arbeite für den Notdienst von Suncokret, und vielleicht ergibt es sich, daß ich eines Tages doch noch nach Amerika oder Kanada fahre. Aber ich bin nicht mehr von der Idee besessen, mein Glück woanders als genau da, wo ich bin, zu suchen.«

Nicht nur Nadinas Ansichten hatten sich verändert, nicht nur ihre Gesichtszüge, in denen sich die ersten Anzeichen einer hilflosen Verbitterung bereits bemerkbar gemacht hatten. Wie bei Gordana und Snjezana war auch ihre Ausstrahlung im Lauf der letzten Wochen eine andere geworden. Etwas in ihren Tiefen war zur Ruhe gekommen, ganz offensichtlich.

Duro erhob sich und blickte sich um als hätte er etwas

gehört. Unwillkürlich verstummten wir und hielten den Atem an. Ich meinte, ein weit entferntes Motorengeräusch ausmachen zu können, und richtig – auf Duros Zeichen hin legten wir uns alle flach auf den Boden und horchten angestrengt, ob das Geräusch sich in unsere Richtung bewegte. Für Augenblicke schien es so, dann wurde alles wieder still. Ich hob den Kopf, um Duros Gesichtsausdruck sehen zu können. Er sah besorgt aus. Die Angst breitete sich schlagartig in mir aus. Bei unserer letzten Begegnung mit den bosnischen Serben waren wir in der Nähe der Boten gewesen, in der Nähe von Toni und allen anderen Kommunemitgliedern. Jetzt sah die Sache etwas anders aus. Ein zweiter Blick auf Duro bestätigte mir, daß er ebenfalls Angst hatte.

Nach etwa einer Minute hörten wir Männerstimmen, die mir mit jeder Sekunde lauter in den Ohren klangen. Duro stand auf und trieb uns zur Eile an. Wir schnappten unser Gepäck und rannten im Dauerlauf durch ein spärlich bewaldetes Gebiet, das weiter vorn in einen dichteren Mischwald überging. Die Stimmen ertönten jetzt schräg hinter uns. Ein Mann rief etwas in der Landessprache, während Gordana ein Stück zurückblieb und sich an ihren Schuhen zu schaffen machte. Beim Umdrehen sah ich, daß sie keine Stiefel, sondern ihre ausgetretenen Straßenschuhe trug – wahrscheinlich ihr einzig heiles Paar, aber völlig unpassend für einen solchen Marsch. Die anderen verlangsamten ihre Schritte, um Gordana nicht noch weiter zurückzulassen. Der Schweiß troff mir von den Achseln und durchnäßte mein Unterhemd. Mein Herz raste. Duro blieb stehen und spähte in das Dickicht, aus dem die Stimmen zu uns herüberdrangen, aber zwischen Baumstämmen und Farnen war niemand zu sehen. Gordana hatte uns überholt und hastete mit den beiden anderen Frauen voraus, während Duro und ich ihnen Rückendeckung gaben. Geräuschvoll brach sich unsere Gruppe einen Weg durch das Unterholz, wobei mir jäh aufging, daß Duro nicht imstande war, die Aufmerksamkeit unserer Verfolger abzulenken, wie es die Boten getan hatten. Uns blieb nichts anderes übrig, als so schnell zu laufen, daß man uns nicht erwischen konnte.

Die Frauen waren an einem Fußpfad angelangt. Snjezana hielt Gordanas Arm und zerrte sie vorwärts, der Rest von uns folgte. Nach wenigen Minuten sahen wir eine Wegkreuzung vor uns. Die Frauen blieben stehen und blickten sich nach Duro um. Er holte sie ein, schaute nach links, nach rechts, und wirbelte dann herum. Am fernen Ende des Pfades, in etwa vierhundert Metern Entfernung, zeichnete sich ein uniformierter Stoßtrupp ab, der im Trampelschritt näherkam. In der nächsten halben Sekunde glitten wir einen Abhang hinunter, der steil abfallend in eine Schlucht überging. Duro blieb am Rand stehen, hielt Snjezana mit einer Erklärung zurück, gab ihr seine Autoschlüssel und befahl uns, hinter einem Felsbrocken am Boden der Schlucht Zuflucht zu suchen. Nadina, Gordana und ich kollerten dem Felsbrocken entgegen. Duro wartete, bis Snjezana das erste Stück auf dem Hosenboden rutschend hinter sich gebracht hatte. Ich fragte mich, was er vorhaben mochte. Wollte er uns hier sitzenlassen und allein weiterlaufen, um die Soldaten auf diese Weise abzulenken? Er verschwand im Gebüsch des Wegesrands, außer Sichtweite.

Wir kauerten dicht aneinandergedrängt hinter dem Felsen, dessen Umfang uns kaum verbergen konnte. Ich lag im spitzen Geröll auf den Knien und legte meine durchgeschwitzte Wange an den kalten Stein. Jeder zitterte am ganzen Körper und versuchte dabei mit aller Macht, totenstill zu bleiben. Im nächsten Moment kamen drei Soldaten auf die Kreuzung zugerannt und blieben stehen. Wir atmeten kaum, während sie innehielten, eindeutig, um herauszufinden, welche Richtung sie jetzt einschlagen sollten. Ein paar Sekunden darauf hörte man sie nach rechts laufen, in dieselbe Richtung wie Duro.

Wir harrten noch mindestens fünf Minuten in unveränderter Hockstellung aus, bis wir einigermaßen sicher sein konnten, daß keine weiteren Verfolger im Gebüsch lauerten. Dann holte Snjezana tief Luft und erklärte uns im Flüsterton, was Duro ihr gesagt hatte: Der linke Weg führte zu seinem Auto. Er hatte sich geopfert, um uns in Sicherheit zu bringen. Müde und zitternd folgten wir dem Weg nach links. Nach einem zweistündigen Dauerlauf, auf dem kaum ein Wort gewechselt wurde, erreichten wir das Feld mit der Scheune. Das Auto stand tatsächlich noch hinter dem verwitterten Gebäude und sprang an, als Snjezana den Zündschlüssel umdrehte. Wortlos stiegen wir ein und fuhren ohne Duro auf Rijeka zu.

Als der Wagen vor Nadinas Wohnung einparkte, schreckte ich aus einem unruhigen Halbschlaf hoch. Inzwischen war es kurz vor Mitternacht; die Boten versammelten sich jetzt und begannen ihre Meditation. Ohne aufgefordert werden zu müssen, kamen Snjezana und Gordana mit uns ins Haus. Noch immer hatte keiner von uns die schlimmsten Befürchtungen in Worte gefaßt.

Wir gingen ins Wohnzimmer, und bevor wir uns setzten, sagte ich: »Wir müssen über Duro sprechen. Waren die Soldaten Serben, oder ist es möglich, daß Duro sich getäuscht hat? Kann es sein, daß wir gar nicht in Lebensgefahr schwebten?«

Gordana und Nadina wußten es nicht. Snjezana sagte: »Sie waren zu weit entfernt. Ich konnte keine Einzelheiten erkennen. Und selbst wenn wir wüßten, welcher Armee sie angehören, könnten wir nichts weiter tun, als Duro die Sorge um uns ersparen. Er weiß sehr gut, wie er sich zurechtfindet, und ich hoffe inbrünstig, daß ihm nichts geschieht. Am wichtigsten war ihm, daß wir wohlbehalten zu Hause ankommen. Duro hat mich beauftragt, dich auf dem schnellsten Weg nach Amerika zurückzubefördern, Jimmy. Anscheinend wird es jetzt zu gefährlich hier für dich. Du wirst seit einer Woche vermißt, und ich nehme an, daß die Regierung wissen will, wo du die ganze Zeit abgeblieben bist. Ich glaube, daß meine Freundin Sonja dir das Geld für ein Ticket geben kann.«

»Wie bitte?« entgegnete ich. »Was sind das für Gefahren, von denen du sprichst?«

Sie schüttelte den Kopf und fuhr unbeirrt fort: »Morgen fährst du nach Zagreb und verläßt dieses Land. Ich rufe Sonja in aller Frühe an. Sie besorgt dir ein Ticket, und dann wirst du in den Bus gesetzt.« Unterdessen qollen ihr die Tränen aus den Augen. Sie ergriff meine Hand und ließ ihre Tränen darauf tropfen, während sie mühsam weitersprach: »Ich werde dich vermissen, aber jetzt müssen wir uns zusammenreißen und tun, was getan werden muß.«

»Ich werde dich auch vermissen«, murmelte Gordana. »Aber es ist nicht das Ende unserer Zusammenarbeit. Wir werden weiterhin in Kontakt bleiben – immer, immer, unser Leben lang. Wenn dieser Krieg vorbei ist, kommen wir womöglich nach Amerika, Jimmy.«

»Jetzt gehen wir«, verkündete Snjezana. »Morgen früh holen wir dich ab. Ich arrangiere deinen Rückflug, während du im Bus nach Zagreb sitzt. Und nun müssen wir zusehen, daß wir noch ein paar Stunden Schlaf kriegen.«

Nachdem die beiden gegangen waren, stand ich verloren im Raum. Nadinas Mutter und ihr Bruder schliefen. Sie stand schweigend am Herd und setzte Teewasser auf.

»Und damit endet mein Ausflug in dieses schöne Urlaubsland.« Ich ließ mich auf das Sofa fallen und vergrub den Kopf in den Händen

Sie versuchte zu lächeln. »Ja, wenn es mir hier langweilig wird, rufe ich dich an. Dann kommst du und wirfst alles wieder über den Haufen. Im Namen der Bevölkerung danke ich dir für diesen Beitrag zum Frieden in aller Welt.«

»Nadina, sag mal … glaubst du auch nur im entferntesten, daß ich den Auftrag der Boten erfüllen kann?«

Sie schaute mich erstaunt an, mißbilligend nahezu. »Wenn du es nicht könntest, wärst du gar nicht erst gerufen worden. Jetzt fang nicht schon wieder an, Jimmy.« Sie setzte sich neben mich und fuhr in sanfterem Ton fort: »In

Amerika triffst du alle Leute, die dir weiterhelfen können, verlaß dich drauf. Du kannst von Glück sagen, daß du an der Realität der Boten teilnehmen durftest. Wir haben alle ein unwahrscheinliches Glück gehabt.«

Wir tranken unseren Tee, Nadina redete noch ein wenig auf mich ein, dann gingen wir zu Bett. Natürlich hatte sie recht. Ich hätte mir eine Geschichte wie diese nie ausdenken können. Was wir erlebt hatten, war real. Die Boten waren real. Mein Lehrer war weiterhin bei mir, und aus diesem Grund hatte er sich nicht ausdrücklich verabschiedet. Nichts änderte sich durch meine Abreise aus Kroatien. Ob ich bereit war oder nicht – alles, worauf er mich vorbereitet hatte, sollte nun eintreffen.

Kurz vor sieben Uhr morgens standen Snjezana und Gordana vor der Tür. Mein Flug nach Chicago war bereits gebucht worden, wie sie sagten. Der nächste Bus fuhr eine Stunde später ab. Nadinas Mutter lud alle zum Frühstück ein, und wir entspannten uns für ein paar Minuten, während wir aßen, Kaffee tranken und über Dinge sprachen, die keinen Menschen auf die Idee bringen konnten, daß wir etwas anderes als gewöhnliche Ausflugserlebnisse in den Bergen miteinander teilten.

Ich hatte mich bereits von Nadinas Mutter und ihrem Bruder verabschiedet, und die drei Frauen, die mich zur Bushaltestelle begleiten wollten, standen im Türrahmen, als das Telefon klingelte. Duro war am anderen Ende. Er rief Snjezana ans Telefon und erklärte ihr, daß er inzwischen wohlbehalten zu Hause angekommen war. Unsere Verfolger waren Soldaten der kroatischen Armee gewesen. Als sie ihn eingeholt hatten, erklärte er ihnen, daß er ein Arzt aus Rijeka sei, ein harmloser Mediziner, auf der Kräutersuche für seine Praxis. Sie brachten ihn ins nächstgelegene Hauptquartier, verhörten ihn und ließen ihn dann frei. Ich sprach nur einen Augenblick mit Duro, um mich für seine Liebe zu bedanken. Dann sagte Snjezana, daß wir uns auf den Weg machen mußten.

Daß ich diese Menschen, denen ich so nahegekommen

war und mit denen ich so viel erlebt hatte, nun verlassen sollte, schien mir unglaublich zu sein, auch wenn ich wußte, daß dies nicht das Ende, sondern der Beginn einer sehr viel längeren Geschichte war. Wir standen, so lange es irgend ging, vor dem Bus beieinander. Schließlich verkündete der Busfahrer, ich müsse jetzt einsteigen. Weinend umarmten wir uns ein letztes Mal. Kaum schloß sich die Tür hinter mir, fuhr der Bus ruckartig davon. Nadina, Gordana und Snjezana winkten, bis ich ihren Blicken entschwunden war.

Chicago nahte dem Ende einer langen Hitzewelle, als ich eintraf. Benommen stieg ich aus dem Flugzeug und wanderte geradewegs auf die stickige, überfüllte Wartehalle von O'Hare zu. Da der größte Teil meines Gepäcks in Italien geblieben war, trug ich nur meinen Rucksack und die Gitarre. Ursprünglich hatte ich geplant, noch einen Monat in Assisi zu verbringen und von Italien aus zurückzufliegen, aber seit ich den Fuß auf kroatischen Boden gesetzt hatte, war nichts mehr plangemäß verlaufen.

In der Halle blickte ich mich nach Arthur um, konnte ihn aber nirgends entdecken. Er war einer meiner besten Freunde und telefonisch von Zagreb aus gebeten worden, mich am Flughafen abzuholen. Zwanzig Minuten lang wanderte ich verloren vor der Ankunftshalle für internationale Flüge auf und ab und überlegte mir, was ich machen sollte, wenn Arthur seinen Anrufbeantworter nicht abgehört oder keine Zeit für mich hatte. Meine Tochter lebte in Chicago, aber ich wollte nicht plötzlich hundemüde und desorientiert vor ihrer Tür stehen. Normalerweise wohnte ich in Arthurs Dachwohnung, wenn ich in Chicago war. Nach dreißig Minuten, als ich die Hoffnung beinahe schon aufgegeben hatte, fuhr Arthur mit dem Auto vor, sprang heraus, nahm mir die Gepäckstücke ab und drückte mich auf den Beifahrersitz, wo er mich kurz umarmte, bevor er in Richtung Innenstadt davonbrauste.

»Jetlag, hm?« sagte er mit einem Seitenblick auf mich.

Mehr als das. Ich hatte den Unterschied zwischen der Energie der Boten und der Energie der sogenannten »realen« Welt noch nicht verkraftet.

»Hast du Hunger?« war seine nächste Frage. »Ich muß auf jeden Fall was essen.« Auf mein unbestimmtes Nicken hin schlug er ein Lokal in der Nähe seiner Wohnung vor und nahm Schleichwege, um dem dicksten Verkehrsgewühl zur Abendzeit zu entgehen.

Während der Fahrt dachte ich darüber nach, wieviel ich ihm sagen konnte, wenn er sich nach meinen Erlebnissen erkundigte. Arthur war eine Vertrauensperson, er hatte mich vor Jahren mit dem »*Kurs in Wundern*« bekannt gemacht, und später sogar mehrere Workshops mit mir zusammen veranstaltet. Aber der Brocken, den ich ihm jetzt servieren würde, war größer als alles, was er bisher geschluckt hatte.

Wir saßen in einem kleinen Eßlokal, ich nippte an meiner Kaffeetasse, und Arthur fragte zum dritten Mal: »Also, wie war dein Trip, Jimmy?«

»In Kroatien sind mir die unwahrscheinlichsten Dinge passiert«, begann ich. Dann verstummte ich wieder.

Er lächelte. »Ja ... und ...?«

»Äh, es ist eine lange Geschichte. Ich möchte dir eine Frage stellen: Hältst du es für möglich, daß die Welt von einer geheimen Gesellschaft davor bewahrt wird, sich selbst zu zerstören? Ich meine, eine Gruppe von Leuten, die spezielle Fähigkeiten entwickelt haben und diese seit Jahrtausenden auf immer neue Nachfolger übertragen, aber heimlich, so daß niemand etwas über ihre Arbeit erfährt? Und ›Arbeit‹ ist nicht das richtige Wort. Stell dir eine Gruppe vor, die sich an die gewalttätigsten Orte der Welt zurückzieht, dort ein paar Jahre bleibt und die negative Energie der ganzen Gegend mit einer speziellen Meditationstechnik in pures Licht verwandelt, also die Negativität neutralisiert. Verstehst du, was ich meine?«

Ein Gefühl, soeben gegen alles, was ich gelernt hatte, verstoßen zu haben, breitete sich aus. Unbeholfener hätte meine Einleitung wohl kaum ausfallen können. »Nein«, sagte Arthur amüsiert. »Aber möglich ist alles.«

»Lach ruhig, aber ich schwöre dir, ich habe die letzten zwei Wochen bei einer von diesen Gruppen verbracht.« Ich erzählte ihm von meiner Reise zu der Kommune und von den Boten. Da ich seine Geduld noch nie mit phantastischen Erlebnisberichten strapaziert hatte, hörte er aufmerksam zu. Als ich geendet hatte, blickte er mich sinnend an.

»«Und was willst du jetzt machen?«

»Glaubst du mir?«

Er lächelte. »Natürlich glaube ich dir.«

»Und das Ganze kommt dir nicht total verrückt vor? Ich meine, wenn mir so etwas erzählt würde, käme ich zuerst auf die Idee, daß es sich um Spinnereien handelt oder... Nun ja, Hirngespinste, verrücktes Zeug.«

»Was hast du davon, wenn du mich belügst? Du hast keinen Grund, aus dem Flugzeug zu steigen und dir, todmüde wie du bist, dermaßen ungewöhnliche Reiseberichte aus den Fingern zu saugen.«

»Aber du hältst die Geschichte für phantastisch – obwohl sie für deine Begriffe Sinn macht, nicht wahr?«

»Begriffe und Sinn sind relativ«, entgegnete er. »Vieles geht über unser sinnliches Begriffsvermögen hinaus. Wer weiß, wie das Universum funktioniert? Bei näherer Betrachtung ist unsere bloße Existenz ein Mysterium. Ich habe mich oft gefragt, was allem zugrundeliegt und die ganze Welt zusammenhält. Vielleicht hast du einleuchtende Antworten auf solche Fragen gefunden. Aber was nun? Wie willst du diese Botschaften an die Öffentlichkeit tragen?«

»Keine Ahnung«, sagte ich. »Der Lehrer meinte, daß sich alles zur rechten Zeit offenbart und mir gezeigt wird. Um die Botschaft bekanntzugeben, kann ich Seminare veranstalten. Was hältst du davon? Oder soll ich Briefe an Zeitschriften schicken und fragen, ob sie einen Artikel über die Boten drucken wollen?«

»Schreib doch einfach ein Buch.«

»Nein, ich bin Musiker, kein Schriftsteller. Mein erstes Buch hat nur mir Freude bereitet, ansonsten ist es auf der Strecke geblieben, und ich muß einen Weg finden, die ganze Welt auf die Boten aufmerksam zu machen. Diese Verantwortung ist auf mich übertragen worden, und ich trage sie, auch wenn ich nie begreifen werde, warum die Boten ausgerechnet mich damit beehrt haben.«

Die Bedienung setzte unsere Teller auf den Tisch; wir aßen und sprachen dabei über belanglose Dinge, dann gingen wir in Arthurs Wohnung. Ich wollte noch Tee mit ihm trinken und die wichtigsten Erinnerungen mit ihm teilen, aber nachdem ich mich auf das Gästebett gesetzt und probeweise ausgestreckt hatte, konnte ich nicht wieder aufstehen und versank nach wenigen Minuten in einen tiefen Schlaf.

Am nächsten Morgen fuhr ich mit dem Zug nach Evanston, wo meine Tochter die Sommerferien verbrachte. Wegen Angela war ich zuerst nach Chicago geflogen, anstatt nach Boston, denn wir hatten uns schon seit Monaten nicht mehr gesehen. Ich holte Angela ab, dann fuhren wir zusammen zu dem Reisebüro, in dem meine geschiedene Frau Linda arbeitete.

Ich hätte sie auf meinen Anblick vorbereiten sollen. In Kroatien hatte ich eine Wette gewonnen, als ich mir den Kopf kurzerhand kahlscheren ließ, denn einer vernünftigen und leicht zu gewinnenden Wette habe ich noch nie widerstehen können. Lindas Reaktion zeigte, daß mein Spieltrieb ihr bis auf weiteres unverständlich bleiben sollte und der Rest meiner Geschichte ebenfalls nicht auf offene Ohren treffen würde. Ich entschied mich, niemandem von den Boten zu erzählen, bevor ich selbst einen gewissen Grad der Klarheit erreicht hatte. Nachdem wir uns von Linda verabschiedet hatten, verbrachte ich eine Woche mit Angela bei Arthur und spazierte mit ihr durch Chicago. Als es Zeit wurde, nach Boston zurückzugehen, fühlte ich mich etwas klarer, wußte aber immer noch nicht, was ich als nächstes tun sollte.

Vor meinem Abflug nach Europa hatte ich meine Wohnung in Boston aufgegeben, und da ich weder finanziell, noch mental in der Lage war, mir eine neue zu suchen, lebte ich in den nächsten zwei Monaten bei verschiedenen Freunden. Obwohl ich meine Konzerttour durch Europa als erfolgreich betrachten konnte, hatte ich kaum genug Geld verdient, um meine Reisekosten zu decken. Auch jetzt waren Konzerte meine einzige Einnahmequelle, aber allein der Gedanke an all die Arbeit, die auf mich zukam, wenn ich mich um Buchungen bemühte, überwältigte mich und trieb mir jeden Wunsch aus, öffentlich Musik zu machen. Ich hatte nicht die Energie, auch nur das geringste zu tun und wanderte ziellos durch die Stadt. Nach kurzer Zeit waren meine wenigen Ersparnisse aufgebraucht, und ich blieb Linda das monatliche Kindergeld für Angela schuldig. Die Ungewißheit über meine »Funktion« im Leben lähmte mich. Es gab niemanden in ganz Boston, dem ich meine Geschichte von den Boten erzählen wollte und so auch niemanden, dem ich meinen Kummer anvertrauen konnte.

Allmählich fiel ich in eine ausgewachsene Depression, obwohl ich wochenlang am Meer im Haus eines Freundes leben und jeden Tag am Strand spazierengehen konnte. Ich hockte auf einer Insel vor der Küste von Maine und wanderte jeden Tag um das winzige Stückchen Land herum, von der vagen Hoffnung getrieben, daß mir die Lösung all meiner Probleme in Form einer Flaschenpost vor die Füße gespült werden würde. Immer häufiger kamen die enttäuschten, desillusionierten Gedanken: Die Boten hatten sich geirrt. Leider war ich nicht der geeignete Mensch, um ihre Botschaft an die Öffentlichkeit zu tragen. Es wurde Zeit, daß ich mir den Unsinn aus dem Kopf schlug und mich ums Geldverdienen kümmerte.

Wochen vergingen; ich hatte den Kontakt mit nahezu allen Freunden verloren und fand nichts, das mein Interesse erregte. Selbst die Spaziergänge am Strand ödeten mich an. Gespräche mit netten Leuten über nichts und wieder nichts waren unerträglich für mich geworden, und wenn ich Gitarre spielte, klang die Musik hohl und leblos. Ich versuchte, jede Erinnerung an die Kommune aus meinem Gedächtnis zu verbannen und überzeugte mich fast selbst von der Ansicht, daß ich einer gewaltigen Selbsttäuschung zum Opfer gefallen war. Nicht im Hinblick auf die Kernlehre der Boten, doch was meinen Auftrag betraf. Ich hatte mich von wohlmeinenden, aber etwas versponnenen Weltverbesserern einwickeln lassen, die Gutgläubige wie mich brauchten, um sich selbst von ihrer Wichtigkeit zu überzeugen. Wie immer sah ich, was ich sehen wollte. Nun wurde es Zeit, alle missionarischen Anwandlungen endgültig fallenzulassen und vernünftig zu werden, bevor mein Leben völlig aus den Fugen geriet.

Am Tiefpunkt meiner Depression angelangt, hatte ich einen Traum: Unvermittelt stand ich neben dem Meditationsgebäude im hellen Tageslicht und trat ein, sah aber niemanden am Rad sitzen. Ich schaute mich nach den Begleitern um, dann nach meinen Freunden. Niemand war zu sehen, bis ich endlich zum Mittelpunkt des Rades blickte und meinen Lehrer im verschwommenen Lichterglanz sitzen sah. Er winkte mich herbei. Ich trat vorsichtig über die Symbole hinweg und setzte mich in die Mitte vor ihn.

»Bist du jetzt soweit?«

»Was heißt hier ›jetzt‹?« brach es aus mir hervor. »Ich bin schon weiter als weit gegangen! Seit Monaten stehe ich kurz davor, mein Sendungsbewußtsein aufzugeben und alles damit sausenzulassen. Warum sagst du mir nicht einfach, was ich machen soll, Schritt für Schritt, damit ich nicht sinnlos durch die Welt stolpere? Du weißt doch, was getan werden muß.«

»Der Entschluß liegt bei dir«, entgegnete er ruhig. »Du mußt die Entscheidungen treffen, egal wie. Fang irgendwo an. Du hast jede Fähigkeit, die du brauchst, Jimmy.«

»Ich weiß nicht, wie. Inzwischen habe ich fast alles vergessen, was du mir beigebracht hast, aber auch keine Energie für irgend etwas anderes, und das ist das Furchtbare! Ich komme weder voran, noch kann ich zurück in mein altes Leben gehen. Nirgends bin ich im Frieden, weder in Boston, noch in Kroatien oder Chicago. Wo ich auch hingehe, wird nichts als noch größere Verwirrung gestiftet.«

»Suche den Frieden nicht hier, Jimmy. Finde ihn überall.«

Ich schaute ihm in die Augen. »Ja, das ist die telepathische Botschaft, die ihr am Ende jeder Sitzung auf mich übertragen habt. Du wolltest mir die tiefere Bedeutung des Satzes erklären, hast es aber nie getan.«

»Du warst noch nicht soweit«, sagte er. »Damals hast du geglaubt, daß wir damit beschäftigt sind, der Welt den Frieden zu bringen. Du hast die Welt als gewalttätig wahrgenommen und dann die Umstände erzeugt, die einen allmählichen Übergang zum Frieden gestatten. Die Boten sind mit nichts dergleichen beschäftigt, Jimmy. Wir sehen keine gewalttätige Welt, so einfach ist das. Wir sehen eine Welt, die mit der Illusion der Gewalt lebt, und strahlen die Wahrheit aus, eine Friedenserfahrung ohne Gegenteil. Die Entscheidung für diese Sichtweise ist die Wahl, die bisher nicht freiwillig von der Menschheit getroffen werden konnte. Unsere Mission besteht nicht darin, den Frieden irgendwo hinzubringen, wo er nicht ist, sondern den Frieden zu offenbaren, wo der Mensch ihn vor sich selbst verborgen hat. Mit anderen Worten: Nur der Friede ist real. Selbst wenn es scheint, als würde Gewalt existieren, selbst wenn Kriege und Ungerechtigkeiten fortgesetzt werden, projizieren die Boten eine Vision von der Welt, die nichts außer sich selbst erkennt. Wir retten die Welt, indem wir eine Weltanschauung ausstrahlen, die allgemein gefürchtet wird, und doch die einzig wahre und reale ist, weil diese Weltanschauung erkennt, daß die Welt bereits geheilt und gerettet ist und immer schon heil und ganz war.«

Er stand auf und bedeutete mir, ihm zur Tür zu folgen. Ich blieb neben ihm im Türrahmen stehen und sah den sonnendurchfluteten Wald vor uns liegen, genau wie im vorangegangenen Sommer.

»Eine Menschheit, die sich einbildet, daß sie die Wahl zwischen Krieg und Frieden hat, kann den dauerhaften Frieden nicht erleben. In Wirklichkeit hast du nur eine Wahl: die Wahl zwischen Wahrheit und Illusionen. Wenn du dich für die Wahrheit entscheidest, wird dir klar, daß der Friede immer gegenwärtig ist, ganz gleich, ob dir seine Gegenwart bewußt ist oder nicht. Wenn du dich für Illusionen entscheidest, ist es, als würdest du die Augen vor den Tatsachen ringsumher verschließen. Und das meinen wir, wenn wir vom Erwachen aus dem Traum des Getrenntseins sprechen. Es ist, als würdest du die Augen öffnen. Die Realität ist nie von deinem Traum in Mitleidenschaft gezogen worden. Sie ist unverändert geblieben, während du dir eine eigene Welt geschaffen hast, in der Angst, Abscheu und Haß eine scheinbare Bedeutung haben.

›Suche den Frieden nicht hier‹, bedeutet, fixiere dich nicht auf eine Welt, die aus der Idee eines Widerstreits zwischen unvereinbaren Kräften geboren wurde. Schau tiefer, hinter deine Vorstellungen von der Welt. Suche den Frieden, wo er tatsächlich existiert, nämlich in dir selbst. Und dann verbreite den in dir selbst entdeckten Frieden, wo du auch sein magst – laß ihn auf jedes Lebewesen übergehen. Damit verändert sich die Welt, die dem Konflikt entspringt, von sich aus, denn damit reflektiert die Welt deine neue Entscheidung, deine selbstgetroffene Wahl, den Frieden zu sehen, wo er in Wirklichkeit ist. Mit anderen Worten: Suche den Frieden nicht außerhalb von dir, denn das ist der sicherste Weg, ihn permanent zu übersehen. Die Welt, mit allem, was darin ist, erscheint als ›Außenwelt‹, es scheint, als existierte sie außerhalb des eigenen Seins. Und nun geh in dich, mach dir deine tiefsten Gedanken und Wunschvorstellungen bewußt. Finde die fixen Ideen, die dich daran hindern, den Frieden unverhüllt zu erfahren. Wenn du diese Blockierungen entdeckst und sie auflöst, enthüllt sich die Liebe, die der vollkommene Friede ist; aber immer zuerst in deinem Geist und danach erst in der Welt.

Glaube niemandem, der behauptet, daß du die Welt verändern mußt. Solche Bemühungen haben noch nie mehr als vorübergehende Resultate erzeugt, wie du sehr leicht feststellen kannst. Ändere dein Bewußtsein von der Welt. Erkenne sie als eine Verlängerung deines Bewußtseins. Finde den Frieden und die Liebe in dir, und sie verschütten sich automatisch auf die gesamte Umwelt.«

Er trat vor die Tür, und ich folgte ihm.

»Der zweite Teil des Satzes: › ...finde ihn überall‹, bezieht sich auf die inwendige Umstellung, die du als Erleuchtung oder Entfesselung der Lichtkräfte bezeichnen kannst. Wenn du den Frieden suchst, wo er zu finden ist, nämlich in dir, dann findest du ihn überall, selbst in der sogenannten ›Außenwelt‹. Solange du den Frieden suchst, wo er nicht existiert, also außerhalb, kannst du sicher sein, daß du ihn nirgends findest. Entdecke den innewohnenden Frieden, und du siehst die Wahrheit. Auch wenn Konflikte scheinbar weiterhin existieren, bist du in der Lage, sie zu durchschauen und zum Kern jedes Widerstreits vorzudringen. Und damit erfüllst du die Funktion eines Lichtbringers, eines Erleuchteten, eines Boten des Lichts. Da wir den Frieden als einzig wahre Realität erfahren, sehen wir ihn überall, selbst an Orten, die scheinbar vom Krieg und Konfliktbewußtsein regiert werden. Und da jeder unweigerlich ausstrahlt, was er erfährt, projizieren wir eine Weltanschauung, die den Funken der Wahrheit am Leben hält. Wir bemühen uns nicht, irgendwelche Kriege zu beenden. Wir lösen die falschen Vorstellungen auf, die Kriege hervorrufen, und sehen den Frieden, selbst wenn er unter jahrhundertelangen Angst- und Horrorvisionen verborgen liegt. Indem wir die Wirklichkeit des Friedens erfahren, übersehen wir das Unwirkliche, das Konflikt- und Widerspruchserzeugende. Auf diese Weise heilen die Boten die Welt.«

Wir wanderten auf die Hütte des Lehrers zu, gingen an Blumenbeeten und den Hütten der anderen Boten vorbei, und ich stellte erneut fest, daß dieser Traum so real wie die Wirklichkeit war, die ich einst in der Kommune erlebt hatte. Ich fragte mich nur, wo all die anderen geblieben waren, denn wir begegneten keiner Seele auf unserem Weg. Nach wenigen Minuten tauchte die Hütte des Lehrers zwischen hohen Bäumen auf. Das Feuer in der Steinmulde vor seiner Tür brannte. Wir setzten uns an unsere gewohnten Plätze vor der Feuerstelle.

»Sämtliche Lektionen, die du je gelernt hast, Jimmy, laufen darauf hinaus, den Frieden überall zu sehen. Wenn dir aufgegangen ist, daß nur Gottes Vision von der Menschheit real ist, fällt es dir nicht mehr schwer, deine Illusionen als solche zu erkennen und in der Wahrheit zu ruhen. Der Friede ist überall. Du kannst das Augenmerk auf ihn richten oder deine Aufmerksamkeit auf Gewalttaten lenken, aber die Wahrheit wird niemals davon tangiert. Die Wahrheit heilt und befreit. Hör auf, den Frieden zum Krieg bringen zu wollen. Laß den Frieden sein, wo er bereits ist, dann zeigt der Friede dir, was du tun oder unterlassen sollst.

Weißt du noch, was ich dir über die Masken gesagt habe, die wir uns vor das ursprüngliche Gesicht mit all seiner Schönheit halten? Die Maskerade, von der ich spreche, ist ein Selbsttäuschungsmanöver, auf das du eines Tages einfach nicht mehr hereinfällst. Niemand kann eine Maske heilen, nur das, was dahintersteckt. Und wie machst du das? Indem du bewußt erkennst, daß das Gesicht hinter der Maske vollkommen unversehrt und perfekt ist. Es ist bereits heil. Hilf den Leuten dabei, ihre Masken abzulegen, damit sie selbst sehen können, wer sie in Wirklichkeit sind, dann bist du ein Heiler. Und mit dem Frieden ist es genauso. Gewalt und Zwietracht sind die Masken, die die Welt trägt, um den Frieden zu verbergen, der unter der Oberfläche verborgen liegt. Du heilst die Welt, indem du ihr die Maske abnimmst, indem du die göttliche Herrlichkeit erblickst, die sich niemals verändert hat.«

Alles machte plötzlich Sinn. Auf einmal verstand ich, was wirklich mit den Worten gemeint war: Der Friede Gottes allein ist real. Friede ist das Fundament der Realität. Augenblicklich wußte ich genau, was getan werden mußte. Es war ja so einfach – wie hatte ich es je übersehen, wie hatte ich der Wahrheit so hartnäckig widerstehen können? Die Antwort war immer vorhanden gewesen, überall, permanent hatte sie mir das Offensichtliche vor Augen geführt, aber ich wollte weder sehen, noch in mich hineinhorchen. Schon lange bevor ich den Boten begegnet war, hatte ich eine Entscheidung getroffen, und nun wußte ich plötzlich, daß nichts und niemand mich davon abhalten konnte, sie in Taten umzusetzen.

»Richtig«, hörte ich den Lehrer sagen. Wir lächelten uns an. »Auch wenn ich dir gesagt hätte, was du machen sollst, wäre dir die Auseinandersetzung mit deinen eigenen Ansichten nicht erspart geblieben. Finde den Frieden in dir, dann laufen dir Menschen, die dir weiterhelfen können, ungefragt über den Weg. Die Menschheit ist reif für diese Botschaft, Jimmy. Ich versichere dir, daß unzählige Ohren gespitzt sind und die tieferen Zusammenhänge hören wollen. Die Menschen wollen ihre heimlichsten und tiefsten Ahnungen bestätigt sehen und die Wahrheit über die Lichtbringer und Boten erfahren. Die Welt wartet darauf, daß etwas, das unerkannt im Herzensgrund jedes Menschen gelegen hat, beim Namen genannt und als echt und wahr und wirklich anerkannt wird. Sag ihnen, was die unsichtbaren Boten und Schutzgeister für sie getan haben, und sag ihnen vor allen Dingen, was du selbst erfahren hast. Erkläre, daß die Erdbewohner jetzt einen Schritt tun wollen, einen Schritt, der so winzig ist, daß man ihn kaum bemerkt. Und doch ist dieser Schritt ein Sprung über den Konflikt hinaus, über die Urangst hinaus, die so lange absolut real gewirkt hat. Erfülle deine Aufgabe: Verkünde die Reife der Menschheit. Und selbst wenn unsere Gruppe hier nicht länger gebraucht wird, bin ich bei dir, wenn du mich brauchst. Ich bin in dir, dort, wo ich schon immer existiert habe. Du wirst erkennen, was du tun sollst. Du hast es schon immer gewußt. Und nun tu es.«

Plötzlich war ich allein. Ich saß aufrecht im Bett. Selbst meine unbestimmte Ahnung, noch nicht alles von den Boten gelernt zu haben, war mit dieser Vision bestätigt worden. Ein Element hatte noch gefehlt, aber bevor ich dieses Verbindungsstück erkennen konnte, mußte ich erst ans Ende meines eigenen Lateins kommen. Nun war mir alles sonnenklar, sogar die Tatsache, daß ich keine Zeit mehr zu verlieren hatte. Ich stand auf, knipste das Licht an und setzte mich an den Schreibtisch. Auf einen leeren Bogen schrieb ich zwei Sätze:

Bote des Lichts
von James F. Twyman

»Man wird mir glauben«, dachte ich im stillen noch kurz. »Die Leute glauben mir, weil sie es müssen.« Es war zwölf Uhr nachts. In den nächsten zwölf Stunden schrieb ich unentwegt weiter.

ZWÖLFTES KAPITEL

Die Geschichte endet nicht

Christliches Friedensgebet

Selig sind, die uns Frieden geben,
denn in ihnen
offenbart sich das Himmelreich.
Wer hören kann, dem sage ich,
liebet eure Feinde,
tut Gutes für sie, die euch hassen,
segnet, die euch verfluchen,
betet für alle, die euch Leid zufügen.
Wirst du auf die eine Wange geschlagen,
so halte auch die andere hin,
und jenen, die dir dein Hemd entreißen,
sollst du auch deinen Mantel nicht vorenthalten.
Gib allen, die um deine Gaben bitten,
und fordere nichts von denen,
die dich bestohlen haben.
Und was du nicht willst, das man dir tut,
das füge auch keinem anderen zu.

Friedenskeime

Gute Geschichten enden nie. Nachdem ich das Buch geschrieben, einen Literaturagenten gefunden und mein Manuskript verkauft hatte, gelangte ich zu dem Schluß, mein Bestes getan zu haben und damit aus, fertig – Erholungspause. Die letzte Fassung war bereits überarbeitet worden, als ein Gefühl an mir zu nagen begann, daß das Ende der Geschichte eine andere Form annehmen sollte. Die Ahnung machte sich zunächst als leises Summen im Hintergrund meiner Wahrnehmung bemerkbar, und je näher ich dem Abschluß kam, desto lauter summte es. Als ich die letzten Worte des vorangegangenen Kapitels zum letzten Mal durchlas, tönte es wie ein unüberhörbarer Paukenschlag: Haltet ein, ihr Druckerpressen, dieses Werk ist unvollendet.

Wellen des Schaffensdrangs trugen mich von der Insel nach Boston zurück. Mit Sicherheit konnte ich das Buch von dort aus eher veröffentlichen. Außerdem wohnten mehrere gute Freunde in Boston, Menschen, denen ich das Manuskript zeigen konnte, auf deren Rat ich hören wollte, nicht zuletzt David, der mir die zwölf Friedensgebete fast zwei Jahre davor gegeben und das Abenteuer in Kroatien damit ins Rollen gebracht hatte. Als ich die Worte »Boten des Lichts« zum ersten Mal vor David aussprach, starrte er mich verblüfft an und erzählte von seiner Freundin Bianca, die einer spirituellen Gemeinschaft in der Nähe von Boston mit dem Namen »Boten des Göttlichen Lichts« angehörte. Er gab mir ihre Telefonnummer, und ich rief sie noch am selben Tag an.

Wir verabredeten uns in einem Café in Quincy, einem verschneiten Vorort von Boston, für den vorletzten Tag vor Weihnachten und saßen einander gegenüber, ohne unsere Getränke anzurühren. In einem unaufhaltsamen Wortschwall erzählte ich Bianca, was ich über die Boten wußte, über den Einen in der Mitte, das Rad und die zwölfstündige Friedensmeditation. Danach blickte sie mich betroffen an und schüttelte den Kopf.

Auf meinen fragenden Blick hin sagte sie: »Was du gerade beschrieben hast, ähnelt den Praktiken der ›Boten des Göttlichen Lichts‹ so haargenau, daß eine Verbindung zwischen den beiden Gruppen bestehen muß.«

Sie schleppte mich in einen Buchladen weiter unten an derselben Straße mit dem verheißungsvollen Namen »Infinity – Unendlichkeit«, um herauszufinden, welche Verlage Bücher mit ähnlichen Themen wie meins publiziert hatten. Spirituelle Schriften und Anleitungen zur Selbsthilfe gab es reihenweise, auch Abenteuergeschichten mit spirituellen Botschaften, aber meine Erfahrungen in Bosnien und Kroatien paßten nicht recht in irgendeine der vorhandenen Kategorien. Dann zog Bianca ein Buch aus einem Regal, das sie gelesen hatte und zeigte es mir. Es war von Nancy Rose Exeter, einem Mitglied der »Boten des Göttlichen Lichts« geschrieben worden und hieß *»Magic at Our Hand«*.

»Hier haben wir einen Verlag, der dein Buch veröffentlichen könnte, Jimmy.« Sie klopfte auf den Umschlag. »Und ich habe ein ganz eigenartiges Gefühl, während ich das sage.«

Wir standen in der Nähe der Kasse und sprachen über meine Chancen, ohne einen Agenten einen Verlag zu finden, bis ich merkte, daß die Frau hinter der Kasse immer wieder zu uns herüberblickte, als hörte sie auf unser Gespräch. Ich hielt sie für die Inhaberin des Ladens und nickte ihr entschuldigend zu.

»Sie haben ein Buch geschrieben?« fragte sie daraufhin.

Ich trat vor die Kasse und entgegnete: »Ja. Ich habe den Sommer in Kroatien und Bosnien verbracht und schier unglaubliche Dinge erlebt. Jetzt suche ich einen Literaturagenten, der mich vertritt. Wissen Sie zufällig jemanden?«

Sie stutzte, besann sich und sagte dann: »Sie haben entweder Glück oder einen guten Riecher. Meine Freundin ist eine Literaturagentin. Ihr Name ist Sandy Satterwhite, und jetzt gehe ich nach hinten und hole ihre Telefonnummer. Augenblick bitte – oh ja, mein Name ist Kathy.«

Lächelnd streckte sie mir ihre Hand entgegen. Ich schüttelte sie. Dann ging Kathy in ihr Büro.

Bianca und ich standen mit angehaltenem Atem da und wechselten vielsagende Blicke. »Ich habe ein ausgesprochen gutes Gefühl über alles, was sich anbahnt«, meinte sie dann. »Dieses Buch wird ohne Mühe von deiner Seite veröffentlicht, glaub's mir.«

Am Tag nach Weihnachten rief ich Sandy Satterwhite an. Am Telefon wollte ich nicht allzuviel preisgeben, und so sagte ich nur: »Im letzten Sommer bin ich eingeladen worden, ein Friedenskonzert in Bosnien und Kroatien zu geben. Als ich dort ankam, hat ein Einheimischer mich in die Berge geführt, wo ich etwas absolut Unglaubliches erlebt habe. Jetzt hoffe ich, daß wir uns heute nachmittag zum Kaffeetrinken treffen können, damit ich Ihnen die Geschichte erzählen kann.«

Wir trafen uns um drei Uhr nachmittags in einem Café. Ich erkannte sie sofort: Sie war die kleine, blondhaarige Frau, deren Blicke über alle Tische schweiften, als suchte sie jemanden. Wenige Minuten darauf erzählte ich bereits frisch drauflos, ermuntert von der Art, wie sie lächelte, staunte und gelegentlich nickte. Das Interesse, mit dem sie die Geschichte aufnahm, wirkte so anregend auf mich, daß ich die Zeit vergaß. Eine Stunde später erklärte sie, daß sie nach Hause fahren, ihre restlichen Termine absagen und mein Manuskript noch an jenem Abend lesen würde. Um neun Uhr abends klingelte mein Telefon.

»Hi Jimmy, hier ist Sandy. Gute Nachrichten: Schon während wir im Café saßen, kam mir ein Verlag in Kalifornien in den Sinn, der genau richtig für dich ist. Die Verleger sind gute Freunde von mir und – du wirst es nicht für möglich halten –, aber beide sind ›Boten des Göttlichen Lichts‹. Nachdem ich dein Manuskript gelesen hatte, bin ich zum Telefon gegangen, habe Brenda angerufen und ihr ein bißchen über den Inhalt deines Buches erzählt. Sie war begeistert und will das Manuskript noch heute nacht lesen.«

»Wie heißt der Verlag?« fragte ich.

»Aslan. Er nennt sich ›Aslan Publishing Company‹.«

Der Name kam mir bekannt vor. »Hat Aslan ein Buch von Nancy Rose Exeter mit dem Titel ›*Magic at Our Hand*‹ herausgegeben?«

»Ja.«

Von diesem Augenblick an vertraute ich vollends darauf, daß mein Lehrer mir die Wahrheit gesagt hatte. In jeder Hinsicht. Selbst die unglaublichsten Verheißungen erfüllten sich, wenn auch nicht immer zur ersehnten Zeit.

»Ich lasse Brenda das Manuskript noch heute nacht per Kurier zukommen. Nach allem, was sie gesagt hat, hört es sich an, als würde sie es kaufen, aber ich will dir keine falschen Hoffnungen machen.«

Eine Woche später erhielt ich die gute Nachricht. In weniger als einem Monat hatte ich das Buch geschrieben, eine Agentin gefunden und nun auch einen Verlag. Dennoch war die Geschichte noch nicht abgeschlossen. Für mich fühlte es sich an, als hätte die zweite Etappe eben erst begonnen.

Eine Lektorin wurde beauftragt, das Manuskript zu redigieren. Zwei Tage, nachdem ich die frohe Botschaft erhalten hatte, rief ich sie an. Sie hatte die erste Fassung gelesen und machte Änderungsvorschläge.

»Wissen Sie, ich muß Ihnen die Wahrheit sagen«, begann sie. »Zuerst war ich nicht sonderlich hingerissen von dem Manuskript, aber da alle anderen es gut fanden, habe ich mich hingesetzt und nachgedacht. Dabei ging mir auf, daß es sich bei dieser Geschichte um mehr als eine normale Erzählung handelt. Und wenn ich es so sehe, muß noch einiges deutlicher erklärt werden. Ich kann mir nicht helfen, aber ich glaube, daß Sie mir etwas vorenthalten haben. Außerdem müßte für mein Gefühl noch etwas nachkommen.

Intuitiv verstand ich, was sie meinte, und fing sofort an, die erste Fassung zu überarbeiten. Nach einer Woche erkannte ich auch, was sie mit dem letzten Satz sagen wollte.

Je näher ich dem letzten Kapitel kam, desto stärker wurde auch mein Gefühl, daß noch etwas nachkommen mußte. Und dann geschah etwas Bemerkenswertes. Wenige Tage vor dem Abschluß meiner Überarbeitung hatte ich einen Traum. Manche Einzelheiten sind mir entfallen, aber ich erinnere mich noch sehr genau, daß ich mich auf einem Grundstück befand, wo kroatische, serbische und bosnische Menschen in Frieden und Eintracht zusammenlebten. In der folgenden Nacht hatte ich denselben Traum und in der Nacht darauf wieder. Nachdem ich zum drittenmal von dem utopischen Kommunemodell geträumt hatte, wußte ich, daß ich das Sinnbild nicht ignorieren durfte. Ich rief Snjezana in Rijeka an, um sie zu fragen, ob sie sich einen Reim auf meinen Traum machen konnte.

»Es ist doch nicht zu fassen«, rief sie. »Vor drei Tagen bekomme ich einen Anruf von einem Dichter in Sarajewo, der dir ein Angebot gemacht hat. Wie du weißt, haben die Friedensverhandlungen zu einem neuerlichen Waffenstillstand geführt, und nun wollen viele, daß du noch einmal kommst und Konzerte in Sarajewo gibst. Und jetzt kommt's, Jimmy: Das Erstaunliche ist, daß der Dichter in der Kommune *lebt*, von der du geträumt hast, in Sarajewo, an einem Platz, an dem Angehörige aller Völkerstämme zusammenleben und jedem zeigen, was möglich ist, wenn man sich weigert, an den Krieg zu glauben.«

Zwei Wochen später saß ich im Flugzeug nach Venedig. Snjezana hatte mir versprochen, Duro über meine Ankunftszeit zu informieren. Er sollte mich noch einmal zu den Boten bringen. Ich mußte dringend mit dem Lehrer sprechen und war mir sicher, daß auch dies zum größeren Plan gehörte. Um das Buch zu schreiben, mußte ich nach Amerika gehen, doch sobald dieser Auftrag erfüllt worden war, sollte ich wiederkommen, um meine Ausbildung fortzusetzen. Während ich die Geschichte schrieb, erlebten alle Charaktere in dem Buch die Fortsetzungsfolgen.

Bei meiner zweiten Fahrt von Triest nach Rijeka stieg ich in einen halbvollen Bus, setzte mich ganz hinten ans Fenster und verstaute meinen Rucksack und die Gitarre griffbereit im Gepäcknetz. Mein Reisepaß steckte in der Brusttasche meines Mantels, aber am Grenzübergang nach Slowenien wurden wir gar nicht erst überprüft. An der Grenze zwischen Slowenien und Kroatien stempelte ein Soldat eine Aufenthaltsgenehmigung für dreißig Tage in meinen Paß, ohne daß ich ihn darum bitten mußte. Keinem der Passagiere wurde offen kundgegebenes Mißtrauen entgegengebracht, niemand wurde zum Aussteigen gezwungen, dennoch war auch jetzt offensichtlich, daß dieses Land noch immer nicht im Frieden lebte.

Eine Zeitlang fuhren wir die gewundene Küstenstraße an der Adria entlang. Es war ein frostiger Wintertag, auch wenn die Sonne in blendenden Spiegelungen vom Meereswasser zurückgeworfen wurde und sich an den Fensterscheiben brach, bis mir die Augen schmerzten. Mit wachsender Erregung sah ich meiner Ankunft in Rijeka entgegen. Meine Freunde würden mich an der Endstation abholen und in die Arme schließen; mit Küssen und Umarmungen sollte unser nächstes Abenteuer beginnen. Meine Erwartungen wucherten bis ins Unermeßliche aus, denn, wie David schon gesagt hatte: Alles war möglich. Alles.

Mit vorgestrecktem Kopf hielt ich nach Snjezana, Gordana und Nadina Ausschau, als der Bus in die Haltestelle einfuhr. Ich sprang als erster aus der Tür und ließ eine freudestrahlende kleine Person in meine ausgebreiteten Arme hüpfen.

»Oh, Jimmy, du ahnst nicht, was inzwischen alles passiert ist«, flüsterte Nadina in mein Ohr. »Und jetzt wird es noch spannender, das ist mir schon klar.«

Gordana und Snjezana schlangen ihre Arme um uns beide und sprudelten mir Willkommensgrüße entgegen. Kurzerhand packten sie meinen Rucksack und die Gitarre, weigerten sich, mir mein Gepäck zurückzugeben, und

Snjezana rief: »Komm jetzt, wir gehen zum Essen, und du erzählst uns als erster, was du erlebt hast.«

Wir tanzten über den Bürgersteig auf das Stadtzentrum zu. Kurz darauf saßen wir in einem Restaurant mit Blick auf den Hafen und tranken Kaffee. Während es Abend wurde und die Lichterketten auf den Schiffen am Kai der Reihe nach aufleuchteten, erzählte ich von der Verwirrung und Depression, die mich nach meiner Ankunft in Amerika wie hinterrücks überfallen hatten. Dann sprach ich über den Traum von meinem Lehrer und die Gewißheit, die sich mit dem Schreiben eingestellt und schließlich zu der Einsicht geführt hatte, daß das letzte Kapitel erst noch von uns allen erlebt werden mußte. Die Frauen hielten meine Schilderungen zwar für erstaunlich aber nicht überraschend. Alle drei meinten einstimmig, daß die Offenbarungen, wenn sie einmal angefangen haben, nie mehr ein Ende nehmen.

Snjezana erklärte, daß Duro mich am nächsten Tag treffen wollte, aber ob er bereit war, mich zu den Boten zurückzuführen, stand noch offen. Er hatte etwas über einschneidende Veränderungen verlauten lassen, was mich, gelinde gesagt, beunruhigte. Der Gedanke, meinen Lehrer nicht unter vier Augen sprechen zu dürfen, nachdem ich extra deswegen um die halbe Welt geflogen war, hätte mir den Wind aus den Segeln genommen, wenn ich die Idee nicht sofort als absurd von mir gewiesen hätte.

Wie zuvor sollte ich bei Nadina leben, obwohl sie sich vielmals entschuldigte, daß nur das winzige Wohnzimmer ihres Appartements geheizt war. Und nun erzählte sie ihre Geschichte: Es war ihrer Mutter inzwischen gelungen, in ein Flüchtlingsprogramm aufgenommen zu werden, das Auswanderungen nach Kanada in die Wege leitete, und so war die ganze Familie in Aufbruchstimmung als ich eintraf. Nervös berichteten Ned und Neda, daß sie Kroatien zwei Wochen darauf endgültig verlassen würden, wenn alles gutging, und fragten mich, was ich davon hielt. Ich beglückwünschte sie und schwärmte von Kanada: Vergleichsweise wenig Arbeitslose, tolerante Bürger in einem gutfunktionierenden Staat; Nadina und ihr Bruder würden ins College gehen können, und selbst das Wetter war mit dem ihres Landstrichs vergleichbar.

In Rijeka hatte sich trotz eines längeren Waffenstillstands nicht viel verändert. Die meisten Flüchtlinge blieben in Lagern sitzen und konnten sich keine Hoffnung auf eine baldige Rückkehr in ihre Heimat machen. Für Flüchtlinge aus den von bosnischen Serben besetzten Landstrichen, wie Nadina und ihre Familie, gab es ohnehin keine Heimat mehr. Ihre Häuser und Höfe existierten nicht länger, zahllose Dörfer und ganze Stadtteile in den Metropolen waren zerstört worden. Außerdem äußerten die meisten ehemaligen Jugoslawen auch jetzt noch sehr pessimistische Prognosen, was die Chance für einen dauerhaften Frieden betraf. Die NATO-Streitkräfte konnten die Gegner zwar voneinander trennen, aber die entscheidende Veränderung mußte sich im Bewußtsein der Einwohner dieses Landes vollziehen.

Snjezana hatte mir gesagt, daß Duro mich allein treffen wollte, in einem Café in der Nähe von Nadinas Wohnung mit Namen »Filodramatica«. Ich fragte mich, warum er schon wieder so geheimnisvoll tat, nachdem wir alle bereits hinlänglich eingeweiht worden waren. Als ich ankam, saß nur eine Handvoll Raucher an den hinteren Tischen, also bestellte ich einen Cappuccino und wartete an einem Fenstertisch. Ein paar Minuten später trat Duro durch die Tür.

Ich stand auf und umarmte ihn. »Ich bin so froh, dich zu sehen, Duro!«

»Gleichfalls, Jimmy.« Er strahlte mich an. »Es überrascht mich nicht, daß du schon wieder hier bist. Snjezana hat mir alles über deine schriftstellerischen Eskapaden erzählt. Anscheinend hast du alles recht gut verkraftet und deine Lektionen angewandt. Bald wird die ganze Welt von der Anwesenheit der Boten erfahren.«

»Duro, ich will meinen Lehrer und all die anderen noch

einmal sehen, bevor ich nach Sarajewo fahre. Ich brauche dich, um den Weg zu finden, aber wir haben nicht viel Zeit.«

»Sag mir, warum du die Boten sehen willst.«

»Aus vielen Gründen. Es gibt noch so viel für mich zu lernen, tausend Dinge, die der Eine in der Mitte mir noch nicht sagen konnte. Außerdem glaube ich, daß ich hierhergeholt worden bin, Duro. Ich bin zum Lehrer zurückgeführt worden.«

»Du hast alles erfahren, was du wissen mußt, um deine Aufgabe zu erfüllen.«

»Woher weißt du das?« entgegnete ich. »In Amerika ist sehr viel passiert, und alles hat mir bestätigt, daß ich wiederkommen soll. Ich kann mir nicht vorstellen, daß ich zurückgerufen werde und mir dann gesagt wird, daß ich meinen Lehrer nicht wiedersehen darf. Du mußt mich zu ihm bringen. Ich bitte dich. Ich bin nicht um die halbe Welt geflogen, um dann, sozusagen beim Endspurt, auf der Strecke zu bleiben.«

Duro schwieg eine Weile, als müßte er sich zu einem Entschluß durchringen. »Okay, wir fahren heute noch, aber ohne die anderen, ist das klar? Gut. Ich gehe nach Hause und packe ein paar Sachen. In zwei Stunden hole ich dich vor der Tür von Nadinas Haus ab.«

Ich hinterließ Nadina eine Notiz, um ihr zu sagen, was passiert war. Nun hatte ich sie schon am ersten Tag enttäuscht, aber anders ging es nicht. Gordana und Snjezana erklärte ich am Telefon, warum sie nicht mitfahren konnten und wie leid es mir tat. Obwohl ich nicht mit Sicherheit sagen konnte, wie lange ich unterwegs sein würde, sollten sie die Termine für meine Konzerte in Sarajewo ruhig festlegen und alles Notwendige vorbereiten. Irgendwie würden wir es schon schaffen.

Auf die Minute pünktlich stand Duros Wagen vor der Tür. Während der Fahrt fiel mir auf, daß Duro sich noch distanzierter als gewöhnlich verhielt und ich fragte ihn, was im vorangegangenen Sommer in der Kommune passiert war. Einsilbig antwortete er, er habe die Boten nur einmal besucht, allein, und seither habe sich nichts verändert. Ich spürte weiterhin, daß er mir etwas vorenthielt, aber als ich ihn fragte, ob der Lehrer etwas über mich gesagt hatte, blieb er mir die Antwort schuldig. Da ich alles Wissenswerte ohnehin bald selbst hören sollte, bedrängte ich Duro nicht weiter.

Gegen Mitternacht erreichten wir den verlassenen Bauernhof mit der Scheune, hinter der wir beim letzten Mal geparkt hatten. Es war viel zu spät, um unseren Fußmarsch jetzt noch zu beginnen. Nachdem Duro das Gehöft durchsucht und sichergestellt hatte, daß wir die einzigen Eindringlinge waren, schleppten wir unsere Ausrüstung in den eiskalten, zugigen Wohnraum des Bauernhofs und breiteten unsere Schlafsäcke vor dem Kamin aus. Duro entfachte ein Feuer, dann saßen wir in Decken aus Duros Kofferraum vermummt davor und starrten in die Flammen.

Nach einer Weile sagte ich: »Ich habe das Gefühl, daß du mich nicht zu den Boten bringen wolltest, Duro. Ist irgend etwas im Gange, oder bilde ich mir nur ein, daß du mir bestimmte Dinge nicht sagen willst?«

»Ich wollte dich zu den Boten bringen«, sagte er. »Aber ich will nicht darüber sprechen, bevor wir in der Kommune angekommen sind. Morgen wirst du verstehen, was mich bewegt, das verspreche ich dir. Bis dahin bitte ich dich, mir keine Fragen mehr zu stellen. So, und jetzt schlafen wir.«

Ich streckte mich auf dem staubigen Boden aus und versuchte einzuschlafen. Obwohl ich todmüde von der tagelangen Reise war, fand ich keine Ruhe. Was war es, das Duro mir erst am Tag darauf sagen konnte? Warum schürte er meine Ängste mit seiner Geheimniskrämerei? War den Boten etwas zugestoßen? Ich warf mich die ganze Nacht lang von einer Seite auf die andere und fand keine bequeme Position.

Um sieben Uhr früh marschierten wir mit Rucksäcken

bepackt auf den Mischwald zu. Duro behauptete, daß die Soldaten beider Armeen das Gebiet inzwischen weitgehend verlassen hätten und erzählte dann etwas mehr von seiner Gefangennahme. Zwei der Soldaten hatten ihn sehr bald eingeholt, worauf er ihnen die Kräuter entgegenhielt, die er wohlweislich schon während unseres Aufenthalts in der Kommune gesammelt und in seinem Rucksack verstaut hatte. Sie hielten jeden für verdächtig, der sich in der Gegend herumtrieb, aus welchen Gründen auch immer, und Duro stimmte ihnen bereitwillig zu, erklärte aber, daß gewisse Pflanzen leider nur in diesen Bergen wuchsen und er, als Arzt, die Verpflichtung habe, seine Patienten trotz der Gefahren mit wirksamen Heilmitteln zu versorgen. Die Soldaten transportierten ihn in eine nahegelegene Stadt, wo er stundenlang verhört wurde. Da seine Papiere nachweislich in Ordnung waren, blieb ihnen nichts anderes übrig, als ihn freizulassen. Er überzeugte sie sogar davon, daß sein Auto liegengeblieben war und überredete sie, ihn in ein Dorf zu fahren, an dem Busse nach Rijeka vorbeikamen.

»Und nun erzähle mir von deinem Buch«, sagte Duro.

Ich zögerte, weil er nur in seltenen Fällen Interesse an Informationen solcher Art zeigte. »Alles, was der Lehrer gesagt hat, ist eingetroffen«, begann ich. »Monatelang habe ich mich mit Widerständen herumgeschlagen und bin immer tiefer abgesunken, aber als ich am Nullpunkt angelangt war und endgültig aufgeben wollte, wendete sich alles zum Guten. Kaum hatte ich die Angst losgelassen, fing ich an zu schreiben, und danach geschah ein Wunder nach dem anderen, und ganz von selbst. In kürzester Zeit tauchten verschiedene Leute auf, die dafür gesorgt haben, daß das Manuskript in die richtigen Hände geriet. Es ging so schnell, daß ich das Gefühl hatte, die Zeit läuft uns davon – als müßten wir unsere Arbeit in höchster Eile erledigen.«

»Das ist wahr, aber nicht aus den Gründen, die du dir vorstellst«, entgegnete er. »Glaub bitte nicht, daß du dich beeilen mußt, um einem schrecklichen Ereignis oder einer Katastrophe zuvorzukommen. Die Ereignisse überschlagen sich, weil die Menschheit ganz einfach reif für rasche Veränderungen ist. Das einzige, was derartige Umwandlungen bisher verhindert hat, ist Angst. Aber die Angst ist jetzt so weit freigesetzt worden, daß die Liebe allmählich zum Vorschein kommt. Angst ist wie eine dunkle Wolkenbank. Wenn sie verdunstet, kann das Licht, das immer schon vorhanden war, beim besten Willen nicht länger geleugnet werden.

Die Menschheit steht an einem entscheidenden Wendepunkt, Jimmy, und das ist es, was du mit deinem Buch bestätigst. Die kollektive Rückkehr zur Liebe wird jetzt in zunehmendem Tempo vollzogen, bis keine Wolke mehr zu sehen ist, nur noch Licht. Und was wir erleben, ist erst der Anfang. Vieles wird sich noch ändern müssen, doch der entscheidende Schritt ist getan worden. In dieser Zeit werden immer mehr Menschen ihre Rollen als Boten des Lichts akzeptieren, und damit verblaßt die Welt, wie wir sie bisher gekannt haben. Du und alle anderen, an die der Aufruf ergangen ist, dienen als Modell für eine unaufhaltsame Transformation. Ihr werdet euch nicht über die Menge erheben wie Gurus, sondern mitten in der Menge stehen und euch gegenseitig voller Anteilnahme unterstützen. Ihr werdet die imaginäre Kluft zwischen der Angst und der Wahrheit allein schon durch eure Gegenwart überbrücken. Ihr habt eure Erlösung akzeptiert, und wer die Erlösung für sich selbst akzeptiert, verbreitet sie für alle, die bereit sind, sie anzunehmen. Alle Menschen, die dir auf mysteriöse Weise über den Weg gelaufen sind und dir geholfen haben, sind dem Aufruf gefolgt, der dich im letzten Sommer hierhergetragen hat. Jeder spielt eine unersetzliche und einzigartige Rolle, und jede Rolle läuft auf eins hinaus: Erkenne dich selbst als gerettet und rette alle damit. Die Welt hat sich verändert, Jimmy, auf eine Weise, die dir noch nicht vollends bewußt ist.«

Schweigend marschierten wir weiter. Eine leichte

Schneedecke lag über dem Boden und hüllte den Wald in milchiges Licht. Ich versuchte mir zu merken, welchen Weg Duro einschlug, um im Falle eines Falles allein zurückfinden zu können, aber Duros Wege waren unergründlich, sie verliefen im Zickzack zwischen Baumgruppen, umrundeten Schluchten, vermieden Klippen, und im Schnee sah eine Tanne wie die andere aus. Nie würde ich unsere Fußspuren wiederfinden.

Plötzlich erkannte ich das langgestreckte Saatfeld, das jetzt unter Eiskrusten überwinterte. Beim Aufblicken sah ich das erste Haus der Kommune in der Ferne liegen und rannte darauf zu. Wir hatten es geschafft! Ich ließ Duro hinter mir, blickte auf meine Armbanduhr, es war kurz nach eins: Die Sitzung mußte beendet sein, das Mittagessen im Haus der Begleiter vorbereitet. Ich raste den Fußpfad entlang, sah das liebe, alte Holzhaus unter schneebedeckten Bäumen liegen, aber kein Licht hinter den Fensterscheiben, keinen Rauch aus dem Schornstein steigen. Ich warf meinen Rucksack auf den Boden und lief zur Tür.

Das Haus war kalt und menschenleer. Horchend blieb ich eine Weile im Türrahmen stehen, um herauszufinden, wo sie alle stecken mochten. Ich hörte keinen Ton und lief nun mit wachsender Verzweiflung auf das Meditationsgebäude zu. Schon von weitem sah ich die halb offenstehende Tür. Beim Eintreten stellte ich fest, daß das Rad verschwunden war, selbst der Weihrauchduft hatte sich verflüchtigt. Keine Spur war von den Symbolen übriggeblieben, aus denen die zwölf Speichen bestanden. Ich stand allein in einem leeren Raum.

»Das ist es, was ich dir nicht sagen konnte.« Ich hörte Duros Stimme hinter mir.

»Wo sind sie?!« schrie ich

»Verschwunden, wie ich dir gesagt habe. Erinnerst du dich? Von Anfang an habe ich dir erklärt, daß du eines Tages kein Anzeichen mehr von ihrer Gegenwart finden wirst.«

»Was heißt ›verschwunden‹? Wohin? Mein Lehrer hätte mich nicht hierherbestellt, wenn er spurlos verschwinden wollte. Jedenfalls kann ich mir so etwas nicht vorstellen!«

Duro trat nahe an mich heran. »Du warst das letzte Glied in einer langen Kette, Jimmy. Mit dir endet ihre Mission. Seit Jahrtausenden haben sie eine Rolle als Hüter der Menschheit gespielt, und nun ist eine neue Menschheit geboren worden. Vielleicht steckt sie noch in den Kinderschuhen, aber mit deiner Hilfe besinnt sie sich auf ihre Reife, ihre unverwüstliche Stärke. Das Friedensreich Gottes hat sich aufgetan, es ist hier und will auf Erden verwirklicht werden. Das ist es, was dein Lehrer demonstriert hat, worauf all seine Lektionen dich jeden Tag hingewiesen haben. Mit der Freisetzung der Angst sind die Grenzen, die den Menschen scheinbar von seinem Ursprung trennen, fortgeschwemmt worden. Aber selbst diese Phase liegt jetzt hinter dir. Immer mehr Menschen treten ins Licht und werden damit selber zu Boten. Es ist wie ein Schneeball, der von der Spitze eines Berges rollt und auf seinem Weg ins Tal immer riesiger wird. Niemand kann die Lawine jetzt noch aufhalten. Das Universum wird demnächst davon verschluckt.«

»Aber warum hast du mich hierhergebracht? Was soll das, wenn du wußtest, daß sie nicht mehr hier sind?« Die Enttäuschung brach aus mir hervor.

»Weil du es selbst sehen mußtest«, antwortete er leise. »Sei nicht traurig, die Boten sind in dir. Sie sind dort, wo du sie jederzeit finden kannst. Sie haben einen Samen in dich hineingelegt, der in die Höhe geschossen ist. Jetzt mußt du in die Welt gehen und geben, was du empfangen hast. Die neue Menschheit entwickelt sich nicht plötzlich. Hier und dort brechen Samen auf und reifen heran, um den Zyklus bald auch aus eigener Kraft fortzusetzen. Einzelne Menschen und kleinere Gruppen sind bereits reif. Während andere nachziehen, wird die neue Menschheitsvision mit zunehmender Geschwindigkeit in immer weiteren Kreisen verbreitet, bis die Allgemeinheit sich ganz plötzlich in dieser Vision wiedererkennt. Ein neues Zeitalter beginnt. Die alte Weltanschauung gerät allmählich in Vergessenheit. Die Boten sind verschwunden, weil sie nicht länger gebraucht werden. Von nun an kann das Menschenvolk auf eigenen Beinen stehen.«

»Und was wird aus mir?« fragte ich. »Hat der Lehrer mich nur hierhergebracht, um mir diese Einöde vor Augen zu führen?«

»Eine Lektion steht dir noch bevor, deshalb hat er mich beauftragt, dich in jeder Hinsicht zu unterstützen. Er hat mir gesagt, daß alles an seinen Platz fällt, wenn du diese letzte Lektion lernen kannst.«

»Was soll das heißen?«

»Diese Lektion wird dir nicht hier gegeben, sondern an der nächsten Station – in Sarajewo. Dort geschieht etwas. Mehr weiß ich nicht. Aber wie immer geschieht das Wesentliche von selbst, ohne daß du dich darum bemühen mußt.«

Wir gingen wieder nach draußen. Ein leichter Wind bewegte die Baumwipfel hoch über uns und zeigte mir ein Stück klaren Himmel. Hilfesuchend schaute ich in die Höhe. Ich fand es weiterhin unglaublich, daß ich den endlos langen Weg von Amerika bis zu der Kommune zurückgelegt hatte, um ein trostlos verlassenes Hüttendorf vorzufinden.

Wider besseres Wissen fragte ich noch einmal: »Duro, wo sind sie alle hingegangen?«

»Ich weiß es nicht. Die Begleiter sind höchstwahrscheinlich in ihre Heimatländer zurückgefahren und haben ihr früheres Leben wieder aufgenommen. Was die Boten und den Lehrer betrifft, so kann ich nur sagen, daß sie nicht länger physisch anwesend sind, weil sie ihre Körper nicht mehr brauchen. Insofern kann man sie jetzt sogar leichter erreichen als je zuvor. Der Lehrer ist in diesem Augenblick bei dir. Er begleitet dich. Du bist nicht allein, Jimmy, spürst du es denn nicht?«

Den Rest des Tages wanderte ich durch das verödete Kommunegelände. Am späten Nachmittag legte ich Trockenholz in die Feuerstelle vor der Hütte meines Lehrers und setzte mich auf meinen Stammplatz vor die Flammen. Unsere Zwiegespräche gingen mir durch den Kopf und dazu immer wieder ein Gedanke: Ich mußte beenden, was an dieser Stelle begonnen hatte. Meine Gedanken schweiften in die Zukunft, versuchten zu erahnen, was mir in Sarajewo bevorstand. Die Angriffe auf die Stadt waren eine Zeitlang eingestellt worden, aber der Haß lebte weiter. Duro und ich verbrachten die Nacht im ehemaligen Haus der Begleiter und traten die Rückreise nach Rijeka früh am nächsten Morgen an.

»In einer Woche fahren wir nach Sarajewo«, sagte Snjezana als ich ihr Büro betrat. »Ich habe gerade mit einer Frau von Suncokret gesprochen, die alles in die Wege leitet, und weißt du, wer ihr bei der Organisation deiner Konzerte geholfen hat?! Ein berühmter bosnischer Schauspieler, den jedes Kind bei uns kennt. Sein Name ist Josip Pejakovic. Er ist der Direktor einer Friedensorganisation in Sarajewo, die alle Unkosten trägt, aber wir müssen allein fahren. Nadina kann sowieso nicht mitkommen, und außerdem wird kein bosnischer Flüchtling ins eigene Land zurückgelassen. Gordana hat nicht genug Geld für die Reise. Stell dir vor: Eine Busfahrt von Rijeka nach Sarajewo kostet inzwischen schon über dreihundert Mark, weil die Fahrt auch jetzt noch als lebensgefährlich gilt.«

»Wirklich?« warf ich ein. »Ich dachte, daß man jetzt, nach dem Ende des Krieges, endlich einigermaßen sicher ist.«

»Die Bombenanschläge haben aufgehört, aber die Situation ist weiterhin grauenhaft. Bosnien ist kaputtgeschlagen worden, die Leute haben kein Geld und nichts zu essen. Sie rauben sich gegenseitig aus oder erschießen die eigenen Leute auf der Straße.«

Am selben Abend wurden Snjezana und ich gebeten,

bei einem Volksfest in einem Dorf in der Nähe von Rijeka mitzuwirken. Wir sollten für zwei Mitglieder einer Gruppe von Tänzern einspringen, die in letzter Minute abgesagt hatte. Bevor ich recht wußte, wie mir geschah, saß ich in einem Auto voller singender Kroaten und wurde nach Grobnik gekarrt. Ein zweites Auto fuhr hinter uns her, ebenfalls voll besetzt, denn der ganze Zirkel nahm seit Jahren an der »Maskare« teil, wie das Volksfest genannt wurde. Snjezana erklärte mir auf der Fahrt, daß Leute von fern und nah herbeiströmten, um den nahen Frühlingsanbruch mit kostümiert vollführten Tänzen zu feiern, die an vier aufeinanderfolgenden Sonnabenden um neun Uhr abends begannen und bis zum Morgengrauen dauerten. Erst jetzt zeigte man mir mein Kostüm. Es war in mühevoller, monatelanger Arbeit genäht worden und glich den gelben, mit Federn bestückten Kostümen der anderen: Wir gingen geschlossen auf den »Maskareball«, jeder als Huhn verkleidet.

Traditionsgemäß fand das Frühlingsfest in einer riesigen, eigens für den Zweck errichteten Zelthalle auf dem Marktplatz von Grobnik statt. Um zehn Uhr, als wir eintrafen, waren die Feierlichkeiten bereits in vollem Gange. Als erstes fiel mir eine Truppe Pilze auf, die uns mit wippenden Hüten vorausging und uns ins Getümmel schleuste. Überall standen Gruppen von einheitlich und sehr elaborat ausstaffierten Leuten zusammen. Zwei Dutzend Pantomimen ließen ihre Spazierstöcke durch die Luft wirbeln, eine Fünferkombo spielte kroatische Tanzmusik – eine einzigartige Mischung aus Disco- und Polkaelementen, zu der zwanzig Männer in Frauenkleidern mit martialischer Gewalt tanzten. An einem Pfosten baumelte ein ausgestopfter Soldat, dem man den Hals umgedreht hatte, aber ich wagte nicht, nach der Bedeutung solcher Dekorationen zu fragen. Wein wurde in wiederverwendeten Coladosen und Wodkaflaschen serviert, dunkle Schwaden von Zigarettenrauch versperrten mir die Sicht auf das Treiben weiter hinten, klar war nur, daß die Menge mit jeder Minute betrunkener wurde. Im Lauf der Nacht tanzten ganze Sippen auf den Tischen und bauten »Türme«, indem die Kleineren auf die Schultern der Größeren stiegen. Irgendwann warf jemand eine Leuchtbombe auf den Tanzboden, wahrscheinlich dem Arsenal der Streitkräfte entwendet. Jäh wurde der Raum von einem unheimlichen, fluoreszierenden Licht erfüllt, Frauen rannten kreischend auseinander. Der Schwefelgestank machte das Atmen von nun an nahezu unmöglich.

Ich hielt mich an meine Freunde, bis es Zeit wurde, die Sieger des Kostümwettbewerbs zu verkünden. Wider Erwarten wurden wir Hühner preisgekrönt. Man überreichte uns eine riesige Zuckertorte, die wir mit jedem an unserem Tisch teilten. Zu meiner Erleichterung durfte ich mein Hühnerkostüm danach ablegen, und so tanzte ich in Jeans und T-Shirt mit Snjezana durch den von schwitzenden Leibern erfüllten Raum, ohne die nächtliche Kälte zu spüren.

Eine der Frauen zupfte mich von hinten am Ärmel und deutete aufgeregt auf meinen Rücken. Als nächstes wurde ich umgedreht, damit Snjezana und alle anderen den Stein des Anstoßes begutachten konnten. Offenbar gefiel ihnen das Design auf meinem Hemdrücken nicht: Eine im Friedenszeichen erhobene Hand, unter der die Worte »Peace Boy« standen. Als ich das Hemd in Chicago gekauft hatte, fand ich es interessant, daß die Hand drei gespreizte Finger in die Höhe hob, anstatt nur zwei, wie es beim Friedenszeichen üblich ist. Ich hielt es für eine kreative Abwandlung des Originals, über die man sich nicht den Kopf zerbrechen mußte, doch nun erklärte Snjezana, daß dies das Handzeichen der serbischen Krieger sei und ich das Hemd ausziehen sollte, wenn mir mein Leben lieb sei. Ich lachte, und da ich nicht mit nacktem Oberkörper dastehen wollte, schüttelte ich die Frauen ab und tanzte allein weiter.

Die Menge war so dichtgedrängt, daß man kaum Platz hatte, wurde aber zunehmend lauter und ausgelassener.

Irgendwann hatte ich Atembeschwerden und versuchte, mir einen Weg nach draußen zu bahnen, um frische Luft zu schnappen. Ich hoffte inbrünstig, daß wir nicht bis zum Morgengrauen durchtanzen mußten, und in dem Moment versetzte jemand mir einen heftigen Stoß von hinten, der mich fast auf den Boden warf. Beim Umdrehen wurde ich von einen breitgebauten Mann am Kragen gepackt, hochgerissen und auf kroatisch angebrüllt. Brüllend versuchte ich ihm klarzumachen, daß ich ihn weder verstand, noch schwerhörig war. Unterdessen wurde ich von weiteren Männern umzingelt. Fünf traten so nah an mich heran, daß einer mit voller Wucht in mein Gesicht schlagen konnte. Ich stürzte zu Boden. Die Fünf standen über mir und traten mir unter lautem Geschrei in die Rippen. Ich hatte keinen Zweifel daran, daß sie mich totschlagen wollten, bis Snjezana plötzlich über mir erschien und die Männer mit ausgebreiteten Armen und zwingenden, kroatischen Befehlen von mir fernhielt. Wahrscheinlich sagte sie, daß ich ein weltfremder Amerikaner sei, der es einfach nicht besser wußte. Sie warf ein weißes Oberhemd über meine Schultern und half mir beim Aufstehen. Widerwillig traten die Männer zurück und ließen mich an Snjezanas Arm davonhumpeln.

Beim Auto tupfte sie mir das Blut ab, während die anderen »Ex-Hühner« ihre Kostüme zusammenklaubten, damit wir die Rückfahrt geschlossen antreten konnten. Das Oberhemd hatte ich mir mittlerweile unter Schmerzen über das T-Shirt gestreift.

»Jetzt verstehst du vielleicht, daß du meine Warnungen ernst nehmen mußt«, schimpfte Snjezana. »Du hast keine Ahnung, wie strapaziert die Gemüter hier bei uns sind. Manche Leute benutzen jeden Vorwand, um ihrem Haß Luft zu machen.«

Ein paar andere aus unserer Gruppe waren mittlerweile beim Auto angelangt und erklärten, wie leid es ihnen tat, daß man mein T-Shirt mit mir darin verprügelt hatte, aber es gab Gründe für solche Verhaltensweisen.

»Ich bin aus Bosnien, aus Doboj«, sagte eine Frau namens Denisa bekümmert. »Doboj ist von den Serben erobert worden, aber meine Familie ist noch ein Jahr lang in der Stadt geblieben. Schreckliche Angst habe ich gehabt, weil viele von meinen moslemischen Freunden vertrieben oder umgebracht worden sind. Viele, viele Male haben sie mich gezwungen, die Hand zu heben und ihnen die drei Finger zu zeigen. Wenn ich mich geweigert hätte, ja… dann hätten sie mich ermordet, das glaube ich bestimmt. Einmal war ich in Jelah – einem Dorf nicht weit von Doboj. Mitten auf der Straße haben sie eine Handgranate in uns hineingeworfen, weil wir nicht das richtige Handzeichen gegeben haben. Die Schrapnelladung hat mir ein Stück aus der Schulter herausgerissen.« Sie entblößte die Stelle und zeigte mir den ersten Teil einer furchtbaren Narbe, dann fuhr sie fort: »Deshalb reagieren viel hier so haßerfüllt auf die Hand mit drei erhobenen Fingern, verstehst du? Großes Unheil ist damit verbunden.«

In der nächsten Woche war ich mit der Organisation meines Konzerts in Sarajewo beschäftigt, während Nadinas Familie schwerwiegende Entscheidungen im Hinblick auf ihren Umzug nach Kanada treffen mußte. Neun Monate davor hatte Nadina einen jungen Mann kennengelernt, und nun erhob sich die Frage, ob die beiden schnell noch heiraten sollten, um gemeinsam nach Kanada auswandern zu können. Wir hatten längere Unterredungen zu dem Thema. Ich warnte Nadina, sich allzu früh zu binden, schließlich war sie erst einundzwanzig Jahre alt, konnte aber keine stichhaltigen Einwände vorbringen, als es hieß, daß beide nur mit dieser Heirat eine reelle Hoffnung auf einen normalen Lebenswandel hatten. Ich gelangte zu dem Schluß, daß sie sich letzten Endes auch ohne mich für diesen Plan entscheiden und zu viert nach Kanada fliegen würden, während ich in Sarajewo war.

Am späten Samstagabend brachte die Familie mich zum Bus. Wir versicherten uns gegenseitig, daß dies der

Beginn eines wunderbaren Abenteuers für uns alle sei, dann umarmte ich Nadina ein letztes Mal.

Im Morgengrauen fuhr unser Bus in Split ein, eine Küstenstadt an der Adria, wo wir umsteigen und uns neue Fahrkarten kaufen mußten, denn Bosniens öffentliche Transportmittel wurden von einer anderen Gesellschaft betrieben. Um sechs Uhr öffnete eine Frau den Verkaufsschalter, Snjezana trat vor und verlangte zwei Fahrscheine nach Sarajewo, worauf die Frau ihr mit einem alarmierten Wortschwall zu verstehen gab, wie gefährlich diese Reise war. Nach einer minutenlangen Debatte hatte Snjezana die Frau davon überzeugt, daß wir das Risiko freiwillig eingehen wollten, und bezahlte unsere Fahrkarten.

Wir waren auf dem Weg zum Bus, als Snjezana abrupt stehenblieb und mich festhielt. »Jimmy, ich muß dir sagen, was ich eben gehört habe. Die Frau am Schalter hat erzählt, daß der Bus nach Sarajewo gestern in Herzegowina liegengeblieben ist. Zwei kroatische Soldaten haben ihn mit Maschinengewehren zum Anhalten gezwungen und die Passagiere ausgeraubt. Dann haben sie ihre Munition verschossen, den Bus durchlöchert und mehrere Insassen attackiert. Der Fahrer wurde bewußtlos geschlagen und liegt jetzt im Krankenhaus. Du, und etwas Ähnliches soll viermal in den letzten zwei Monaten auf derselben Strecke passiert sein. Die Busgesellschaft warnt jeden vor dem Einsteigen. Ich habe gesagt, daß wir trotzdem weiterfahren.«

»Warum attackieren kroatische Soldaten einen bosnischen Bus?« wollte ich wissen.

»Herzegowina ist bitterarm, und die meisten Bewohner halten sich für Kroaten. Nun hat sich herumgesprochen, daß viele den Bus mit Bargeld und wichtigen Versorgungsgütern besteigen, um ihre Verwandten in Bosnien am Leben zu erhalten, und da viele Leute in Herzegowina eingefleischte Rassisten sind, fallen sie über bosnische Transportfahrzeuge her. Wenn die Frau am Schalter sagt, daß wir durch ein unsicheres Gebiet fahren, übertreibt sie nicht.«

Wir setzten uns auf eine Bank vor der Bushaltestelle und fragten uns noch einmal, ob wir die richtige Entscheidung getroffen hatten. Für mich kam jede Überlegung im Grunde genommen zu spät. Etwas in mir trieb mich voran, ungeachtet des Risikos. Ich mußte das große Finale erleben, auf das Duro mich mit seinen kryptischen Bemerkungen über die letzte Lektion des Lehrers vorbereitet hatte. Zu lange waren Snjezana, ich und alle Beteiligten nun schon auf die Konzerthalle in Sarajewo zugesteuert, um in Split wieder umzukehren.

Die Busfahrt begann wie eine Urlaubsreise. Wir wurden durch die herrliche Gebirgslandschaft von Bosnien getragen und staunten über die unberührten Wälder und Seen ringsumher. Erst beim Übergang nach Herzegowina wurde die Realität des Krieges sichtbar. Der Kontrast zwischen der Naturschönheit des Landes und der Zerstörungswut des Menschen verschlug mir den Atem: Ganze Dörfer auf unserem Weg lagen in Schutt und Asche. In den Kleinstädten trat offen zutage, in welchen Häusern die Moslems vor dem Krieg gelebt hatten, denn zwischen brutal verwüsteten Häuserzeilen ragten weißgetünchte Gebäude heraus, die nahezu unversehrt geblieben waren. Seit 450 Jahren hatten viele verschiedene Völkerstämme Seite an Seite in Bosnien gelebt, doch die Intoleranz des Krieges sollte es jedem bis auf weiteres unmöglich machen.

Der Bus fuhr durch Mostar, eine Stadt in Herzegowina, die einst zu gleichen Teilen von Moslems und Katholiken bewohnt wurde. Das Ruinenfeld wollte kein Ende nehmen. Der größte Teil des moslemischen Stadtviertels war entweder dem Erdboden gleichgemacht oder ausgeplündert worden, so daß nur leere Hülsen von den Gebäuden zurückblieben. Ein paar schäbig gekleidete Männer und Frauen wanderten durch müllbedeckte Straßen, ansonsten bewegten sich nur Panzer, Armeefahrzeuge und Soldaten durch diese Welt. Mostar war bis ins Mark von einer unausdenklichen Brutalität getroffen und lahmgelegt worden. Aber nicht von den Serben, sondern von kroatischen Katholiken, denn bei dieser Schlacht ging es um die Kontrolle über diese Stadt. Kroatische Soldaten wurden eingesetzt, um die moslemische Bevölkerung in einem tagelangen Massaker auszumerzen. Da die Mohammedaner keine Waffen und keine Streitkräfte hatten, konnten sie sich nicht verteidigen.

Das vielsprachige Stimmengewirr im Bus wurde lauter, während wir an einem zerschlagenen Dorf nach dem anderen vorüberfuhren. Wie es schien, waren manche Passagiere auf dem Heimweg und sahen ihr Land zum ersten Mal wieder. Andere gehörten verschiedenen Wohlfahrtsorganisationen an oder der Presse, wie drei deutsche Filmemacher, die versuchten, eine Internet-Verbindung auf ihrem Laptop-Computer herzustellen, um Fotos von Bosnien an einen Verlag zu senden. Links und rechts von uns wurden Kameras gezückt, jeder wollte einen Schnappschuß ergattern, der die Realität der Situation akkurat porträtieren konnte, aber vergeblich, wenn man mich fragte. Kein Bild und keine Fernsehreportage hätte mich jemals auf den Anblick vorbereiten können, der sich uns bot.

Die Zufahrtsstraßen nach Sarajewo wurden allesamt von bosnischen Serben kontrolliert. Da Sarajewo in einem Talkessel, umgeben von steil ansteigenden Hügelketten liegt, mußten die Angreifer lediglich alle Zufahrtswege blockieren, um die Stadt auf die Knie zu zwingen, was im Verlauf des Krieges auch tatsächlich geschehen war. Seit vier Jahren saßen Scharfschützen auf den bewaldeten Bergspitzen und schossen einen Zivilisten nach dem anderen ab. Oft wurden massivere Geschütze in die Menge im Tal gefeuert. Einig war man sich nur darüber, daß die Bevölkerung von Sarajewo ohne die Intervention der Europäer und Amerikaner keine Überlebenschance hatte. Seit Kriegsbeginn waren mehr als fünfzehntausend Zivilisten getötet und fünfzigtausend weitere verwundet worden.

Eine Eskorte von fünf IFOR-Panzern begleitete unseren Bus durch die Vororte von Sarajewo; drei fuhren uns voraus, zwei weitere folgten uns, denn das Gebiet lag unter dem Protektorat der französischen Armee. Amerikanische Soldaten leisteten ähnliche Dienste in Tusla, im Westen der Stadt. Die vereinten NATO-Streitkräfte traten hier unter dem Sammelbegriff IFOR in Erscheinung und bemühten sich, den Friedensverträgen eine gewisse Durchschlagskraft durch öffentliche Machtdemonstrationen zu verleihen. Die Dörfer der Serben waren nahezu unversehrt geblieben und wirkten friedlich genug. Erst als wir die Grenze zwischen beiden Kulturkreisen überschritten, erkannte ich das Ausmaß des Hasses. Die Hauptstraße nach Sarajewo war von hohen Wohnblöcken und modernen Geschäftshäusern gesäumt, deren Trümmer zum Teil noch wie zerrissene Zeigefinger in die Höhe ragten. Das ganze bosnische Viertel sah aus wie Oklahoma City nach dem Bombenattentat. Personenwagen sah man kaum noch auf diesen Straßen, dafür um so mehr Armeefahrzeuge und Panzer. An jeder Ecke standen Soldaten mit Maschinengewehren. Wir wurden in ein Schlachtfeld eingeschleust, daran bestand kein Zweifel mehr.

Nach einer achtstündigen Fahrt fuhren wir in die Busstation ein und wurden von Harris empfangen, einem Freund aus Rijeka, der kurze Zeit davor nach Sarajewo gezogen war, seiner alten Heimat. Er hatte uns seine Wohnung zur Verfügung gestellt, während er sich um einen Verwandten kümmerte, der im Krankenhaus lag. Harris' Appartementkomplex lag zwischen mehreren zum Teil zerstörten Mietshäusern am Fuße eines Hügels, der zu den serbischen Dorfgemeinschaften führte und von dessen Spitze man einen Granatwerfer unauffällig in Betrieb setzen konnte. Der Boden vor dem Haus war mit Schneematsch bedeckt; ein kalter Wind pfiff uns um die Ohren, als wir die Stiegen zum zehnten Stock erklommen. Die Stadt hatte die letzten vier Jahre davor zum größten Teil ohne Gas und Wasser auskommen müssen, was bedeutete, daß nicht geheizt werden konnte und Wasser in Eimern von öffentlichen Pumpen herbeigeschleppt werden mußte. Da die Serben wußten, wo sich die Pumpen befanden, kamen viele Zivilisten beim Wassertragen ums Leben. Aber Harris versicherte uns, daß sich die Lage inzwischen in vieler Hinsicht gebessert hatte. Ungefähr zehn Stunden am Tag floß das Wasser aus den Hähnen in seiner Wohnung, das Gas oft sogar zwölf Stunden am Tag, wie er erleichtert verkündete. Für ihn war dies ein Anzeichen der zunehmenden Normalisierung; für mich bedeutete es, daß ich nachts frieren mußte und morgens nicht ausgiebig heiß duschen konnte.

Es war bereits spät nachmittags, als wir unser Quartier betraten, und um sieben Uhr sollte Josip Pejakovic eintreffen, um die Konzerttour in Sarajewo mit mir zu besprechen. Snjezana hatte mir schon viel von ihm erzählt, und ich war sehr gespannt. Dreißig Jahre lang war er der populärste Hauptdarsteller im Nationaltheater von Sarajewo gewesen, aber seine Filmrollen und eine Fernsehserie hatten ihn zum Publikumsliebling im ganzen ehemaligen Jugoslawien gemacht. Seine politischen Ansichten waren schon immer kontrovers gewesen, radikal, wenn man die Kommunisten fragte. Während die Mehrheit eine Völkertrennung bevorzugte, rang er um ein vereintes Bosnien, in dem alle Volksgruppen leben und im Sinne der seit Jahrhunderten etablierten Tradition zusammenarbeiten sollten. Kurz vor dem Krieg war er sogar als Präsidentschaftskandidat für Bosnien angetreten, aber seine ausdrückliche Kampagne gegen den Nationalismus und die Völkertrennung nach religiösen Gesichtspunkten machten ihn unpopulär, nachdem der Krieg so viele Opfer gefordert hatte. So unpopulär sogar, daß er seines Lebens im ganzen Balkan nicht mehr sicher sein konnte und in Sarajewo steckenblieb. Es hieß, daß er Mostar einmal Hals über Kopf verlassen hatte, weil ein Fan ihm in letzter Minute verriet, daß ein Mordanschlag auf ihn geplant war. Danach hängte Josip das Theater und die Politik an den Nagel und widmete sich den Notleidenden in Sarajewo.

Bald wurde er der »Jesus von Sarajewo« genannt und

damit zum dritten Mal berühmt. Irgendwie gelang es ihm, Lastwagen voller Lebensmittel vor den Hungernden abzuladen. Ein Waisenhaus, das für behinderte Kinder gebaut wurde, belieferte er zwei Jahre lang mit sämtlichen Mahlzeiten. Es sprach sich herum, daß er seine Gunst ganz unparteiisch verteilte, worauf auch serbische Familien ihn um Hilfe baten, weil sie in den bosnischen Stadtteilen gequält und verfolgt wurden. Josip Pejakovic besorgte ihnen Autos, füllte ihre Tanks mit Benzin, das zu der Zeit fünfzig Dollar pro Liter kostete, und leitete ihre Flucht in die Wege. Ich war schon sehr gespannt auf diesen Mann.

Es klingelte, und Snjezana öffnete die Tür. Ein hünenhafter, zerknittert wirkender Mann trat ein, unrasiert, mit wirrem Haar und in alten Kleidern. Ich ging ihm entgegen und schüttelte seine Hand. Snjezana stellte uns vor.

»Es ist mir ein Vergnügen, einen Friedenstroubadour begrüßen zu dürfen«, sagte er mit einer tiefen, dramatischen Stimme.«Sarajewo kann mehr als einen von der Sorte gebrauchen.«

Snjezana bat ihn, sich zu setzen und bot ihm Kaffee an. Wir unterhielten uns ein paar Minuten über verschiedene Dinge, die nicht mit meinem Konzert und Sarajewo zu tun hatten, dann lehnte er sich vor und wurde sehr ernst.

»Meine Stadt ist durch die Hölle gegangen«, sagte er. »Jetzt können wir die Straße wieder betreten, ohne uns bei jedem Schritt nach Handgranaten umzusehen, aber der Krieg ist noch nicht beendet. Solange wir uns absondern, bleibt der Haß intakt. Nie werden wir im Frieden leben, es sei denn, wir ändern unsere Gedanken. Deshalb haben wir dich eingeladen, junger Mann. Durch Musik erkennen wir, was uns verbindet und was alle Menschen im Grunde ihres Herzens bewegt. Ich weiß, daß viele dein Konzert besuchen werden.«

Seine Ausdrucksweise erinnerte mich an die der Boten. Ich starrte ihn an, denn soweit ich wußte, hatte er nichts mit ihnen zu tun. Der Dichter, der Snjezana ursprünglich kontaktiert hatte, war mit Josip befreundet, hatte ihn in meine Konzertplanung verwickelt und war dann spurlos von der Bildfläche verschwunden. Niemand wußte, wo dieser Dichter inzwischen abgeblieben war, aber da Josip alles in die Hand nahm und ein Direktor der internationalen Friedensorganisation war, die alle Unkosten trug, fragte keiner von uns lange nach seinem Verbleib. Josip war unser Mann, er besorgte uns die Konzerthalle und Interviews mit den örtlichen Radiosendern.

»Die Seele unserer Stadt sollte auf die Knie gezwungen werden«, fuhr er fort und sah mich aus tiefdunklen Augen an. »Die Serben haben die Stadtbibliothek, die Musikhalle und die Theater von Sarajewo in Stücke geschlagen, alles, was unser Kulturgut repräsentiert. Vor dem Krieg galten wir als ein Zentrum des kulturellen Austauschs wie kein anderes im Osten Europas. Unser Nationaltheater war der Stolz des ganzen Landes. Aber nun… Nun ja, Jimmys Auftritt ist eines der ersten musikalischen Ereignisse nach fast fünf Jahren.«

»Würden Sie je wieder als Schauspieler arbeiten?« fragte Snjezana.

»Nicht hier«, sagte er. »Hier gibt es nichts mehr für mich zu tun. Die Stadt wird von Kulturbanausen regiert, und selbst wenn Interesse an den schönen Künsten bestünde, würde ich nicht mehr auf die Bühne gehen. Ich träume davon, meine Familie nach Amerika zu bringen. Vielleicht kann man dort wieder von vorn anfangen. Aber wie soll ich ins Ausland kommen? Ja, es wäre ein Leichtes für mich, politisches Asyl zu beantragen, aber den Gefallen werde ich niemandem tun. Meine politischen Gegner sollen nicht auf die Idee kommen, daß sie mich in die Flucht geschlagen haben. Was ich beantrage, ist ein kulturelles Asyl, und wenn so etwas nicht existiert, werde ich davon träumen und es damit in die Welt setzen!«

Von dieser ersten Begegnung an wußte ich, daß Josip eine wichtige Rolle in dieser Geschichte spielte. Ich hatte das Gefühl, daß er uns geschickt worden war, oder vielleicht waren wir ihm geschickt worden. Wir würden es sehen.

Die meisten Verabredungen zur Planung meines Konzerts nahmen wir von nun an zu dritt wahr. Wir besuchten ein Komitee, das darüber entschied, in welchem Theater ich auftreten sollte, und fuhren dann zu dem Radiosender, bei dem ich ein Interview geben sollte. Auf der Fahrt deutete Josip auf die ehemalige Stadtbibliothek, einst eines der schönsten Gebäude von Sarajewo, nun eine ausgehöhlte Fassade. Halbe Straßenzüge waren von Bomben zertrümmert und ausgebrannt. Der Schmerz flammte in Josips Augen auf, wenn er den Finger hob und auf eine zerstörte Sehenswürdigkeit nach der anderen zeigte. Immer wieder betonte er, wie prachtvoll die Stadt einmal gewesen sei, und wie entsetzlich beklemmend der Anblick war, der sich uns jetzt überall bot.

Studio 99 war der einzige politisch unabhängige Radiosender in Sarajewo, lag jedoch im Keller eines Regierungsgebäudes. Schon in der Eingangshalle wurde Josip erkannt. Trauben von Menschen hängten sich an ihn, während wir durch einen Korridor liefen und nach den Treppen zum Kellergeschoß suchten. Jeder wollte seine Hände schütteln oder ihn wenigstens ermuntern, bald wieder als Schauspieler aufzutreten, egal wo. Wir näherten uns dem Eingang zum Studio im Kielwasser des jugoslawischen Marlon Brando und gingen im Gedränge unter. Josip behandelte alle, die Neugierigen, die Theaterfans und die Hilfesuchenden mit stets gleichbleibender Aufmerksamkeit und schleuste Snjezana und mich in einen Kellerraum, worauf sich dicke Stahlturen hinter uns schlossen.

Im Tonstudio wies man mir einen Platz vor einem Mikrophon zu, während andere Mikrophone aufgedreht und Frequenzen adjustiert wurden. Das Interview sollte live übertragen und von dem Discjockey der Nachtschicht geführt werden. Mit einer leisen Bewegung ließ sich eine dunkelhaarige Frau auf dem Platz neben mir nieder und streckte mir die Hand entgegen.

»Ich heiße Azra und soll für Sie übersetzen, Herr Twyman.«

»Oh, wunderbar... Azra. Aber bitte sagen Sie einfach Jimmy und ›du‹ zu mir.«

»Oh, ja gut. Bitte sprich langsam, Jimmy, und mach alle zehn Sekunden eine Pause. Wenn du zu schnell weitersprichst, vergesse ich, was du gerade gesagt hast.«

Kurz darauf leuchtete das rote Licht auf, und der Discjockey begann, die üblichen Fragen zu stellen: Warum war ich nach Bosnien gekommen, was wollte ich mit meinem Konzert bezwecken und so fort. Im Hintergrund spielte die CD meines »Friedenskonzerts«, und während Azra die Fragen übersetzte, blickte sie in meine Augen, als wollte sie die allertiefste Antwort aus mir herauslocken. Eine animierte Gelassenheit bemächtigte sich meiner, und nicht wegen der wohlvertrauten Musik, sondern weil Azras Gegenwart eine eigentümliche Wirkung ausübte. Sie war noch sehr jung, vielleicht erst Anfang zwanzig, aber sie hatte die Ausstrahlung und Gesichtszüge eines sehr alten Engels. Wie gebannt schaute ich auf sie, anstatt den Discjockey zu beachten, und wenn ich antwortete, dann nur ihr allein, als wären wir die einzigen Personen im Raum.

»Was wollen Sie durch Ihre Auftritte in Sarajewo beweisen?« übersetzte Azra lächelnd.

»Daß es keine religiösen Kriege gibt«, sagte ich. »Als religiöser Mensch suchst du den Frieden. Streitsucht ist unvereinbar mit Religiosität. Jede Religion lehrt Eintracht und friedliche Zusammenarbeit. Um die zugrundeliegenden Gemeinsamkeiten zu verdeutlichen, trage ich sowohl moslemische wie christliche Friedensgebete bei meinem Konzert vor.«

Nachdem ich alle Fragen beantwortet hatte, wurde der Rest meiner CD in voller Lautstärke übertragen. Der Gedanke, daß die Friedensgebete der zwölf großen Weltreligionen durch den Äther von Sarajewo schwirrten, machte mich plötzlich unsäglich froh. Ich blieb mit Azra in einem Nebenraum sitzen, während Snjezana und Josip die Details eines bevorstehenden Fernsehinterviews mit den Studiobossen erörterten.

»Wo hast du Englisch gelernt?« fragte ich sie. »Deine Aussprache klingt perfekt.«

»Niemand glaubt mir, wenn ich sage, daß ich es mir selbst beigebracht habe.« Sie lachte leise. »Ich habe amerikanische Filme angeschaut und das meiste auf die Art gelernt.«

»Und du bist nie zum Englischunterricht in irgendeine Schule gegangen?« fragte ich ungläubig.

»Siehst du? Keiner glaubt mir. Ich habe Hunderte von Filmen gesehen und mich dabei in die Szenen hineinversetzt, weil ich von Kindheit an davon geträumt habe, in Amerika zu leben.«

»Es ist erschreckend, wie viele in diesem Land nach Amerika auswandern wollen«, sagte ich. »Fast jeder, den ich getroffen habe.

»Wenn sie könnten, würden die Einwohner von Sarajewo wahrscheinlich sonstwohin auswandern,« antwortete sie. »Du kannst dir nicht vorstellen, was hier vor dem Waffenstillstand los war. Wir haben uns nicht mehr auf die Straße getraut. Einmal wollte ich unbedingt nachts vor die Tür treten und die Sterne anschauen, nur eine Minute lang, weil ich sie schon so lange nicht mehr gesehen hatte. Meine Mutter wußte nicht, daß ich auf den Treppen vor der Haustür saß und wäre sehr wütend geworden, wenn sie mich erwischt hätte. Plötzlich hörte ich ein weit entferntes Poppen, und dann zischte eine Kugel an meinem Ohr vorbei, keine zehn Zentimeter von meiner Schläfe entfernt. Ich habe mich auf die Treppen fallengelassen und totgestellt. Die Tatsache, daß ein Scharfschütze auf einem Hügel sitzt und jemanden wie mich durch das Teleskop eines Gewehrlaufs anvisiert, hat mich das Fürchten gelehrt. Ich bin wie paralysiert liegengeblieben, um den Mörder zufriedenzustellen, und nach langer Zeit erst ins Haus zurückgerannt. Keiner in meiner Familie weiß etwas davon. Ich darf ihnen nicht sagen, wie unvorsichtig ich war.«

Azras Geschichte hatte mich aufgewühlt. Dieses Licht,

das so unverkennbar aus der jungen Frau herausleuchtete, hatte man auslöschen wollen! Ich mußte ihr helfen. Nadinas Familie hatte es geschafft, eine Auswanderungsgenehmigung zu bekommen. Mit etwas Einsatzbereitschaft würde mir dasselbe vielleicht auch in Azras Fall gelingen.

In dem Moment betraten Josip und Snjezana den Raum, beide mit alarmierend ernsten Minen. Sie setzten sich auf die Couch mir gegenüber.

»Ich muß dir etwas sagen«, begann Josip. »Die Situation in Bosnien ist weiterhin sehr prekär, auch wenn der Rassenhaß vorläufig in den Hintergrund getreten ist. Wenn du öffentlich ankündigst, daß du moslemische und christliche Gebete gemeinsam vorsingen willst, stößt du auf enorme Widerstände, wie du dir vorstellen kannst. Kaum war dein Interview beendet, hat ein Mann den Sender angerufen und erklärt, daß du erschossen wirst, falls du deine Drohung wahrmachst. Ich fürchte, daß wir seine Drohung sehr ernst nehmen müssen. Jetzt laß uns über die Alternativen sprechen.«

»Alternativen? Zu was?« fragte ich.

»Vielleicht solltest du die christlichen und mohammedanischen Gebete aus dem Programm nehmen«, sagte Snjezana. »Es reicht, wenn du die anderen Friedensgebete vorträgst. Du mußt dich nicht unnötig in Gefahr begeben.«

Ich stand auf und ging zur anderen Seite des Raums. »Also meint ihr, daß sie mich wirklich umbringen wollen?«

»Wenn jemand in Sarajewo sagt, daß du umgebracht wirst, ist es keine leere Drohung«, sagte Josip. »Du kannst dich darauf verlassen, daß sie mindestens einen, vielleicht auch mehrere Versuche machen.«

»Ich bin nicht hier, um der Konfrontation aus dem Weg zu gehen«, entgegnete ich. »Vor unserer Abreise wußte ich, was auf uns zukommt. Daß ein paar Lieder auf dermaßen leidenschaftliche Widerstände stoßen, zeigt mir, wie wichtig es ist, die Gebete gemeinsam vorzutragen.«

»Du bist nicht hier, um dich erschießen zu lassen«, warf Snjezana ein. »Damit ist niemandem gedient.«

»Richtig. Und ich werde nicht erschossen. Hier geschieht etwas, das weit über solche Überlegungen hinausgeht, und ich muß es dir nicht erst lange erklären, Snjezana. Wenn ich ein Konzert in Sarajewo gebe, muß ich die Gebete der beiden wichtigsten Religionen in diesem Land vorsingen und darf mich nicht von irgendwelchen Drohungen einschüchtern lassen. Genau darum geht es doch!«

Azra hörte gespannt zu, ohne sich einzumischen. In dem Moment ging mir auf, daß auch sie in die Geschichte hineingezogen worden war und das Schicksal der Gruppe im weitesten Sinne teilte. Duro hatte von einer letzten Lektion in Sarajewo gesprochen, und von der Tatsache, daß mein Lehrer weiterhin bei mir war. Ich mußte darauf vertrauen, daß er den Ablauf dieses Dramas auch jetzt orchestrierte, und das bedeutete, daß ich mich dieser Feuerprobe freiwillig aussetzen mußte.

In den nächsten zwei Tagen verbrachte ich soviel Zeit wie möglich mit Azra. Sie führte mich durch Sarajewo, stellte mich einer Reihe von Freunden vor und verschaffte mir ein klareres Bild von den Auswirkungen des Krieges. Am Abend bummelten wir durch die Innenstadt, sahen junge Leute in vollbesetzten Cafés sitzen und plaudern, flirten und Wein trinken, als gelte es, das seit vier Jahren Versäumte wieder wettzumachen. Äußerlich unterschied sich die Szene nicht von dem, was ich in anderen europäischen oder amerikanischen Großstädten gesehen hatte. Auffallend war die Zutraulichkeit, mit der einem Ausländer wie mir erzählt wurde, was jedem auf dem Herzen lag. Die meisten sprachen gut genug Englisch, um sich ohne Schwierigkeiten mit mir zu unterhalten. Aus allen Erzählungen hörte ich heraus, daß sie sich betrogen fühlten, um ein Stück Leben gebracht, das ihnen niemand wiedergeben konnte. Nun, da man sich wieder auf die Straße trauen konnte und Hoffnung auf eine Normalisierung bestand, wollten sie jede Minute ihrer Freiheit auskosten.

Wir setzten uns in ein Café, wo Azra mir etwas Erstaunliches anvertraute. »Im Grunde habe ich noch nie einen echten Freund gehabt«, sagte sie plötzlich. »In den letzten Jahren mußte man sich dauernd um das bloße Überleben kümmern, und dabei ist vieles zu kurz gekommen. Eine sehr gute Freundin, mit der ich mich so oft es ging getroffen habe, hat sich eines Tages von mir zurückgezogen und war plötzlich nicht mehr ansprechbar. Ich weiß immer noch nicht, warum. Na ja, jeder tut sein Bestes, um das Leben wieder aufzugreifen, das wir vor dem Krieg geführt haben. Aber wir sind alle kriegsgeschädigt. Die Angst wird man nicht so schnell los. Ich habe meine Gefühle so lange für mich behalten, daß ich schon dachte, ich sei vielleicht unfähig geworden, mich auf irgend jemanden einzulassen. Aber seitdem ich dich getroffen habe, weiß ich, daß das nicht stimmt. Ich glaube, wir können echte Freunde werden, Jimmy, und du kannst dir nicht vorstellen, was das für mich bedeutet.«

Ich ergriff ihre Hand und sagte: »Mir geht es genauso. Seit meiner ersten Kroatienreise im letzten Sommer werde ich zu den Menschen geführt, mit denen ich ein Stück des Lebenswegs teilen soll. Du bist einer von diesen Menschen, Azra. Auch wenn wir uns gerade erst begegnet sind und völlig unterschiedliche Lebenserfahrungen gemacht haben, ist es eine Tatsache für mich, daß du ein wichtiger Bestandteil eines viel größeren Abenteuers bist, als du und ich im Moment noch ermessen können. Ich weiß nicht wie, aber ich werde alles tun, was in meiner Macht steht, um dich nach Amerika zu bringen. Hier in Sarajewo lebst du mit den alten Wunden. Und selbst wenn sie nicht immer wieder aufgerissen werden, kann es Jahrzehnte dauern, bis die Narben verheilt sind. Vielleicht haben wir uns aus keinem anderen Grund getroffen, als dir die Chance auf ein normales Leben im Land deiner Wahl zu geben – was mir ebenfalls recht wäre. Aber ich glaube, wir sollen noch andere Hürden gemeinsam überwinden.«

Mit Josips Einfluß gelang es uns, ein frisch renoviertes Theater in der Innenstadt zu buchen, das einst zu den populärsten in Jugoslawien gehört hatte, und das Konzert weithin bekannt zu machen. Verschiedene Fernsehsender kündigten das Ereignis an und bewarben sich um die Filmrechte. Das Nationalfernsehen wollte das ganze Konzert übertragen und der örtliche Sender Ausschnitte mit einem Interview verbinden, das im Rahmen einer wöchentlichen Sendung über den Frieden ausgestrahlt werden sollte. Die Tatsache, daß ich darauf bestanden hatte, die Gebete der Moslems und Christen gemeinsam vorzutragen, erregte weit mehr Aufsehen, als ich je vermutet hätte. Inzwischen hatten mehrere öffentlich bekannte Persönlichkeiten angekündigt, daß sie im Publikum sitzen würden, unter anderem auch ein berühmter europäischer Regisseur und der Direktor des Nationaltheaters. Ich dachte an die Morddrohung und die Gefahr, in die ich nicht nur mich allein mit meiner Entscheidung brachte. Was würde meine Tochter davon halten, wenn sie erfuhr, daß ihr Vater sein Leben für ein dramatisches Endspiel zu seinem Buch geopfert hatte?

Das Theater war nahezu vollbesetzt, als ich ankam. Snjezana und Josip nahmen mich hinter der Bühne in Empfang, Azra wartete mit einer Fernsehcrew in meinem Ankleideraum. Wir hatten gerade noch genug Zeit für ein Interview, bevor ich auf die Bühne gehen mußte. Kurz vor meinem Auftritt stand ich mit Josip hinter der Bühne und beruhigte ihn, so gut es ging. Er war nervös, ich felsenfest davon überzeugt, daß ich dieses Konzert überleben würde. Schon seit zwei Tagen hatte ich versucht, Snjezana mit meiner Gewißheit anzustecken, doch ohne Erfolg. Nun kamen Josips Bedenken zu spät. Er trat als erster auf die Bühne, um mich dem Publikum vorzustellen.

Unter donnerndem Applaus trat er zurück und holte

mich auf die Bühne. Die Lichter erloschen. Ein einziger, auf mich gerichteter Scheinwerfer ließ das Publikum in völliger Dunkelheit versinken. Ich setzte mich auf einen Hocker und spielte drei nahtlos ineinanderübergehende Lieder vor: Marvin Gayes »*What's Going On*«, John Lennons »*Imagine*« und »*All We Are Saying* ... (*is give peace a chance*«). Dann setzte ich die Gitarre auf den Boden und sprach ins Mikrophon.

»Im letzten Sommer saß ich in einer Straßenbahn in Zagreb, als mir ein Lied in den Sinn kam. Nach dem Aussteigen fand ich einen Stift und habe es aufgeschrieben. Es heißt »*Let's Put An End To War*« – »Laßt uns dem Krieg ein Ende bereiten«. Ein Dichter aus Rijeka hat die Verse später ins Kroatische übersetzt, und heute abend will ich sie wenigstens zum Teil vorsingen. Danach singe ich die englische Version, weil kaum jemand mein schlechtes Kroatisch versteht. Ein paar Wochen, nachdem ich das Lied geschrieben hatte, fand ich mich in den Bergen von Kroatien wieder, bei einem spirituellen Geheimbund, dessen Mitglieder als ›Boten des Lichts‹ bezeichnet werden. Die Boten haben mir gesagt, daß die Menschheit sich inzwischen so weit entwickelt hat, daß sie sich selbst für den Frieden entscheiden kann. Sie sprechen von einem weltweiten Gesinnungswandel, der jetzt stattfindet und uns vom Vernichtungswillen zur Friedensbereitschaft führt. Eigenartig ist, daß ich das Lied geschrieben habe, bevor ich den ›Boten des Lichts‹ begegnet bin, aber es drückt in großen Zügen aus, woran sie glauben.

Ich hob meine Gitarre auf und begann zu spielen.

Letzte Nacht hatte ich einen Traum.
Alle Menschen der Welt erschienen darin.
Wie aus einem Munde verkündete das Volk:
Wir sind so weit.
Laßt uns dem Krieg ein Ende bereiten.

Letzte Nacht sprach ich ein Gebet,
Und sagte: Ich bin soweit,
erfülle mein Herz mit Entschlossenheit.
Mit keinem Gedanken will ich dem Krieg
jetzt noch Gültigkeit zuerkennen.

Zwischen der Nacht und dem Morgen
geschah ein Wunderding.
Unter Bedenken, Tränen und Sorgen
konnte ich unhörbare Stimmen vernehmen:
Laßt uns dem Krieg ein Ende bereiten.
Am Leben ist jeder nur für den Frieden.
Laßt uns dem Krieg ein Ende bereiten.

Letzte Nacht drang eine Stimme zu mir vor.
Sanft und stark klang sie in meinem Ohr,
Und sprach: Wie lange, wie lange willst du noch
darauf vertrauen, daß es Kriege geben muß?

Letzte Nacht sah ich in meinen Traum,
kein Land mehr, das Waffen und Kampfrüstzeug behielt.
Jedes Land war nun soweit.
Wir hatten dem Krieg ein Ende bereitet.

Und in der dunkelsten Stunde der Nacht
erschien ein leuchtendes Himmelslicht.
Lachen erklang, Freude stand in jedem Gesicht,
denn nun war es soweit:
Wir hatten dem Krieg ein Ende bereitet.
Wir wollten in Liebe leben,
und nun kommt diese Zeit.

Als nächstes trug ich ein moslemisches Friedensgebet vor, dann ein christliches. Da ich kein einziges Gesicht im dunklen Zuschauerraum erkennen konnte, solange der Punktscheinwerfer auf mich gerichtet war, erfuhr ich erst am Ende meines Auftritts, mit welchem Enthusiasmus die

Musik aufgenommen worden war. Azra stand hinter dem Vorhang und nahm mich nach den Verbeugungen und der Zugabe in Empfang.

Sie schlang ihre Arme um meinen Hals und flüsterte mir ins Ohr, wie phantastisch ich gewesen sei. »Ich habe geweint«, sagte sie nachdrücklich. »Gottseidank war ich allein hier, so daß niemand mich gesehen hat.«

»Ich bin bloß froh, daß diese Etappe jetzt hinter mir liegt«, murmelte ich.

»Und was machst du jetzt?«

»Ich weiß nur, daß wir morgen nach Mostar fahren. Dort hat Josip das zweite Konzert arrangiert.«

»Nein, ich meine jetzt sofort. Was machst du, nachdem du hier weggehst?«

In dem Moment öffnete jemand den Bühneneingang und ließ einen Mann herein, der zielstrebig auf uns zusteuerte. Ich konnte sein Gesicht nicht genau sehen, nur, daß er groß und hager war. Er sprach uns auf englisch an.

»Ich bin geschickt worden, um Sie zu einem Restaurant zu fahren, wo Ihr Erfolg gefeiert wird, Mister Twyman. Der Wagen wartet beim Hintereingang auf Sie.«

»Und damit ist deine Frage beantwortet worden«, sagte ich zu Azra. »Selbstverständlich mußt du mitkommen.«

»Oh, großartig!« Azra strahlte mich an. »Das wollte ich hören.«

Ich wandte mich wieder an den Mann. »Augenblick bitte, ich hole meine Gitarre, dann fahren wir los.«

Der Mann trat zwei Schritte vor und stand nun in einem Lichtkegel, so daß ich seine Augen sehen konnte. In derselben Sekunde spürte ich etwas in mir aufwallen: Entsetzen, die Rohform der Angst. Dieser Mann hatte den Auftrag, mich zu töten, daran bestand kein Zweifel. Ich las ihm die Gedanken an den Augen ab, wie Toni es mir beigebracht hatte. Sein Blick war verhangen und kälter als kalt. Wenn wir mit ihm ins Auto stiegen, gab es kein Entrinnen mehr. Ich nahm Azras Hand und zog sie mit mir fort, während ich im leichten Plauderton verkündete, daß sie mir helfen sollte. Wir liefen auf die Bühne, wo meine Gitarre liegengeblieben war.

»Was ist denn?« fragte Azra verwirrt.

»Frag nicht. Komm«, raunte ich.

Wir sprangen von der Bühne und rannten durch die Sitzreihen auf den Vordereingang zu. Das Foyer war noch überfüllt, und so gingen wir unverzüglich in einer gutgelaunten Menge unter. Ich sah Snjezana und Josip beim Eingang stehen und überlegte, ob ich zu ihnen laufen sollte. Aber solange wir im dichtesten Gewühl standen, waren wir am sichersten. Jemand zupfte mich am Arm, und ich drehte mich um.

»Schnell, kommen Sie mit«, flüsterte ein Mann, den ich noch nie gesehen hatte. Ein Blick in seine Augen genügte, um zu wissen, daß er uns in Sicherheit bringen wollte. Seine Augen leuchteten sanft, obwohl sie ebenfalls kohlschwarz waren. Ich entschuldigte mich bei den Umstehenden, packte Azra am Arm und folgte dem Mann zu einem Seiteneingang, vor dem ein Auto stand.

Der Motor war bereits angelassen. »Schnell, hinten rein und ducken!« Er setzte sich hinter das Steuerrad, während Azra auf den Rücksitz sprang. Ich reichte ihr meinen Gitarrenkoffer und kletterte hinterdrein. Das Auto fuhr an, bevor ich die Tür zugeschlagen hatte.

»Wohin fahren wir?« fragte ich atemlos.

»Wo wir sicher sind. Ist Ihnen bewußt, daß Sie vorhin fast erschossen worden sind? Mehrere Leute im Publikum hatten den Auftrag, Sie umzubringen.«

»Das kann doch nicht wahr sein!« entfuhr es mir. »Wegen ein paar Friedensliedern wird ein solcher Irrsinn in die Wege geleitet?!«

»Nein«, sagte unser Fahrer knapp. »Mordanschläge auf Amerikaner sind auch politisch sehr vorteilhaft. Jeder weiß, daß die breite Masse in den USA gegen den Einsatz amerikanischer Truppen in Bosnien ist. Wenn genug Leute wie Sie zur Strecke gebracht werden, bleibt dem amerikanischen Präsidenten bald nichts anderes übrig, als die letzten Truppen abzuziehen, und wenn die Amerikaner das Land verlassen, trollen sich die Europäer ebenfalls. Damit verliert der Friedensvertrag jeden Biß, und unsere radikal nationalistischen Gruppen können machen, was sie schon lange geplant haben. Sie, Herr Twyman, sind nur eine kleine Figur in einem gigantischen Schachspiel.«

»Und Sie? Wer sind Sie?«

»Mein Name ist Tonki. Ich bin der Mann, der Sie eingeladen hat, nach Sarajewo zu kommen.«

»Der Dichter, von dem Snjezana mir so viel erzählt hat? Wir haben uns gefragt, wo Sie abgeblieben sind, Tonki. Woher wußten Sie, daß Sie heute nacht gebraucht werden?«

»Das erkläre ich später. Jetzt können Sie ruhig den Kopf heben und sich entspannen. Wir sind in ein paar Minuten da.«

Ich fragte mich, wo »da« war und schaute Azra von der Seite an. Sie wirkte eher angeregt als entsetzt. Das Auto überquerte eine Brücke über einen Fluß und fuhr auf den Hügel zu, hinter dem der serbische Stadtteil lag. Sekunden später bog Tonki in eine schmale Gasse ab und brachte den Wagen hinter einer Häuserzeile zum Stehen. Er stieg aus und öffnete unsere Tür, nahm meine Gitarre entgegen und sagte, wir sollten ihm folgen.

Zwischen zwei Häusern gingen wir auf eine Tür zu, über der ein mattes Licht angebracht war. Tonki schloß auf, ließ uns eintreten und schob dann mehrere Riegel von innen vor die Tür. Dann führte er uns durch einen Flur zu einem Zimmer, knipste das Licht an und bat uns, Platz zu nehmen. In einer Ecke stand ein Schreibtisch, an den Wänden waren Stühle aufgereiht wie in einem Wartezimmer. Wir setzten uns, während Tonki den Raum verließ.

»Hast du eine Ahnung, wo wir sind?« fragte ich Azra.

»In diesem Stadtteil kenne ich mich nicht gut aus. Aber er ist sehr gefährlich, weil wir dem serbischen Sektor sehr nahe sind.

In dem Moment trat Tonki ein und hielt die Tür für den Mann hinter ihm auf. Als ich ihn erkannte, setzte mein Herz für einen Augenblick aus.

»Willkommen in Sarajewo.« Toni strahlte mich an.

Ich fiel ihm um den Hals. »Oh mein Gott, Toni! Ich kann es nicht glauben! Du bist hier!«

»Ich habe dich im Auge behalten, seit du in Sarajewo eingetroffen bist«, sagte er. »Tonki hat dich eingeladen, weil ich ihn darum gebeten habe.«

»Und was ist mit den anderen Begleitern, den Kommunemitgliedern, und wo sind die Boten? Oh Toni, Duro und ich sind zu der Kommune gepilgert, aber ihr wart spurlos verschwunden.«

Auf Tonis Geste hin setzten wir uns alle. »Natürlich. Was wundert dich daran, nachdem sie dich in die Welt geschickt haben? Mit der Verbreitung ihrer Botschaft bricht eine neue Ära an, in der die Boten als Personen nicht mehr gebraucht werden.«

»Aber was ist mit ihnen passiert? Wo sind sie jetzt?«

»Wie kann ich das erklären?« sagte er kopfschüttelnd. »Die Boten sind verschwunden, das Licht hat sie zurückgenommen – was letztlich mit jedem von uns geschehen wird. Sie sind nicht gestorben, sie sind heimgekehrt. Eines Tages passierte etwas im Verlauf der Sitzung, das ich eigentlich niemandem erzählen kann, weil es unbeschreiblich ist. Es war, als hätte das Licht sich umgedreht. Anstatt vom Rad auszugehen, kehrte es zu sich selbst zurück, mit einer Macht, daß alles anfing, zu glühen und sich zu drehen. Dann zuckte das Licht auf, wurde unvorstellbar hell, und als wir die Augen wieder öffnen konnten, war das Rad verschwunden und mit ihm die Boten. Wir wußten, was geschehen war. Sie hatten uns seit Wochen auf diesen Moment vorbereitet – eigentlich schon kurz nach deiner Abreise. Es war das Ende und der neue Anfang. Die Begleiter sind in alle Himmelsrichtungen verstreut worden, manche in ihre Heimatländer, andere an Orte, wo sie ihre Arbeit fortsetzen können. Ich bin nach

Sarajewo gegangen, um weiterzugeben, was ich gelernt habe.«

»Und wo sind wir jetzt?« fragte ich.

»An dem einzigen Platz in Bosnien, wo Vertreter aller Religionen und Volksstämme in Frieden zusammenleben. Dies ist die Keimzelle, das Zukunftsmodell.«

Es klopfte an der Tür. Tonki stand auf und öffnete sie einem Jungen, der ein Tablett voller Becher mit Kaffee hereintrug. Er war etwa zehn Jahre alt und hatte eine abgeflachte Kopfhälfte, von der sich erschreckend breite Narben über die Stirn und eine Schläfe erstreckten. Der Junge sagte etwas zu Tonki und überreichte ihm das Tablett. Dann lief er zu Toni und kletterte auf seinen Schoß. Das Kind war offensichtlich geistig behindert. Möglicherweise hatte die Kopfverletzung einen Gehirnschaden verursacht.

Toni stellte uns das Kind mit Namen vor: »Das ist Damian«, sagte er, stolz wie ein Vater. »Er lebt hier und ist ein Mitglied unserer Kommune. Seine Eltern sind im Krieg umgekommen, und er ist schwer verletzt worden. Damian ist aus Bosnien, obwohl auch Serben und Kroaten bei uns leben. Wir machen keine Unterschiede. Jeder ist willkommen.«

»Wo sind denn die anderen Mitglieder deiner Kommune?« fragte ich.

»Sie schlafen schon. Um acht liegen die meisten im Bett. Nur Damian bleibt wach, weil er nicht einschlafen kann, also hilft er mir bei der Arbeit.« Er streichelte das Kind.

»Oh Toni«, sagte ich leise. »Willst du mir sagen, daß wir in einem Heim für geistig behinderte Kinder sind? Ist das die Kommune, von der du sprichst?«

»Richtig. Du bist in einem Heim für verwaiste und geistig behinderte Kinder. So wird ein Anfang gemacht. Wie gesagt, dies ist der einzige Ort in ganz Bosnien, an dem Menschen aus allen Kulturkreisen friedlich zusammenleben. Diese Kinder geben der Welt ein Zeichen, das nicht ignoriert werden kann, gerade weil es so subtil und unschuldig ist. Für mich geschieht hier nichts Geringeres als in jeder anderen Gruppe, die sich nach besten Kräften darum bemüht, den Frieden zu verbreiten. Aus dieser Keimzelle geht eine neue Saat für ganz Sarajewo hervor. Darum bin ich hierhergekommen. Und ich wollte es dir zeigen, damit du es selbst verstehst.«

»Was soll ich verstehen?«

»Daß die Dinge nicht nach ihrer Erscheinung beurteilt werden können. Schau dir diese Stadt an: Zerstörung, Verwüstung – man könnte sagen, der Haß hat sich durchgesetzt. Aber ist es wahr? Wenn du irgend etwas von den Boten gelernt hast, weißt du, daß Zerstörung das Resultat einer Weltanschauung ist, die beweisen will, daß Trennungen real sind. Aber nur die Liebe ist real, ganz gleich, wie realistisch alles andere wirkt. Als Bote hast du die Aufgabe, die Wahrheit hinter den Illusionen zu sehen und buchstäblich durch die Welt hindurchzublicken. Das ist wahre Vergebung; damit erkennst du die Welt, wie sie wirklich ist. Und das ist die letzte Lektion. Ohne Vergebung bleibt alles, was du bisher gelernt hast, unvollständig. Wenn du die Wirkungen der Welt durchschauen und unmittelbar zur Ursache der Welt vordringen kannst, bist du ein Bote, weil du im Frieden ruhst und ihn in jeder Situation verbreitest.«

Jemand klopfte an die Tür. Als Tonki sie öffnete, traten Josip und Snjezana ein. So fiel alles an seinen Platz. Toni hatte von Anfang an die Fäden bei diesem Mysterienspiel gezogen. Wie sich jetzt herausstellte, hatte er Josip in die Lehren der Boten eingeweiht, Tonki beauftragt, mich einzuladen und jeden Schritt auf meinem Weg durch die Stadt aus der Ferne verfolgt. Das einzige, was er nicht geplant hatte, war die Morddrohung, obwohl er meinte, daß selbst diese Situation sehr lehrreich für mich gewesen sei. Dank Tonkis Hilfe waren wir mit dem bloßen Schrecken davongekommen, dennoch zogen Snjezana und ich es vor, die Nacht nicht in unserer Wohnung zu verbringen und irgendwelchen lauernden Gestalten in die Arme zu laufen, sondern in dem Kinderheim bei Toni zu bleiben. Es war nach Mitternacht, und Azra mußte nach Hause gebracht werden, was Tonki auch sofort tun wollte, aber bevor ich sie gehen ließ, wollte ich allein mit ihr sprechen.

Wir stellten uns vor die Tür auf den Flur, und ich sagte: »Morgen fahren wir nach Mostar, deshalb will ich dir jetzt sagen, wieviel die kurze Zeit mit dir mir bedeutet hat.«

Sie trat mir entgegen. Ich nahm sie in die Arme. Leise sagte sie: »Ich habe dich in mein Herz geschlossen. Alles andere ist unwichtig. Irgendwann komme ich vielleicht nach Amerika. Dann sehen wir uns wieder. Aber allein bin ich jetzt schon nicht mehr.«

»Ich werde alles tun, um dich nach Amerika zu holen«, flüsterte ich. »Ich weiß, daß wir uns auf die eine oder andere Art wiedersehen, Azra. Ich weiß es. Wir sind echte Freunde.«

Ich hielt sie in meinen Armen, bis Tonki kam, um sie nach Hause zu fahren. Dann stand ich in der nächtlichen Gasse und schaute dem Auto nach, das sie von mir forttrug.

In den frühen Stunden des nächsten Morgens telefonierte Josip mit der Organisation, die mein Konzert in Mostar arrangiert hatte, und überbrachte dramatische Nachrichten. In den Tagen davor hatte sich die Situation in Mostar zusehends verschlimmert. Tags zurvor waren Einsatzkommandos einberufen worden, um neuerliche Zusammenstöße zwischen den Katholiken und Moslems zu verhindern. Alle Ausländer wurden evakuiert und die Busse am Stadtrand vorbeigeleitet. Das Konzert war abgesagt worden.

Snjezana und ich beschlossen, lieber gleich nach Rijeka zurückzukehren, denn in Sarajewo zu bleiben, war zu gefährlich für mich. Da ich bereits mehr als meine ursprünglichen Ziele erreicht hatte, fuhr Josip uns sofort zur Bushaltestelle und verabschiedete uns. Ich dankte ihm von Herzen und sagte, welche Ehre es für mich gewesen sei, ihn und viele andere in Sarajewo kennenzulernen. Die Seele der Stadt konnte nicht zerstört werden, solange Menschen wie er, Toni und Tonki in Sarajewo lebten.

Als wir uns dem serbischen Sektor näherten, wurden wir auch diesmal von einer Panzerkolonne in Empfang genommen, die uns Geleitschutz beim Überqueren der Bergpässe gab. So endete meine zweite Konzertreise. Dies war das Finale und das perfekte Ende für das letzte Kapitel des Buches. Ich lehnte mich in meinem Sitz zurück und atmete tief durch, dankbar, daß jeder von uns mit heiler Haut davongekommen war.

Wenige Kilometer vor Mostar wurde der Bus an einer Straßensperre vorbeigeleitet und auf einen holperigen Sandweg verwiesen. Wir machten uns auf einen beschwerlichen Umweg gefaßt, der die Achtstundenfahrt von Sarajewo um mindestens eine Stunde verlängern würde. Wir fuhren durch zahllose kleine Dörfer in Herzegowina, einem Landstrich, der sich zu Kroatien zählte, obwohl er eigentlich in Bosnien lag, was zu endlosen Problemen führte, denn die Glaubenszugehörigkeit wurde allenthalben so eng mit dem Nationalstolz verknüpft, daß kein Platz für Andersgesinnte blieb. Als Katholik gehörte man zu den Kroaten, ganz egal, wo man lebte. So einfach war das.

Ich blickte aus dem Fenster, während wir in einem Städtchen haltmachten. Der Fahrer stellte den Motor ab und verkündete, daß wir fünfzehn Minuten Pause machen sollten. Behutsam weckte ich Snjezana, die neben mir eingeschlafen war, und fragte, ob ich ihr etwas zu essen besorgen sollte. Sie setzte sich auf und fragte, wo wir waren. Ich wußte es nicht. Beim Aussteigen fragte Snjezana den Busfahrer.

»Wir sind in Medjugorje«, erklärte sie mir dann. »Ein Dorf, in dem die Jungfrau Maria angeblich jeden Tag einmal erscheint.«

Ich wollte meinen Ohren nicht trauen. »Wir müssen hierbleiben«, rief ich. »Es kann kein Zufall sein, daß wir in

Medjugorje sind. Ich fahre nicht eher ab, bis ich die Stadt gesehen habe.«

Nach einigem hin und her stellte sich heraus, daß unsere Fahrkarten gültig blieben, auch wenn wir in einen anderen Bus umstiegen und am nächsten Abend erst weiterfuhren. Wir zerrten unser Gepäck aus dem Kofferraum und machten uns auf den Weg ins Stadtzentrum. Am Ende der Hauptstraße sah ich ein riesiges weißes Kirchengebäude mit zwei hohen Türmen stehen. Links und rechts von uns lagen moderne Restaurants und Andenkenläden. Noch wenige Jahre zuvor bestand Medjugorje aus einer Ansammlung von Gehöften und ungepflasterten Straßen; seit den ersten Marienerscheinungen waren die Besucher in Scharen gekommen und hatten den Tourismus eingeführt – mit allem, was dazugehört. Viele Familienhäuser waren ausgebaut worden, um Pilger zu beherbergen, und an der Hauptstraße verkauften mindestens zehn Geschäfte die gleichen Rosenkränze, Marienfiguren aus Plastik und religiöse Ansichtskarten.

Wir betraten das Kirchenschiff, das Zentrum der Attraktion. Hier fanden die täglichen Mariengesichte statt, seitdem öffentliche Versammlungen auf dem Berg, wo Maria den Kindern zuerst erschienen war, von Regierungsbeamten verboten worden waren. Manche der Kinder waren mittlerweile verheiratet und hatten Medjugorje verlassen, dennoch hieß es, daß Maria ihnen jeden Abend um viertel vor sechs erschien, ganz gleich, wo sie sich befanden. Die Kirche war halbleer. Wir setzten unser Gepäck am Eingang ab und nahmen auf einer der hinteren Sitzbänke Platz. Weiter vorn saßen nicht nur alte Leute, die den Rosenkranz auf kroatisch beteten, sondern zu meinem Erstaunen auch viele Jugendliche. Die Erscheinungen hatten den Glauben zahlloser Menschen erneuert.

Die Kraft, die sich in diesem Raum angesammelt hatte, war unverkennbar stark. In wenigen Minuten fühlte ich etwas sehr Ähnliches wie bei den Boten mit mir geschehen. Meine Augen schlossen sich, und gleich darauf begann mein Körper und alles ringsumher mit einer sanften Intensität zu vibrieren. Es war wie bei meiner letzten Meditationssitzung. Das Murmeln der betenden Stimmen hallte tief in meinem Inneren wider, und Anklänge an alles, was mein Lehrer über Medjugorje und die Realität der göttlichen Offenbarungen an diesem Ort gesagt hatte, gingen mir durch den Sinn. Auch ich spürte die Anwesenheit der lebendigen Gotteskraft. Sie war in mir und strömte mir von allen Seiten entgegen. Nach einer Weile berührte Snjezana meinen Arm und bedeutete mir, daß es Zeit war, zu gehen.

Wir fanden ein Gästehaus und mieteten zwei Zimmer. Ein Franzose, der kaum ein Wort Englisch sprach, war der einzige andere Gast. Er wollte uns in eine Unterhaltung verwickeln, aber nach dem Erlebnis in der Kirche wollten wir nicht radebrechend im Vorraum stehen. Außerdem war das Haus ungeheizt, und so stieg ich auch in dieser Nacht in ein eiskaltes Bett, ein Schrecken, an den ich mich mittlerweile beinahe gewöhnt hatte. Die Tatsache, daß ich ohne mein Zutun nach Medjugorje gebracht worden war, genügte, um die inwendige Glut aufrechtzuerhalten. Und mehr noch: Ich fühlte, daß sich etwas anbahnte, etwas Unglaubliches sollte geschehen, und vielleicht schon am Tag darauf. Jedesmal, wenn ich meinte, die Geschichte sei beendet, passierte etwas, das dem Ereignislauf eine neuerliche Wende gab.

Ein Hahnenschrei unmittelbar vor meinem Fenster weckte mich kurz vor sechs Uhr früh. Danach konnte ich nicht wieder einschlafen. Zuviel Betriebsamkeit herrschte in diesem Haus. Als ich die Treppen hinunterstieg, saß Snjezana bereits bei den Besitzern des Hauses am Küchentisch und trank Kaffee. Nach dem Frühstück gingen wir zu der Kirche zurück und informierten uns über das Tagesprogramm. Am Mittag wurde eine Messe in englisch zelebriert, außerdem wurden mehrere Wandertouren zur Bergspitze angeboten, auf der Maria ursprünglich gesehen worden war. Wir liefen eine Zeitlang durch das Dorf und schlossen uns dann einer Tour an, die zehn Minuten später beginnen sollte. Während wir vor der Kirche standen und warteten, blieb mein Blick an einem runden Hügel auf der gegenüberliegenden Seite des weltberühmten »Erscheinungsbergs« hängen. Wie gebannt starrte ich den Hügel an, ohne irgend etwas Ungewöhnliches an ihm entdecken zu können, und doch rief er mich zu sich, ich spürte es mit aller Deutlichkeit. Kurzentschlossen erklärte ich Snjezana, daß sie die Tour zum »Erscheinungsberg« ohne mich machen sollte. Wir würden uns zur Mittagsstunde wieder vor der Kirche treffen.

Durch Weingärten und Saatfelder marschierte ich auf den Hügel zu, ziemlich sicher, ihn in zehn bis fünfzehn Minuten erreichen zu können, aber es dauerte fast eine Stunde, bis ich in einem winzigen Dorf am Fuße des Hügels stand. Da kein Weg zur Spitze zu sehen war, wandte ich mich an einen jungen Mann, der vor einem Schuppen stand. Er sprach kein Englisch, verstand aber, daß ich zur Spitze des Hügels klettern wollte und gestikulierte, daß ich ihm folgen sollte.

Auf Händen und Füßen kraxelte er die steil ansteigende, mit dornigem Gestrüpp überwucherte Hügelwand hinauf. Ich mußte zusehen, daß ich weder von losen Steinbrocken getroffen wurde, die mir entgegenkullerten, noch in einem Dornbusch landete, während ich es ihm gleichtat. Auf halbem Wege hielt er inne und bedeutete mir mit Handzeichen, daß ich entweder umkehren oder geradeaus weiterklettern konnte. Die Kratzer an meinen Armen und Beinen bluteten. Kopfschüttelnd machte mein Bergführer sich auf den Rückweg. Wohl oder übel kletterte ich weiter. Etwas wartete dort oben auf mich. Ich konnte nicht anders.

Beim Aufblicken kam es mir plötzlich vor, als glühte etwas ganz oben hinter dem Felskamm auf. Aber es war ein sonniger Tag und mochte eine Spiegelung gewesen sein. Atemlos kletterte ich weiter. Je höher ich kam, desto auffallender wirkten die Felsformationen. So weit ich blicken konnte, war jeder Stein mit hunderten von Zeichen bedeckt. Ich betrachtete sie aus nächster Nähe und zuckte zusammen. Es handelte sich um Rädchen und Achten, dieselben Symbole wie an den Speichen des Rades der Boten. Ich fuhr mit dem Finger über die Linien auf einem Stein und stellte fest, daß sie weder eingraviert, noch aufgemalt worden waren, sondern leicht hervortraten und wie geometrische Auswüchse aus dem Gestein selbst hervorgingen. Meine Aufmerksamkeit wurde wieder zur Spitze des Hügels gezogen, wo etwas aufflackerte und mich zur Eile drängte. Eine unbändige Kraft trieb mich jetzt voran.

Ich kletterte, so schnell ich konnte, auf eine Felsformation am Gipfel des Hügels zu, von der das Schimmern ausging. Als ich mich mit einem Klimmzug über den Hügelkamm schwang, sah ich einen etwa zehn Meter hohen Turm vor mir liegen. Er bestand aus unbehauenen, mit Symbolen übersäten Felsbrocken, und auf seiner Spitze befand sich ein steinerner Hochsitz, auf dem mein Lehrer saß. Von Wogen des Lichts umflutet, saß er dort, still lächelnd, mit geschlossenen Augen.

Am Fuße des Turms fiel ich auf die Knie. Die Kraft, die mich jetzt erfüllte, zwang mich dazu. Sie rührte mich zu Tränen.

»Fürchte dich nicht«, hörte ich ihn sagen. »Komm zu mir.«

Ich weiß nicht, wie ich den Turm erklomm. Irgendwann stand ich auf seiner Spitze, setzte mich vor meinen Lehrer und ging in dem Schimmern auf. Alles andere fiel von mir ab. Es war, als schwebten wir im hohen Himmel. Ein nahezu unerträgliches Glück übermannte mich. Aus den Augen des Lehrers strömte die Liebe.

»Ich kann dich nie wirklich verlassen«, sagte er. »Siehst du? Nun kann ich dir leichter zur Seite stehen als je zuvor.«

Sein Körper schien zu schweben, den Felsen nicht

wirklich zu berühren, und doch saß der Lehrer leibhaftig vor mir. Wenn ich die Hand ausstreckte, konnte ich ihn berühren … aber etwas gebot mir, es nicht zu tun. Der Lehrer war nicht physisch anwesend, sondern erschien mir in Form einer vollkommen realistisch wirkenden Projektion.

»Wo bist du hingegangen?« fragte ich. »Duro und ich haben niemanden mehr in der Kommune gefunden.«

»Warum wundert dich das? Wie Duro schon sagte: Unsere Aufgabe ist erfüllt worden. Und nun erfüllst du deine Aufgabe.«

»Und warum erscheinst du mir jetzt auf diese Weise?«

»Weil ich dir noch etwas sehr Wichtiges zeigen will. In Sarajewo hast du das Unveränderliche und ewig Wahre hinter den scheinbaren Verwüstungen und dem Konflikt sehen können, und so hast du Frieden gestiftet – den Menschen eine wahre Vision ihrer selbst nahegebracht. Nun möchte ich dir etwas zeigen, das dich persönlich weiterbringt. Wir nennen es ›Die Schwelle zur Ewigkeit‹. Bevor du dein Amt als Bote vollends erfüllen kannst, mußt du die Schwelle zur Ewigkeit überschreiten. Du kannst sie dir als Verbindungsstück zwischen der Welt der Erscheinungen und der realen Welt vorstellen, als das hauchdünne Zwischenreich, das Einbildungen von der Wahrheit trennt. Sobald du die Schwelle überschreitest, trittst du aus der Zeit heraus und gehst ins Ewige ein. Und wenn du wieder zurücktrittst und auf der Schwelle stehenbleibst, kannst du deine Mission erfüllen.«

»Und was ist meine Mission?« fragte ich.

»Du sollst eine neue Gruppe von Boten einweihen. Tausende von Menschen sind jetzt am selben Punkt wie du angelangt und bereit, den Schritt ins zeitlose Sein zu tun. Ihr werdet auf andere Weise existieren als wir. Mitten in der Welt werdet ihr leben und doch nicht von der Welt sein. Ihr werdet anderen als Beispiel dienen. Die neuen

Boten ebnen den Weg für den Rest der Menschheit, indem sie auf der Schwelle stehen und die Tore zur Ewigkeit offenhalten.«

»Was verstehst du unter den ›Toren zur Ewigkeit‹?«

»Es ist eine Öffnung in andere Dimensionen, die in jedem von euch existiert. Als Mensch lebst du in einem dreidimensionalen Universum, aber es gibt weitere Dimensionen, die vielleicht nicht bewußt wahrgenommen werden und doch jederzeit offenstehen. Ein echter Bote nimmt viele verschiedene Dimensionen gleichzeitig wahr. Das Tor steht immer unmittelbar vor dir. Du mußt es nicht herstellen, nur lernen, wie es wahrgenommen wird. Du kannst es spüren und mit den inneren Augen erkennen. Je mehr Aufmerksamkeit du ihm widmest, desto mehr Kraft fließt durch das Tor zu dir hin. Und irgendwann zieht die Kraft dich durch das Tor hindurch, und nicht nur dich, euch alle. Ihr werdet in eine vierte Dimension gezogen, die Seinsebene jenseits von Zeit und Raum, die man als kausale Ebene der Existenz bezeichnen kann. Auf dieser Ebene wird man eins mit dem göttlichen Licht, der Quelle der Schöpfung. Und danach tritt man zurück, ins physische Universum zurück, und trägt etwas von der vierten Dimension in die körperliche Welt hinein. Solche Geschenke machen die Boten der Welt.«

»Du meinst, daß man körperlich durch das Tor tritt... daß man eine völlig neue Welt mit dem Körper betritt?«

»Du glaubst, daß dein physischer Körper getrennt von deinem Geist existiert. Ich nicht. Ich sage, daß du mit jedem Element deines Seins durch das Tor gehst, und dazu gehört auch dein physischer Körper. Auch er muß vom Licht transformiert werden. Wenn du das Tor tatsächlich komplett durchschreitest, kannst du entscheiden, ob du zurückkehren willst. Manche kehren nicht zurück, und daran ist nichts auszusetzen, nur mußt du dich daran erinnern, daß du dich für eine Rolle als Bote entschieden hast, und Boten kehren unweigerlich zurück. Sie halten sich im Tor auf. Du und alle, die nach dir kommen, reichen der Menschheit die Hand. Wie Leuchtfeuer werdet ihr auf der Schwelle stehen und anderen als Wegweiser dienen, so, wie ich dir gedient habe.

Alles, was du je bei uns gelernt hast, führt dich von Zeitvorstellungen fort und zum Tor der Ewigkeit. Der Weg beginnt mit der Freisetzung der Angst und zeigt dir, was hinter den Illusionen des Getrenntseins liegt. Damit wird dein ganzes Sein von Licht durchflutet, und wenn sich die göttliche Lichtflut in dir aufgestaut und jede Körperzelle durchdrungen hat, siehst du das Tor. Eine kleine Verlagerung deiner Aufmerksamkeit offenbart dir, daß das Tor permanent vor dir steht.«

»Wie?«

»Dein pures Verlangen zeigt dir das Tor. Ich kann dir zeigen, wie du deine Aufmerksamkeit auf das Tor konzentrierst, aber was dahinterliegt, erfährst du nur, wenn du den Wunsch hast, das Tor zu durchschreiten und im zeitlosen Sein aufzugehen.«

Er forderte mich auf, die Übung zu wiederholen, die ich von ihm gelernt hatte. Ich konzentrierte all meine Gefühle auf einen Körperteil, zog den Energieball dann in mein Herz und ließ den Lichtstrahl aus meiner Brust herausschießen. Mein ganzer Körper vibrierte von innen her. Die Symbole auf den Steinen verschwammen und glühten ebenfalls wie von innen heraus auf. Energie brach aus meinem Herzen hervor und erfüllte alles in meinem Blickfeld mit Licht.

»Und nun schau ins Nichts, ohne dich zu konzentrieren. Schau einfach unfokussiert in den leeren Himmel hinein«, fuhr mein Lehrer fort. »Laß das Licht aus deinem Herzen im leeren Himmel verströmen. Gib dir vorerst keine Mühe, das Tor mit den Augen zu sehen; laß dich von deiner Intuition und deinen Gefühlen leiten. Das Tor ist hier, direkt vor dir, du mußt es lediglich vor dir auftauchen lassen. Du spürst, wie das Licht, das aus deinem Herzen hervortritt, im leeren Himmel verschwindet. Aber es verschwindet nicht, sondern wird durch das Tor ins Unendliche hineingezogen. Du spürst diesen Sog und merkst dabei, daß du dich allmählich ausdehnst. Langsam dehnst du dich aus und nimmst eine Öffnung wahr – keine physische Öffnung, sondern eine Jenseitige, eine dimensionslose Offenheit, die das Tor zu einer formlosen Seinsebene ist.«

Während er sprach, spürte ich, daß sich eine Öffnung in dem Bereich auftat, auf den ich blickte, und einen Sog ausübte. Mit den Augen sah ich nichts, dennoch empfand ich deutlich, daß das Licht aus meinem Herzen herausgezogen wurde und im Bereich der Öffnung verschwand. Nach etwa einer Minute formte sich etwas vor meinen Augen, das wie eine hauchzarte, biegsame Fensterscheibe wirkte und im leeren Raum schwebte. Der Sog wurde so stark, daß es sich anfühlte, als würde ich mit dem Licht zu dem Tor hingezogen. Ich wünschte mir nichts sehnlicher, als vollends in der Welt hinter dem Tor aufzugehen.

»Laß dich von der Anziehungskraft des Tores übernehmen«, sagte mein Lehrer. »Das Licht, das du auf die Öffnung projizierst, ist wie ein Tau, das dich immer näher heranzieht. Laß dich aus der Zeit heraus in die Ewigkeit ziehen. Laß deine Sehnsucht so übermächtig werden, daß du gar nicht anders kannst, als dich vom Licht mitreißen und einfach forttragen zu lassen.«

Ich hatte das Gefühl, von der Öffnung aufgesaugt zu werden. Ringsumher verblaßte alles; mein Verstand funktionierte nicht länger auf die gewohnte Weise. Ich war im tiefen Frieden und zugleich von maßloser Kraft erfüllt. Ob mein Körper sich bewegte oder nicht, war nicht mehr feststellbar. Ich spürte nur, daß meine Essenz vorwärtsgezogen und einer unsäglichen Erfüllung entgegengetragen wurde. Langsam wurde alles, was mich ausmachte, dem Tor entgegengeschwemmt, und was dahinterlag, war so gigantisch, als befände sich das gesamte Universum auf der anderen Seite. Jäh ging mir auf, daß die Welt, wie ich sie kannte, verschwinden würde, wenn es so weiterging. Mein ganzes Wissen würde sich dabei in nichts auflösen.

Mit diesem Gedanken verengte sich meine Wahrnehmung. Plötzlich spürte ich einen Sog, der mich unaufhaltsam in meinen Körper zurückzog. Das Tor zur Ewigkeit verschwand, und meine Umgebung wurde deutlicher: der Felsen, auf dem ich saß; der Lehrer, der weiterhin sichtbar war.

Enttäuscht fragte ich, was passiert war.

»Angst. Du hast dir blitzschnell überlegt, was passieren könnte, wenn du dich vollends hingibst. Einen Augenblick lang hast du befürchtet, daß du alles, was du weißt und kennst und liebst, für immer verlierst, wenn du aus der Zeit heraustrittst – als würde alles Liebenswerte dabei verschwinden. Das einzige, was dich daran hindert, das Tor zur Ewigkeit wahrzunehmen, ist Angst. Daß du zurückgeschreckt bist, wundert mich nicht. Erstaunlich wäre es gewesen, wenn du gleich beim ersten Mal durch das Tor geschlüpft wärst. Wenn du das Tor wahrnimmst, hast du einen Durchbruch gehabt, und das allein ist schon ganz hervorragend.«

»Kann ich das Tor jederzeit wiedersehen?«

»Schau geradeaus vor dich hin, ohne dich auf etwas Bestimmtes zu konzentrieren, dann siehst du, ob du das Tor wiederfinden kannst.«

Ich holte tief Luft und entspannte den Blick meiner Augen, so daß sie blicklos in die Gegend schauten. In Sekundenschnelle verlagerte sich meine Wahrnehmung von selbst auf das Unbekannte, das noch nie Gewußte – die Öffnung, aus der mir der unbeschreibliche Friede entgegenströmte: das Tor zur Ewigkeit.

»Du mußt das Tor nur einmal finden, dann kannst du es jederzeit wiedersehen«, sagte der Lehrer. »Hab keinen Blickpunkt, dann siehst du alles. Deine Augen sind trainiert worden, nach außen zu schweifen und das Tor zu übersehen. Fokussiere deinen Blick und deinen Geist auf nichts, und sieh, was immer schon in deinem Blickfeld gelegen hat. Wenn kein Rest von Angst in dir übrigbleibt, stellst du fest, daß du ganz von selbst durch das Tor gezogen wirst. Mühelos läßt du deine Zeit- und Raumvorstellungen hinter dir und erlebst dein eigenes Sein als das ewige Sein, und danach trittst du zurück und stehst auf der Schwelle zur Ewigkeit. Dann bist du ein Wegweiser, ein Bote des Lichts. Ich habe dir alles, was gesagt werden kann, vermittelt. Ein anderer wird dich in die nächste Ebene einweisen.«

»Ein anderer Lehrer?« fragte ich. »Willst du dich von mir zurückziehen?«

»Du findest mich, wo ich schon immer gewesen bin – in dir. Über den, der kommt, kann ich dir nichts Genaueres sagen. Nur, daß du ihn brauchst und er dir helfen wird. Aber eins mußt du tun: Du mußt durch das Tor gehen und darfst nichts anderes wollen, nichts anderes als dein zeitloses Sein begehren. Es muß dein einziger Wunsch sein. Es gibt nichts Wichtigeres als das.«

Das Leuchten seines Körpers verstärkte sich, bis ich die Umrisse meines Lehrers kaum noch wahrnehmen konnte. Es war, als wollte das Licht ihn vereinnahmen, als ginge er selbst soeben durch das Tor.

»Jimmy, es gibt keinen Tod. Ich bin nicht gestorben. Es gibt nur das Leben. Nur das Leben ist real, ganz gleich, wie realistisch dir dein Körper und meiner auch vorkommen mag. Sprich von den Dingen, die du hier gesehen hast. Erkläre den Menschen, daß sie heilig sind, denn alle sind Boten des Lichts. Mit dem Schritt auf die nächste Entwicklungsstufe werden sie neue Verpflichtungen auf sich nehmen. Hilf ihnen, die Bürde der jahrtausendealten Selbstvergessenheit fallenzulassen. Zeige ihnen, wo der Friede zu finden ist – im Inneren jedes einzelnen. Ich bin immer bei dir, Jimmy. Vergiß es nie.«

Plötzlich verschwand er, und mit ihm das blendendweiße Licht. Ich saß allein auf einem Felsenturm. Ich schloß die Augen und atmete tief aus. Ein Friede, wie ich noch keinen gekannt hatte, erfüllte mich und mit ihm die Gewißheit, daß alles absolut vollkommen war. Lange saß ich noch dort und sah die perfekte Ordnung, die unzerstörbar hinter allen Dingen liegt. Dann stand ich auf und stieg vom Turm hinab.